"城市治理现代化研究"丛书

政党、城市与国家

——政党驱动的城市与国家治理现代化路径

宋道雷等 著

天津出版传媒集团

天津人民出版社

图书在版编目(CIP)数据

政党、城市与国家:政党驱动的城市与国家治理现代化路径 / 宋道雷等著. -- 天津:天津人民出版社,2022.7

("城市治理现代化研究"丛书)

ISBN 978-7-201-18580-4

Ⅰ.①政… Ⅱ.①宋… Ⅲ.①城市管理-现代化管理-研究-中国②国家-行政管理-现代化管理-研究-中国 Ⅳ.①F299.22②D630.1

中国版本图书馆 CIP 数据核字(2022)第 107131 号

政党、城市与国家:政党驱动的城市与国家治理现代化路径
ZHENGDANG CHENGSHI YU GUOJIA:ZHENGDANG QUDONG DE CHENGSHI YU GUOJIA ZHILI XIANDAIHUA LUJING

出　　版	天津人民出版社
出 版 人	刘　庆
地　　址	天津市和平区西康路 35 号康岳大厦
邮政编码	300051
邮购电话	(022)23332469
电子邮箱	reader@tjrmcbs.com

责任编辑	佐　拉
装帧设计	汤　磊

印　　刷	天津新华印务有限公司
经　　销	新华书店
开　　本	710 毫米×1000 毫米　1/16
印　　张	20
插　　页	2
字　　数	280 千字
版次印次	2022 年 7 月第 1 版　2022 年 7 月第 1 次印刷
定　　价	98.00 元

目　录

第一章
政党、城市与国家治理现代化

城市是人类创造出来的最伟大的作品之一。著名的城市史学家乔尔·科特金就明确指出:"人类最伟大的成就始终是她所缔造的城市。城市代表了我们作为一个物种具有想象力的恢宏巨作,证实我们具有能够以最深远而持久的方式重塑自然的能力。确实,在今天,我们的城市在外层空间都能看到。城市表达和释放着人类的创造性欲望。从早期开始,当仅有少量人类居住在城市之时,城市就是集聚人类艺术、宗教、文化、商业、技术的地点。这种演进先是发生在少量先行一步的城市里,这些城市的影响通过征服、商业、宗教,近年来还通过电信交通,向其他中心扩散。"①

第一节 城市的世界:全球城市化展望

城市是人类作为类群的创造力和主观能动性加诸自然世界的集中展现,是人类意志在自然世界的拓展和深化,是人类文明的伟大创造。在这个意义上,用另外一名伟大的城市学家——芒福德的名言来讲,城市是文化的

① [美]乔尔·科特金:《全球城市史》,王旭等译,社会科学文献出版社,2010 年,序言。

1

贮存器。芒福德认为城市"从其起源时代开始便是一种特殊的构造","脱离以饮食和生育为宗旨的轨道,去追求一种比生存更高的目的",亦即"用来贮存人类文明的成果","城市的主要功能就是化力为形,化权能为文化,化朽物为活灵灵的艺术造型,化生物繁衍为社会创新",城市的至高功能是"贮存文化、流传文化和创造文化"。①城市体现了"自然环境人化以及人文遗产自然化的最大限度的可能性;城市赋予前者以人文形态,而又以永恒的、集体形态使得后者物化或者外化"②。

经过数千年的发展,当人类迈入 21 世纪后,我们可以说我们今天所生活的世界是城市的世界。"城市区域是人们经历现实生活的主要尺度。对于经济学、政治学、我们的全球心态和社会福利而言,地域性流失、动荡和发展的不平衡,结合城市化的规模本身,会使城市区域的发展比以往任何时候都更加重要。对城市发展的管理将成为人类最严峻的挑战之一。"③城市化现象已经成为现代世界最为引人注目的现象之一。自从工业革命以来,世界城市化进程突飞猛进,城市获得了前所未有的发展,并且这种趋势在不久的将来还会一直持续下去。根据联合国预测,目前主流观点认为,"全世界的总人口将从 2010 年的不到 70 亿增长到 2050 年的约 90 亿,城市化进程将在世界各个角落继续进行,特别是在发展中世界"④。值得肯定的是,世界人口虽然还没有全部实现城市化,但是在不久的将来,这不再是一个梦。

研究表明,世界城市化的基本进程在近 200 年间不断加速。城市人口占

---

① [美]刘易斯·芒福德:《城市发展史:起源、演变和前景》,宋俊岭、倪文彦译,中国建筑工业出版社,2005 年,第 14、14、31、33、41 页。

② [美]刘易斯·芒福德:《城市文化》,中国建筑工业出版社,宋俊岭等译,2009 年,第 5 页。

③ [法]迈克尔·斯托珀尔:《城市发展的逻辑:经济、制度、社会互动与政治的视角》,李丹莉、马春媛等译,中信出版集团,2020 年,第 25～26 页。

④ [美]理查德·T.勒盖茨、弗雷德里克·斯托特:《城市读本(中文版)》,张庭伟、田莉译,中国建筑工业出版社,2013 年,第 20 页。

总人口比例从 1800 年的 3% 上升到 2011 年的 52%，城市人口总数增长了 120 倍。① 联合国经济与社会事务部对全球 231 个国家或地区的最新统计数据显示，截至 2011 年，世界城市人口达到 36.3 亿。②

表 1.1　1950—2050 年世界总体人口、城市人口及其年平均变化率

发展组别	人口（十亿）					年平均变化率（%）			
	1950年	1970年	2011年	2030年	2050年	1950—1970年	1970—2011年	2011—2030年	2030—2050年
总人口									
世界	2.53	3.70	6.97	8.32	9.31	1.89	1.55	0.93	0.56
较发达地区	0.81	1.01	1.24	1.30	1.31	1.08	0.51	0.23	0.06
欠发达地区	1.72	2.69	5.73	7.03	7.99	2.23	1.85	1.07	0.65
城市人口									
世界	0.75	1.35	3.63	4.98	6.25	2.98	2.41	1.66	1.13
较发达地区	0.44	0.67	0.96	1.06	1.13	2.09	0.89	0.52	0.29
欠发达地区	0.30	0.68	2.67	3.92	5.12	4.04	3.33	2.02	1.34

资料来源：United Nations Department of Economic and Social Affairs, *World Urbanization Prospects*：*The* 2011 *Revision*, United Nations New York, 2012.

不论较发达地区，还是欠发达地区，城市人口都呈增长态势。从 1950 年到 2011 年，前者从 4.4 亿增长到 9.6 亿，后者从 3 亿增长到 26.7 亿；从而导致世界城市人口从 7.5 亿增长到 36.3 亿。据预测，从 2030 至 2050 年，前者的城市人口将达到 11.3 亿，后者的城市人口将达到 51.2 亿；届时世界城市

① 参见［美］阿兰·阿特舒勒：《全球化背景下的美国城市》，中国发展研究基金会研究参考，第 25 号，2013 年 11 月 25 日。

② See United Nations Department of Economic and Social Affairs, *World Urbanization Prospects*：*The* 2011 *Revision*, United Nations New York, 2012, p.4.

人口将达到 62.5 亿(表 1.1)。虽然,对于全世界,以及发达与欠发达地区来讲,从 1970 年到 2011 年,它们的年城市化率不断下降,但是它们的城市人口将保持增长的态势,城市会不断扩张。所以,联合国经济与社会事务部建议各个国家为城市的扩大做准备。

表 1.2　世界城市人口比率与城市化率 1950—2050

发展组别	城市人口比率(%)					城市化速率(%)			
	1950年	1970年	2011年	2030年	2050年	1950—1970年	1970—2011年	2011—2030年	2030—2050年
世界	29.4	36.6	52.1	59.9	67.2	1.09	0.86	0.74	0.57
较发达地区	54.5	66.6	77.7	82.1	85.9	1.01	0.38	0.29	0.23
欠发达地区	17.6	25.3	46.5	55.8	64.1	1.81	1.48	0.95	0.69

资料来源:United Nations Department of Economic and Social Affairs, *World Urbanization Prospects*:*The* 2011 *Revision*, United Nations New York, 2012.

如表 1.2 所示,就较发达地区而言,虽然它们的城市化速率从 1950 年开始逐年下降(从 1.01% 到 0.23%),但是它们的城市人口比率却是很高的;较发达地区 2011 年有 77.7% 的居民住在城市;到 2050 年,较发达地区的城市居民将有可能达到总人口的 85.9%。就欠发达地区而言,它们的城市化以 1.23% 的平均城市化速率前进;到 2011 年,欠发达地区的城市人口比例只有 46.5%;但是到 2050 年,它们的城市居民将有可能达到总人口的 64.1%。总体来看,世界城市人口到 2050 年将达到总人口的 67.2%。无论较发达地区还是欠发达地区,它们的城市化在将来的 40 年间会持续快速发展。毫无疑问,那时世界城市人口的增长与数量将达到前所未有的水平,世界将是城市的世界。

在与农村人口的对比中,我们可以更直观地发现城市世界的迅猛发展趋势:

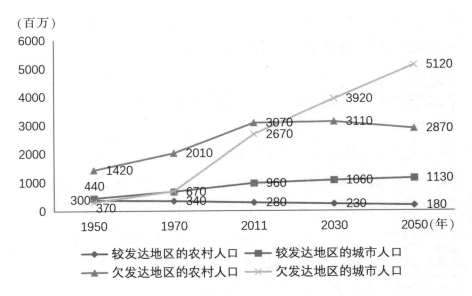

图 1.1　世界城市与农村人口对比 1950—2050

资料来源：United Nations Department of Economic and Social Affairs，*World Urbanization Prospects*：*The* 2011 *Revision*，United Nations New York，2012.

　　如图 1.1 所示，从 1950 年到 2050 年，不论是对较发达地区还是欠发达地区而言，它们的城市人口都在持续增多，农村人口都在逐渐减少。就前者而言，从 20 世纪 50 年代中后期开始，它们的城市人口开始超越农村人口，进入城市化社会，并开始了城市化的高速发展阶段，并且一直保持着城市人口多于农村人口的态势。就后者而言，它们的城市化起步比较晚，大概在 20 世纪 70 年代，它们的城市化才开始实现飞跃式发展，并在这个时期超越较发达地区的城市人口总数；但是将它们看作一个整体，至今它们的城市人口仍然没有超越农村人口，城市化社会尚未来临（预计到 2018 年它们的城市人口才能超过农村人口①）然而有一个明显的特征是欠发达地区的城市化发展速

----

　　①　United Nations Department of Economic and Social Affairs，*World Urbanization Prospects*：*The* 2011 *Revision*，United Nations New York，2012，p. 3.

率,从 20 世纪 70 年代开始便大大高于发达地区的城市化速率,并保持持续快速的增长势头。无论如何,城市的世界已经来临。

第二节 城市、城市化与国家治理现代化

习近平总书记指出:"城市是我国各类要素资源和经济社会活动最集中的地方,全面建成小康社会、加快实现现代化,必须抓好城市这个'火车头'。"[1]从这个意义上,习近平总书记进一步提出:"城镇化是现代化的必由之路。"[2]从国家建设的角度来看,城市化推动的城市建设和发展具有国家建设和治理现代化的巨大意义。城市化不仅是一个涉及城市本身意义的人口的城市化生活过程,而且还是一个国家的政治、经济、社会、文化发生城市变迁的过程。所以习近平总书记强调:"城市是我国经济、政治、文化、社会等方面活动的中心,在党和国家工作全局中具有举足轻重的地位。我们要深刻认识城市在我国经济社会发展、民生改善中的重要作用",在此大前提之下,我们"坚持以人为本、科学发展、改革创新、依法治市,转变城市发展方式,完善城市治理体系,提高城市治理能力,着力解决城市病等突出问题,不断提升城市环境质量、人民生活质量、城市竞争力,建设和谐宜居、富有活力、各具特色的现代化城市,提高新型城镇化水平,走出一条中国特色城市发展道路"[3]。从国家层面来看,城市化过程是国家以城市为支点和载体,或者国家借力城市化过程,推动国家建设和治理现代化的过程。从一定意义上讲,城市化推动的城市发展和治理过程便是国家治理体系和治理能力现

---

①③ 《中央城市工作会议在北京举行 习近平李克强作重要讲话》,《人民日报》,2015 年 12 月 23 日,第 1 版。

② 《习近平对深入推进新型城镇化建设作出重要指示》,http://jhsjk.people.cn/article/28144604,2016 年 2 月 4 日。

代化的过程。

城市是推动国家治理现代化的重要机制。从国家治理的角度分析,城市化率是指在权力或者资本的推动下,城市人口增长所引起的总人口的增长;而先发展国家展示的城市发展则是在一系列国家性要素的综合作用下,实现的农村人口的城市化转型。在前者的过程中,会出现高速的城市化发展速度与高城市化率,例如城市人口的大量增长、城市数量的增多、城市容量的增大,以及城市化区域的扩大等,但是它并不一定出现国家的平稳转型与发展,晚近的西班牙、葡萄牙以及现代的拉丁美洲转型都证明了这一点。在后者的发生过程中一定会包含前者发生的所有现象,例如高城市化率,但是它也包含前者所不一定发生的现象,例如英国所展示给世界的伴随着城市化高速发展而来的国家的平稳转型、发展与成熟,即国家治理现代化的日趋成熟。相较于前者,我们将导致后者发生的根本原因归结于城市建设、发展和治理机制的不同作用。

城市建设、发展和治理机制的不同,打破了城市化率越高,国家转型就越成功,国家治理会自然而然地迈向现代化的表象。即使城市化率达到相当高的程度,也可能存在国家转型失败的情况,也就是说高城市化率不仅没有使国家治理实现体系和能力的现代化,反而造成相反的现象——国家失败。换言之,城市化率只不过是城市建设、发展和治理机制背后的表面现象。因为国家治理体系和治理能力现代化必须依靠城市建设、发展和治理的机制支撑,仅有城市化率的提升还不足以支撑其这一巨大的过程,必须使城市化率的提升与城市建设、发展与治理的质量同步提升。中等收入陷阱是国家治理现代化进程中断的例子①,就是仅有高城市化率,其城市建设、发展和治理的质量却无法承担国家治理现代化成功的最好证明。巴西、阿根廷、墨西哥、智利等拉美国家,在 20 世纪 70 年代城市化率达到 57.1%,而且均进入了中等收入国家行列,但是直到 2007 年,这些国家仍然挣扎在人均GDP(国内生产总值)3000 至 5000 美元的发展阶段,陷入中等收入陷阱。这种现象表面上指发展中国家在脱离了贫困以后,长期陷于中等收入国家行列,而不能进入高收入国家行列的现象。② 实质上它呈现的是拉美国家转型和治理现代化过程的中止。这些国家虽然城市化率很高,甚至达到了战后世界城市化的最高水平。③ 但是这种高城市化率并不能支撑起国家治理现代化。从城市与国家治理现代化的关系来看,中等收入陷阱从一定意义上来讲,是因为城市建设、发展和治理机制出了问题,甚至其性质并不利于国家治理现代化,所以无法支撑并创造出国家治理现代化完成最后跳跃的条件。

工业革命之后,人类的城市化进程以突飞猛进的速度发展,城市与国家之间的关系更加紧密,城市成为承载现代国家建设和治理的战略空间。城市及其治理不仅关乎城市自身的发展,也关乎国家治理体系和治理能力的现代化。由此可知,国家治理现代化的成功与否,其中的重要约束条件便是良性的城市建设、发展和治理机制的培育,而非表面的高城市化率。从城市建设、发展和治理出发寻找国家治理现代化成败的缘由,探寻影响国家治理

---

① 中等收入陷阱是指"使各经济体赖以从低收入经济体成长为中等收入经济体的战略,对于它们向高收入经济体攀升是不能够重复使用的,进一步的经济增长被原有的增长机制锁定,人均国民收入难以突破 10000 美元的上限,一国很容易进入经济增长阶段的停滞徘徊期"。

② See Commission on Growth and Development (2008),*The Growth Report：Strategies for Sustained Growth and Inclusive Development*, World Bank Publication, 2008.

③ 参见林玉国:《战后拉丁美洲的城市化进程》,《拉丁美洲研究》,1987 年第 2 期。

现代化的要素;同时,为发展中国家如火如荼的城市化推动的国家治理提供有力的借鉴,是本书关切的重要议题。

城市与国家两者都是人类主观能动性加诸客观世界的产物,是人类社会的伟大创造。虽然两千多年前亚里士多德研究的政治学的核心关注点在城邦,但是学者们在此后人类历史的漫长时期内,对两者之间关系的关注并不热衷。就像拉奎因(Laquian)所说的,在我们能够回溯的时代范围内,虽然新的民族国家不断产生,城市生活方式逐渐普遍并流行,但是政治学对两者的研究却是分立的。① 学界研究虽少,但这并不意味着城市与国家之间的关系不重要。事实上,城市伴随着国家的发展而发展,同时推动着国家治理向新的形态迈进。自治城市、商贸城市、工业城市、金融城市与全球城市,这些城市形态与人类社会的封建国家、绝对主义国家、现代民族国家,以及"地球村"等国家形态形影不离、相互作用;不同类型的城市治理机制,也在不断推动国家治理向更加现代化方向迈进。可以说,城市及其治理是推动国家治理现代化不可或缺的重要影响因素。

城市与国家治理之间的关系密不可分。世界上任何一个民族只有具有了创造城市,推动城市发展,实现城市善治的能力时,才能建构更加完善的国家并推动国家治理体系和治理能力现代化。② 这就是马克思所说的:"随着城市的出现,必然要有行政机关、警察、赋税等等,一句话,必然要有公共的政治机构,从而也必然要有一般政治。"③从最一般化的意义上来讲,城市及其治理是国家运行与治理的逻辑前提。换言之,国家只有掌握了城市,创造更加有效的城乡治理体系,才能更加良性的运行并提高自身的治理能力,

---

① See Aprodicio A. Laquian, *The City in Nation - Building : Politics and Administration in Metropolitan Manila*, *School of Public Administration*, University of the Philippines, 1966, p. 11.

② 参见宋道雷:《城市力量:中国城市化的政治学考察》,上海人民出版社,2016 年。

③ 《马克思恩格斯全集》(第 3 卷),人民出版社,1960 年,第 57 页。

最终产出优良的治理效能。在这个意义上,我们可以借鉴雅各布斯对城市的评价:伟大的城市创造伟大的国家,优良的城市治理创造优良的国家治理。①

在前现代,城市与国家的关系并不紧密。城市与国家的关系更多地确立在人与社会的组织和治理之上,其在不同地区和时期所表现出的形态不同,这是由不同地区和时期的经济和社会生产方式决定的。在前现代,"社会一天天成长,越来越超出氏族制度的范围,即使是最严重的坏事在它眼前发生,它也既不阻止又不能铲除了。但在这时,国家已经不知不觉地发展起来了。最初在城市和乡村间,然后在各种城市劳动部门间实行的分工所造成的新集团,创立了新的机关保护自己的利益,各种官职都设置起来了"②。不同的国家形态,不同的城市分工,不同的城乡关系,不同的新集团,这些差异并没有从根本上改变前现代的城市与国家关系的实质,即城市只不过是国家组织和治理社会的政治空间。即使在商贸最发达的地区,城市也只不过是"分裂的合作体,它们缺乏自治,亦没有政治主权"③。也就是说,在前现代,国家不会也始终没有把城市作为提升治理水平创造社会进步的根本力量。

西欧的例子是最好的证明。中世纪西欧的城市是封建主义向资本主义转型研究中一个引人注目的分析单位。④ 城市凭借雄厚的财力,成为对抗国家的重要力量,"那些最大的城市财政规模甚至超过了某些欧洲大国,城市能够供养起军队,以对抗常常压倒由国王和贵族阶层控制的军事力量。较

---

① 参见[加拿大]简·雅各布斯:《美国大城市的死与生》,金衡山译,译林出版社,2006年。

② 《马克思恩格斯全集》(第21卷),人民出版社,1965年,第130页。

③ [美]汉克·萨维奇、[美]保罗·康特:《国际市场中的城市:北美和西欧城市发展的政治经济学》,叶林译,格致出版社,2013年,第36页。

④ 参见[英]艾伦·哈丁、[英]泰尔加·布劳克兰德:《城市理论:对21世纪权力、城市和城市主义的批判性介绍》,王岩译,社会科学文献出版社,2016年,第54页。

小和较少财富的城市则从其上级领主那里买到了更多但有限的自由"①。城市拥有巨大的谈判能力,赢得了自治,成为抗衡民族国家形成的重要力量。根据蒂利的研究,城市与国家的关系是对立的,它以资本的逻辑抗衡强制的逻辑,"城市主要通过作为资本的容纳者和分配者来决定国家的命运","有无城市群落对某一地区的社会生活有着深刻的影响,而且极大地影响了国家形成的可能性"。②用艾森斯塔德的话来说,城市丛生之处,恰恰是国家荒芜之所。③ 布罗代尔认为,即使到了16世纪国家越来越掌握国民收入的集中和再分配的情况下,国家与城市的关系也是对立的,所以他称这个时期的国家是"城市国家,或者说,为城市国家开辟道路的、以城市为主的国家"。城市仅代表城市,城市并非在国家体制之内而是外在于国家。这与我们所熟悉的以城市为主要动力的现代国家迥然相异,因为城市内在于国家的那种"领土国家"形态还要等相当长的时间才会出现。④ 在这个意义上,城市作为一种"异化"了的力量统治了国家,而非国家统治了城市,更谈不上推动国家治理向前发展。

当人类迈入现代社会后,城市与国家尤其是与国家治理体系和治理能力现代化之间的关系,发生了翻天覆地的变化。领土国家,即现代民族国家的建立,以及工业资本主义的发展,使城市与国家之间的关系发生了革命性

---

① [美]理查德·拉克曼:《不由自主的资产阶级:近代早期欧洲的精英斗争与经济转型》,郦菁、维舟、徐丹译,复旦大学出版社,2013年,第64页。

② [美]查尔斯·蒂利:《强制、资本和欧洲国家(公元990—1992年)》,魏洪钟译,上海人民出版社,2007年,第53、56页。

③ See Rokkan, S. , S. N. Eisenstadt, S. (1973) "Cities, states, and nations: a dimensional model for the study of contrasts in development," pp. 73 – 97 in S. N. Eisenstadt and S. Rokkan (eds.), *Building States and Nations: Methods and Data Resources*, Vol. I. Newbury Park, CA: Sage. pp. 84 – 85.

④ 参见[法]费尔南·布罗代尔:《菲利普二世时代的地中海和地中海世界》,唐家龙、曾培耿等译,商务印书馆,1996年,第642页。

变革。在与城市的博弈过程中,"民族国家之所以获胜,是因为 16 世纪其军队力量和税收能力已经极大地压倒了城邦"①。从此国家再也不是臣服于城市的奴仆,而成为统治城市的主人。城市自治状态的消逝与民族国家的发展、治理的集中化和国家化是同一过程的两个面向,②城市从国家的对抗性力量,变成国家的建设性力量。工业革命和资本主义发展引发的城市化,更使城市成为支撑国家建设,乃至推动国家治理现代化的建设性力量。工业革命引发的城市化,"使乡村屈服于城市的统治,它创立了规模巨大的城市,使城市人口比农村人口大大地增加起来,因而使很大一部分居民脱离了乡村生活的愚昧状态"③。从此,城市成为推动国家治理现代化的战略性空间,这也是城市在国家治理历史上第一次从幕后走上台前。工业革命使"城镇的相对增长和职业结构将资本主义发展与城市系统的运作联系起来。政府机关和非营利机构,也根据规模功能和系统角色来安排其活动和就业岗位。城市形成了一个行政等级,拥有专业大学、驻军基地,并且成为早期跨国机构首选的城市驻地"④。工业城市使人与国家的关系发生了彻底改变,它将人从土地上剥离,使之从属于国家统治下的城市,同时将人从温情脉脉的共同体中抽离,使之从属于更大的民族国家,城市人成为国民,城市彻底取代乡村成为国家建设、治理和发展的战略性空间。⑤

从前现代到现代,城市与国家及其治理的关系发生了革命性转变,并通

---

① 〔美〕理查德·拉克曼:《不由自主的资产阶级:近代早期欧洲的精英斗争与经济转型》,郦菁、淮舟、徐丹译,复旦大学出版社,2013 年,第 65 页。

② See Le Gales, *European Cities*: *Social conflicts and Governance*, Oxford University Press, 2002.

③ 《马克思恩格斯全集》(第 19 卷),人民出版社,1963 年,第 255 页;《共产党宣言》,人民出版社,1958 年,第 470 页。

④ 〔美〕保罗·霍恩伯格、〔美〕林恩·霍伦·利斯:《都市欧洲的形成 1000—1994 年》,阮岳湘译,商务印书馆,2009 年,第 167 页。

⑤ 参见宋道雷:《国家治理的城市维度》,《求索》,2017 年第 4 期。

过一系列机制推动国家治理迈向现代化。正如葛兆光先生观察到的,"从近代历史上看,可以肯定地说,当传统的乡村向现代的城市发展,现代城市越来越大、改变了人们政治、文化和生活的时候,这就是一个国家逐渐现代化的过程。在现代化过程中,城市代表了新方向"①。城市及其生活方式成为国家改造个体行为的重要机制。城市空间和生活方式使前现代的特殊化关系和多元角色,逐渐向普遍性关系和专业化行为转变,使乡村人成为城市人和国家的公民;城市社会的运行逻辑,分化了共同体的家族联盟,使社群而非家族成为现代国家治理的依托性力量;城市经济以货币为基础,替代了传统社会的人情和地方交易,为国家范围内的交易提供了条件,并使各主体相互依存成为统一的国家性市场网络;城市政治与乡村政治不同,它以稳定的政体,民选的政府和市民的广泛参与,使国家政治发展逐渐向现代化方向迈进;更重要的是,城市之间的网络化联系,使地方、区域与国家相互依存,使现代民族国家成为有机整体。② 总而言之,城市成为现代化的平台,城市化成为现代化的内在动力和机制,城市自然而然地成为国家建设和治理的中心化力量,即推动国家治理现代化的战略性空间和要素。

第三节　政党、城市与国家治理现代化

20 世纪 90 年代美国的中国学出现"范式转型"。20 世纪 70 年代以来的主导美国历史学家研究中国革命起源、发展的"革命范式",从作为外因的苏联援助,到作为内因的中国共产党的意识形态与组织能力,几乎"无孔不

---

① 葛兆光:《有关中国城市的文化史研究》,《探索与争鸣》,2017 年第 9 期。
② 参见[美]布赖恩·贝利:《比较城市化——20 世纪不同的道路》,顾朝林、汪侠、俞金国、赵玉宗、薛俊菲、张从果、彭羽中、杨兴柱、刘贤腾译,商务印书馆,2010 年,第188 页。

入"地将中国的共产主义革命研究了个"底朝天"。① 然而从 20 世纪 80 年代后期开始,"革命范式"开始饱受质疑,许多研究者提出,研究数个或数十个高层领导人及其活动,无法真正挖掘到中国共产党革命胜利的最本质的原因。由此,"中国革命的社会史"研究成为重要方面。因为学界认为,革命只是将中国的现代化国家建构进程暂时打断,现代化进程与中国经济、文化和社会的连续性更加重要,后三者的连续性决定了中国现代化进程必然要持续向前发展。换言之,革命并未完全斩断中国现代化进程,而是暂时令其中断;然而中国的现代化进程还需接着革命的力量继续在其道路上前进。由此,在"革命范式"下被普遍接受的观点"推动中国发展的不是以上海为代表的城市中国所引领的现代化进程,而是毛泽东领导的工农革命",日益被以上海为代表的城市中国的现代化进程才是中国现代化国家建设的观点所取代。②

中国的实践向我们昭示,不仅城市与国家治理现代化之间的关系密切,而且政党与城市、国家之间的关系也是息息相关,因为政党是以城市为载体推动国家治理现代化的重要主体。"从传说中的上周时期开始,中国的城市主义就自觉不自觉地与国家的演进联系在一起。在中国历史上的大部分时间,其城市的建设服务于国家的管理……随着时间的推移,中国以国家为中心的城市主义模式最终构织成一个更为广阔的城市网络。"③晚清以降,城市推动中国国家治理现代化的具体承接主体发生了一系列的转变,即发生了从城市精英到政党的转变。晚清帝国被迫以开埠城市为空间,在开埠城市

---

① 参见邹谠:《二十世纪中国革命》,牛津大学出版社,2002 年;《中国革命再阐释》,牛津大学出版社,2002 年。

② 参见[美]高峥:《接管杭州:城市改造与干部蝉变》(1949—1954),李国芳译,香港中文大学出版社,2019 年,第 xxiv 页。

③ [美]乔尔·科特金:《全球城市史》,王旭等译,社会科学文献出版社,2010 年,中译者序。

中以国家官僚为具体的推动国家现代化建设的行为实施者,希望通过新的城市商业管理机构与制度的设立、新的商业化行政中心的建立,甚至更为主动的自开商埠的国家性行为,使中国可以在开埠城市中对抗西方,以期保证国家主权不再继续沦丧。

然而开埠城市创造了晚清国家转型的同时,也摧毁了晚清帝国,从而将中国导入新的以城市推动国家现代化建设的阶段。晚清帝国因辛亥革命而灭亡,作为统一国家象征的国家主权从此在城市中消解,从而使引领并承载国家在开埠城市开展现代化建设的建制性的国家官僚力量也从此消失。这个时期在城市空间,填补国家性权力的缺位,恢复城市秩序,推进城市治理,复兴城市制度,甚至重新建立城市的国家性的群体,被以城市精英与商人所代表的民间社会力量所主导。① 然而这些城市精英与商业人士所代表的国家转型也必然发生在开埠城市。因为开埠城市的租界是在战争与政治动荡时期,唯一保持安全与没有受到战争创伤的地方。② 从此,城市民间力量开始替代城市国家力量,在国家主权从统一形态向碎片化形态转变的过程中,成为以城市为平台推动中国国家现代化建设的重要行为主体。

城市民间力量承载的国家现代化建设,其目的并不是仅仅在中国建立一个具有良好秩序和现代城市制度的,甚至是具备西方理性化精神引导的现代城市;他们的主要目的在于通过现代城市的恢复、建设与发展、治理,以期建立一个统一的强有力的现代中央集权的民族国家。辛亥革命摧毁了统一的国家中央集权,从而使两个政治可能性相遇并且开始碰撞:统一的中央集权国家的建构理念与联省自治理念。"革命后的实践经受了自治和中央

---

①　See Zhiguo Ye, *Big Is Modern The Making of Wuhan as a Mega – City in Early Twentieth Century China*, 1889—1957, Ph. D. Dissertation, the University of Minnesota, 2010, p. 66.

②　Idid. , p. 87.

集权两种相互对抗的观念的检验,这两种观念在前十年间都各自赢得了拥护者。这是一个充满活力的政治实验的时代。伴随着实验的是冲突,因为扩大参政同集中权力的努力相抵触。"①当中华民国建立的时候,与这个进程相伴随的是联省自治的继续。"到辛亥革命时,这种效仿联邦制的思想,尤为显著。"②联省自治的实质并非反对统一民族国家的建立,而是以这种行动为凭借,以增强城市精英对于国家构建的参与力量与增加他们的参与机会,以期壮大他们所代表的社会力量,增强他们作为一种集团在建构现代国家中的作用。③ 城市精英与城市商业人士,不想在晚清代表的中央国家权力在城市中消失到统一的民国政府建立以前的这段时间内,自身在城市空间的努力被消除。所以联省自治与统一民族国家的努力,并非是对抗性的,而实质上是相一致的,是代表社会的城市民间力量与军阀代表的军事力量、政党代表的国家力量在国家现代化建设过程中哪个主体以什么方式发挥作用的争执,或者更严谨地说,是哪个主体以什么方式发挥"主导作用"的争执。

作为依借城市的平台推动国家现代化建设的主体的争执,最终以政党的胜利而告终。虽然城市精英与商业人士是开埠城市中最具现代性的主体,他们与西方资本主义接触最早,并持续与这些现代性要素互动,由此具备了最为现代的城市思想与国家思想;并且在中央国家权力因清朝灭亡而退出城市的空白期内主导了城市秩序的恢复、城市市政设施的建设和城市治理,并积极参与议会选举和城市公共事务,但是城市精英本身的保守性、

---

① [美]费正清:《剑桥中华民国史》(上卷),中国社会科学出版社,1998 年,第151 页。

② 李剑农:《中国近百年政治史》,复旦大学出版社,2002 年,第 486 页。

③ 参见李剑农:《中国近百年政治史》,复旦大学出版社,2002 年,第 486 页。

国家控制以及殖民当局的压迫,导致其无法承担此重任,①以城市平台推动国家现代化建设的重任最终落到了政党身上。

民初城市精英以自身的力量建设城市以推动国家现代化转型的行为,是历史空白期的历史性产物。他们的努力取得了一定的成就,在一定程度上为国家转型中的城市建设做出了贡献,彰显了它的重要性;但是他们的历史局限性,成为城市推动国家现代化建设向以政党为主体的驱动力,并且打破零散无系统的状态而向国家性城市战略转变的前提。与民国初期相比,1927 年国民党主导的国民政府的成立,标志着向统一国家迈进的中央集权形成具备了可能性。国民政府虽然无法在实质性上直接控制中国的所有地域,但是相比于晚清与北洋军阀时期,中国这个时候已经具备了向中央集权迈进的条件。正是这一条件的具备,才使政党主导的国家性城市战略的出现成为可能。也正是在这个时期,在中国历史上第一次出现了政党主导的国家城市战略。

政党主导的国家城市战略最令人耳熟能详的便是国民政府的"首都计划"与"大上海计划"。当然还有以西京(西安)建设为龙头,优先发展西北中心城市的西北开发计划;②《青岛市施行都市计划案》对于青岛市现代都市的中国自主规划,则是中国第一个都市规划行为;③还有广州、厦门、无锡、汉口等的城市规划战略。④ 这一系列的国家城市战略,说明中国已经从被动的在开埠城市中进行倒逼式的国家现代化建设,从零散的由帝国官僚承担的

---

① 参见徐小群:《民国时期的国家与社会:自由职业团体在上海的兴起 1912—1937》,新星出版社,2007 年,第 15、83~105 页。

② 参见申晓云:《国民政府西北开发时期城市化建设步骤述论》,《民国档案》,2007 年第 1 期。

③ 参见李东泉、周一星:《中国现代城市规划的一次试验——1935 年〈青岛市施行都市计划案〉的背景、内容与评析》,《城市发展研究》,2006 年第 3 期。

④ 参见李江:《国民政府时期的汉口都市计划与实施》,《环境与艺术学刊》,2013 年第 14 期。

个人代表国家采取的个体行为,从由城市精英与商业人士承担的民间群体采取的社会行为,走向由政党主导的以系统性城市战略为载体的国家现代化建设行为。

历史证明,只有现代的政党才能在国家的系统性城市战略中发挥中枢作用。无论是晚清政府依靠开埠城市推动的国家转型,还是民国初年城市精英推动的城市现代化建设行为,都说明仅仅依靠政治家、国家官僚、民间城市精英,或者普通城市公民是无法以城市为平台推动国家现代化建设迈向成功的,因为这些主体的行为要么是零散进行的,要么会因为其自身力量的弱小与身份局限性,而导致城市推动国家现代化建设的挫折甚至是失败。所以历史的选择告诉我们,城市推动的国家现代化必须要有新的现代组织化力量来承担,方能以国家性行为,将城市推动国家现代化作为一种战略来系统化地实施,而这种现代组织性力量便是政党。

政党作为以城市平台推动国家现代化建设的主体,是由中国的党建国家模式决定的。清朝灭亡后,中国出现一盘散沙的平铺无序状态,没有有实力的组织力量能够支撑国家转型。[①] 在向现代国家转型的过程中,帝国体制内的官僚(洋务运动)、士人(维新变法)、底层民众(义和团运动)、北洋军阀政府代表的军队力量、城市精英与商界人士等,都被证明无法以自身的力量赢得国家主权独立;由此,只有创建政党这种组织化的力量才能担当构建现代国家的重任。[②] 中国的历史与社会状况决定了中国的现代化转型和发展,必须要有强有力的政党的领导。[③] 从此现代政党成为中国国家现代化建设

---

① 参见钱穆:《中国历代政治得失》,生活·读书·新知三联书店,2005 年,第159 页。

② 参见[澳]费约翰:《唤醒中国:国民革命中的政治、文化与阶级》,李恭忠、李里峰等译,生活·读书·新知三联书店,2004 年,第 270~316 页。

③ 参见林尚立:《政党、政党制度与现代国家——对中国政党制度的理论反思》,《中国延安干部学院学报》,2009 年第 5 期。

舞台上的主力军。① 既然政党成为中国向现代国家转型的主力军,中国国家转型的路径又是以城市为载体而进行的,那么现代政党理所当然地成为城市推动中国国家现代化建设的主体。这是中国国家转型的逻辑所决定的,也是城市推动国家现代化建设的历史发展所决定的。

政党之所以在中国能够成为以城市为平台推动国家现代化建设的主体,也与政党的自身特质密切相关。作为现代化产物的政党组织在中国革命的进程中,以列宁式政党的形态出现。这种政党具备四个方面的要素:具有广泛的社会动员功能和组织内聚功能的意识形态信仰;高度一体化、集权化的组织系统;清教徒一般严格的组织纪律;②高效的党军。③ 正是这些要素使其能够具备现代的组织化力量,建构国家并推动国家现代化建设。与帝国体制内的官僚(洋务运动)、士人(维新变法)、底层民众(义和团运动)、北洋军阀政府代表的军队力量、城市精英与商界人士等相比,政党可以在内聚的意识形态信仰的指导下,以一体化的组织系统,严格的组织纪律,以高效的社会动员方式,建构国家的同时,以国家的力量实行整体城市战略,从而推动国家的城市路径转型。

中国社会的主体是政党的权力,但美国等很多国家的政治权力为政治大家族所把持。④ 政党是以城市为平台推动国家现代化的主要的战略规划者与行为实施者。中国国民党和共产党是政党以城市为平台推动国家现代化建设的重要代表。这种政党主导模式具有以下三个特征:

第一,这是一种主动行为。晚清政府在开埠城市的一系列改革,是被西

---

① 参见张玉法:《民国初年的政党》,岳麓书社,2004 年。

② 参见许纪霖、陈达凯:《中国现代化史第一卷:1800—1949》,学林出版社,2006年,第 519 页。

③ 参见张冬冬、宋道雷:《近代中国国家建设的逻辑与国民党的自我溃败》,《中国浦东干部学院学报》,2013 年第 6 期。

④ 参见郑永年:《西方误读中国的根源》,《环球时报》,2021 年 1 月 11 日。

方列强所逼迫的,它们是被动的改革。民国初期城市精英是因为清帝国的崩溃,中央集权国家在城市中消失,城市的恢复、重建与治理没有力量可以依从,只能靠他们与商业人士的结盟来解决城市问题,所以他们也是被动的。政党在建构国家之后,以大规模的城市战略推动国家现代化的行为,是在国家中央政权刚刚建立的时候,便开始主动推行的以城市计划为载体推动国家政权建设、巩固的行为。

第二,执行主体是代表国家的现代政党。与晚清和民国初期相比,这个时期以城市推动国家现代化建设主体不再是作为个体的国家官僚,也不再是作为一个城市民间力量的城市精英、商业人士,而是执掌国家政权的现代政党;与前两者相比,后者更带有现代性,并且具备更加强大的组织动员力量。

第三,这是系统性的国家行为。现代政党以国家的力量开展的城市计划,与以单体官僚和民间城市精英力量以城市为载体推动的国家现代化相比,前者是从整个国家的层面设计城市系统推动国家现代化建设,而非仅仅在一个城市或者一个城市的某一个领域发动变革,所以它更具有系统性、全面性及整体性。

第二章

城市与政党：城市是生产政党的天然空间

第一节　城市：政党的孕育场所

传统中国的城市数量是有限的,历史上的名都大邑,就那么固定的几个。根据顾朝林先生的研究,一直到 1949 年,中国仅有的建制市共 69 座,城镇总人口 5765 万人,城镇化率仅为 10.67%。全国 50 万人口以上的 10 个大城市,19 个中等城市中的 16 个,大多位于沿海地带。[①] 从这些研究和数据里,我们基本可以做出这样的判断,即 20 世纪初,中国的城市大概可以分为两类,一类是传统内生型城市,一类是现代外生型城市。在今天看来,传统内生型城市最具备中国特色的生活方式、文化习俗和贸易网络,但这些结构化的要素也决定了"新事物"是无法在古老的城市母体内孕育并诞生。这些自发生长起来的城市与中国几千年前的古老城市本质上并无区别,基本上是国家内部特定区域的自给自足体系供给而慢慢生长起来的交换系统,即自然生长出来的内生型城市。这类城市在中国古已有之,且集中于

---

① 参见顾朝林:《中国城镇体系》,商务印书馆,1992 年,第 352、160 页。

中国的内陆地区,例如古都西安、开封,是政治性的城市,至少是以政治为主导的。

另外与之相对应的城市类型便是现代外生型城市。从最严格的意义上讲,这类城市产生于中国的近代。正如张仲礼所说:"当历史翻到近代一页时,当内陆城市昨日辉煌不复存在,运河城市的繁盛日趋式微之时,东南沿海城市虽屡遭欺凌,迭受创伤,但老城新生,新城崛起,巨埠耸立,大港庞然,形成包括国内首位都市、全国外贸中心、区域经贸中心等功能互补的组合式城市带,显示出蓬勃的生机。"①这类城市产生于外力冲击,是资本主义世界贸易体系的一个节点。它们的发展得益于"对外开放带来的对外贸易的发展,以及由此而来的埠际贸易,也就是说,商业发展是城市近代化的主要动力"②。这种动力的生发是帝国主义侵略带来的客观结果,并不是由中国城市内在生发的要素所推动的,因为低下的工业化发展水平和广大的传统农村内陆,无法为这些城市的强劲繁荣和发展提供足够的内在动力。从一定意义上讲,这些外生型城市的繁荣是"畸形"的,只不过是资本主义世界贸易体系中的一个环节。

政党与城市息息相关,城市孕育政党的母体。正如著名的城市学家雅各布斯所说的:"伟大的街道孕育伟大的城市"③,我们可以借鉴她的说法,将城市与政党联系起来,即"伟大的城市孕育伟大的政党"。无疑,现代政党是一种城市现象。从政党产生的历史来看,无论现代政党是内生型政党还是外生型政党,它们无一例外都诞生在城市。从这个意义上讲,城市是孕育政党的母体,没有城市便不会有现代政党。但孕育现代政党的城市,必须是现代城市。现代的城市必须具备现代的经济、文化和思想要素。这些集聚在

---

① 张仲礼:《东南沿海城市与中国近代化》,上海人民出版社,1996年,第1页。
② 同上,第22页。
③ [加拿大]简·雅各布斯:《美国大城市的死与生》,金衡山译,译林出版社,2006年。

城市的现代要素使现代城市而非传统中国以权力主导的城市，成为生产政党的天然空间。

中国共产党早期组织在各大现代城市的成立和活动，便是现代城市是生产政党的天然空间的明证。中国共产党诞生于城市，自始便与城市产生了紧密的关系。我们可以说城市是中国共产党的"孵化器"。由于先进知识分子、工人阶级群体都在城市中活动，且中心城市具备交通便捷、人口密集、活动场所完备等优势，中国共产党早期组织的成立和活动必然在城市中启动。在早期共产党人的奔走召集下，中国共产党的前身——共产党的早期组织首先在全国各地较为发达的中心城市如上海、北京、广州等城市中开始建立起来。"1920 年 1 月下旬，陈独秀和李大钊应天津《觉悟社》的邀请，到天津讲演。当时共产国际驻天津通讯社的一名成员，正在准备会晤中国的先进分子，商谈协助中国建党的问题，陈独秀、李大钊与他会了面，并共同讨论了在中国建党的问题。"①

同年 2 月，陈独秀为躲避军阀反动政府的迫害，被迫离京南下，便将《新青年》编辑部一同迁到了城市中政治氛围整体较为宽松的上海，继续在工人阶级中广泛宣传马克思主义，并筹备建党事宜。值得一提的是，宽松的政治氛围也是日后共产党能够诞生在这里的一大重要原因。陈独秀留在上海，李大钊则负责在北京开展宣传及建党工作。3 月，李大钊在北京大学组织起第一个马克思主义的学习团体，即马克思学说研究会，开始了联合马克思主义者的初步尝试。陈独秀则深入上海的工人群体中，一方面考察工会组织状态和罢工开展具体情况，另一方面启发工人阶级革命意识，使其认识到自身所处阶级现状，认识到工人阶级自身蕴含的推动社会革命与进步的伟大力量。至此，中国南北方各形成了一个马克思主义宣传中心，即北京和上

---

① 中共中央党校党史教研室：《中国共产党史稿：第一分册》，人民出版社，1981 年，第 39 页。

海,由这两个中心分别向各地辐射。武汉、长沙等地一批受过五四运动影响的先进分子也先后与其建立联系,这客观上促进了马克思主义在全国范围内的流动传播。

同年4月,共产国际远东局派遣维经斯基作为代表与杨明斋等一行人来华,了解工人运动状况、考察建党条件是否成熟,并准备帮助建立中国共产党。维经斯基首先在北京会见了李大钊等人,报告了俄国十月革命后的一些实际情况与对华政策,介绍了开展工人运动的实践经验。经李大钊介绍后,维经斯基去往上海,会见了陈独秀、李汉俊等人,座谈考察过后,维经斯基认为中国实已具备创立本土共产党的完备条件,即对建党工作给予了支持和帮助。①

发达的沿海中心城市上海是共产党的早期组织最先诞生的地方。1920年6月,陈独秀同李汉俊、俞秀松、施存统等人开会商议,决定成立一个党组织,关于其名称问题,陈独秀与李大钊协商后定名为"共产党"。"8月,共产党早期组织在上海法租界老渔阳里2号《新青年》编辑部成立,推陈独秀担任书记。"②在上海首先建立的共产党早期组织实际上担任了发起组的角色,因其交通便利、消息灵通等优势,由这个组织与全国各地联络,发起了各地的共产党早期组织。"当时在全国各地发起组织共产党的有:北京的李大钊、张太雷、邓中夏、张国焘、刘仁静、罗章龙,李梅羹等人;武汉的陈潭秋、董必武、包惠僧等人(李汉俊本人也去到武汉);广东的谭平山、陈公博、陈达材等人;济南的王烬美、邓恩铭等人;东京的施存统、周佛海等人;湖南的毛泽东同志等;另函约巴黎的朋友在巴黎组织。截至1921年6月止,共有8个中

---

① 参见王晓力:《杨明斋的革命贡献研究》,北京理工大学硕士学位论文,2015年。
② 中共中央党史研究室:《中国共产党的九十年》,中共党史出版社、党建读物出版社,2016年,第27页。

国共产党小组。"①1920 年 8 月,上海的共产党早期组织还领导成立了社会主义青年团。随后,各地纷纷成立社会主义青年团,组织马克思主义学习与运动,为党培育了一批优秀预备队员。

党的早期组织在各地建立起来后,开始积极地在城市中尤其是工人阶级群体中开展宣传动员组织工作,为正式成立中国共产党奠定思想与组织基础。为广泛宣传马克思主义思想,《新青年》自 1920 年 9 月起改为上海共产党组织的机关刊物,同年 11 月,上海党组织还创办了半公开的《共产党》月刊,介绍党的革命理论、基本知识和各国共产党尤其是列宁领导的俄国共产党的状况等。各地党组织也纷纷创办刊物进行思想宣传,如湖北的《武汉星期评论》、济南的《励新》半月刊、广东的《群报》等。依托刊物发表文章是反击资产阶级改良主义、无政府主义、修正主义等反马克思主义思潮的重要途径,通过逐一驳斥和批判这些不适用于中国国情的落后思想,早期共产党人确立起通过无产阶级革命推翻现有反动统治阶级、建立社会主义社会的正确革命方向。

为了推进马克思主义与工人运动的结合,引导城市中最具革命力量和潜能的群体——工人阶级认识到自己的力量,各地早期的党组织积极开办工人夜校、劳动补习学校等工人学校,提升工人的阅读能力和文化水平,以便在广大工人阶级中开展马克思主义思想宣传;还创办了各种通俗的工人报刊,如上海的《劳动界》、北京的《劳动音》、广州的《劳动者》、济南的《济南劳动月刊》等,以通俗的语言向工人们揭示了是他们的劳动创造了价值,但剩余价值却被资本家占有这一剥削现象的内在本质,呼吁无产阶级联合起来推翻资本主义制度,从而消灭剥削、解放全人类。动员起一批觉醒的工人阶级后,共产党的早期组织开始领导工人成立工会组织,"1920 年 11 月,共

---

① 鲁林、陈德金:《红色记忆:中国共产党历史口述实录》,济南出版社,2002 年,第 5 页。

产党领导的第一个工会——上海机器工会宣告成立,此后,武汉、长沙、广州、济南的部分产业工人和手工业工人也相继成立工会,并发动工人举行罢工"①。

第二节　上海与中国共产党的诞生

20世纪的上海是非常特殊的,不同于世界上其他特大城市。"上海不同于伦敦、巴黎,她不是由传统的中心城市演变为现代大都市的。她不同于纽约,不是在主权完整的情况下形成的移民城市。她也不同于加尔各答,不是完全在殖民主义者控制下发展起来的。上海的发展道路是独特的。"②张仲礼先生的研究团队,对上海的独特性阐释是在与其他国际特大城市的对比中得出的,然而他们却又用了一句看似"不讲道理"的话来形容上海的特殊性,即"上海就是上海"。换言之,上海的特殊性本不外求于其他城市,更无须与其他城市比较而得出,上海的特殊性就在于其自身,其特殊性正是由于其自身的存在而决定的,是内在的而得外显的。

那么上海的特殊性在哪里呢?上海的特殊性并不能因为一句"上海就是上海"而变得明确起来。正如叶文心所说,上海这座城市自有其特殊性,它的特殊性就在于"一半是海水一半是火焰"。"鸦片战争以后的上海一贯求变求新。上海素来不是记忆可以盘桓的场所。上海追求摩登,上海也追求革命。无论是资本主义的繁华还是社会主义的革命,在20世纪的大部分时间里,这个城市都已否定自己的过往来衡量自己的进步。"③从这个方面来

---

① 中共中央党史研究室:《中国共产党的九十年》,中共党史出版社、党建读物出版社,2016年,第34页。

② 张仲礼:《东南沿海城市与中国近代化》,上海人民出版社,1996年,第40页。

③ 叶文心:《上海繁华:都会经济伦理与近代中国》,台湾时报文化出版企业股份有限公司,2010年,第292页。

讲,上海的特殊性就在于其两面性:一方面它在不断孕育新的事物,另一方面它又在不断创造性地毁坏其所孕育的新事物。这就是上海一方面是摩登的上海,一方面是革命的上海的真谛所在。

现代上海,或更严谨地说,近代上海的历史并不长。上海从传统走向现代,与中国这个古老的农业古国走向近代的时间是一致的。鸦片战争不仅打碎了清帝国的中央帝国的美梦,也敲醒沉睡的上海。开埠以前的上海只是"中国十八行省之一的江苏省所属八府三州之一的松江府所属七县之一的上海县"。我们可以说,开埠之前的上海,只不过是清帝国1300多个县中的一个县,没什么特殊之处。然而开埠后的上海,却一跃为"江海之通津,东南之都会"。根据张仲礼先生的研究,上海在鸦片战争之后,地位迅速上升,成为1300多个县中的翘楚。① 中国共产党并没有诞生在名都大邑,也没有诞生在传统中国的内陆城市,而是诞生在上海这座沿海城市。因为1840年后,通过不平等条约开放的口岸,引进了现代的要素,例如思想要素、市场要素等。城市的近代化发展使上海在其他城市中形成一枝独秀的局面②,"上海在开埠以前只是一个中等县城,城镇人口20多万,经过近100年的发展一跃而为近代中国最大的都市,建国前人口达500多万。至20世纪二三十年代,上海不仅是全国进出口贸易的总汇,而且还是中国最大的经济中心,轻纺工业基地,交通运输的枢纽,也是远东最大的金融中心之一"③。

上海的革命性是确凿无疑的,近代上海以其20世纪中国许多重大的反帝运动的温床而著称,而她同时又是"摩登"的,从诸如"摩登"一类的外来音译词上也可见一斑。上海及上海的居民往往被认为带有"崇洋"的倾向,这在很大程度上来自它中国第一大通商口岸的地位。但实际上,上海人对待

---

① ② 参见张仲礼:《东南沿海城市与中国近代化》,上海人民出版社,1996年,第16页。

③ 张仲礼:《东南沿海城市与中国近代化》,上海人民出版社,1996年,第40页。

西方人的态度要比这两种形象所传达的更冷静、更平和、更练达。居住在这样一个由不请自来的外国政权统治下的安定繁荣的城市里,而这种安定繁荣常常处于一种两难的境遇之中。这种两难就是一边要抚平受伤的民族自豪感,一边又对西方欣赏崇拜,就是在这种情况下,上海人不知何故已成功地找到了一个舒适而又平衡的支撑点。①

在民族自尊与对现代化先进事物的向往这两种情感的挣扎中,奇妙而又理所应当地催生出了极具革命性的"魔都"上海——初时是被迫地接纳着西方舶来的一切新势力,又在这种被迫的接纳中尽其所能地对新势力的压迫进行批判和排斥;一面是对魔幻瑰丽的"西洋景"的热烈欢迎,一面是对中华民族旧传统的骄傲固守。上海的商业化诚然与西方有着密切的联系,但中国人的创造性万万不能被低估——西方的革新与影响提供了动力,而后来的发展与变革几乎完全是中国式的。② 这些特性决定了上海对待西方文明传入的基本态度——批判与吸收,这恰恰与马克思的辩证唯物主义思想不谋而合,上海这座革命城市为马克思主义思想在中国的扎根与传播提供了十分适宜的土壤,而事实也证明,上海在马克思主义思想的早期传播中确实发挥着非常关键的作用,在这里,诞生了中国有史以来最为先进的马克思主义政党——中国共产党。

早期的觉醒者诞生于上海,成立了党的早期组织,各地党的早期组织代表聚首于上海,正式成立了中国共产党——这并不是说,只有上海这座城市的居民中能够产生这些伟大的先觉者,而是这座独一无二的城市提供了经济、政治、文化等一系列条件,使无论是诞生在上海的先进思想者,还是带着新思想来到上海的革命者,都在这里找到了适宜的土壤,留下火种、垒砌了

---

① 参见卢汉超:《霓虹灯外——20 世纪初日常生活中的上海》,上海古籍出版社,2004 年,第 285 页。

② 同上,第 289 页。

革命的堡垒，预备着在合适的时机用一把朔风将革命的烈火吹向全国。1921 年 3 月，革命的先觉者李大钊在《团体的训练与革新的事业》中指出："中国现在既无一个真能表现民众势力的团体，C 派（共产主义派）的朋友若能成立一个强固精密的组织，并注意促进其分子之团体的训练，那么中国彻底的大改革，或者有所附托！"①意指中国如今最缺乏的，乃是建立一个工人阶级政党。而后的 6 月中，共产国际代表马林和共产国际远东书记处代表尼克尔斯基先后到达上海，与上海的共产党早期组织成员李达、李汉俊进行商谈，也建议应当尽快召开全国代表大会，正式成立无产阶级政党——中国共产党。

在各地共产主义小组的积极筹备下，建立一个全国范围的、统一的工人阶级政党的条件已经日益成熟，这把由上海吹出去的朔风将星星之火燃遍全国各地，又将熊熊的烈火燃回了最初孕育了革命火种的温床。1921 年 7 月，全国各地的共产主义小组派出代表赴中国工人运动中心——上海，于 23 日晚在法租界望志路 106 号举行了中国共产党的第一次全国代表大会。这时各地共产主义小组的成员，已有五十余人，他们分别推举出 12 名代表出席了这次大会。"这些代表是：湖南小组的毛泽东、何叔衡，湖北小组的董必武、陈潭秋，上海小组的李达、李汉俊，北京小组的张国焘、刘仁静，山东小组的王尽美、邓恩铭，广东小组的陈公博和日本东京小组的周佛海。此外，陈独秀还指定包惠僧参加了大会。共产国际代表马林和尼克维斯基也出席了这次大会。陈独秀、李大钊因故均未出席这次大会。"②7 月 30 日晚，因会议期间闯入一陌生可疑男子，谎称寻人后匆忙离去，与会代表敏锐地判断其为敌探，于是会议立即中止，代表们迅速疏散，并分批转移到浙江嘉兴南湖一

---

① 中国李大钊研究会：《李大钊全集》，人民出版社，2013 年，第 350 页。

② 中共中央党校党史教研室：《中国共产党史稿：第一分册》，人民出版社，1981 年，第 48 页。

游船上,举行了最后一天的会议。会议上代表们继续进行讨论,通过了党的第一个纲领和第一个决议,从此宣告了中国共产党的诞生。

由党的第一次全国代表大会通过的第一个纲领中注明,党的名称为"中国共产党"。中国共产党的纲领是"革命军队必须与无产阶级一起推翻资本家阶级的政权,必须支援工人阶级,直到社会的阶级区分消除为止;承认无产阶级专政,直到阶级斗争结束,即直到消灭社会的阶级区分;消灭资本家私有制,没收机器、土地、厂房和半成品等生产资料,归社会公有;联合第三国际"。纲领还规定"本党承认苏维埃管理制度,把工农劳动者和士兵组织起来","党的根本政治目的是实行社会革命",①同时对党员条件、党的组织建构等做了具体规定。会议还通过了《关于当前实际和工作的决议》,决议对工人组织、宣传、工人学校、工会组织的研究机构、对现有政党的态度、党与第三国际的联系六方面工作规定了党当下时期的实际工作计划。最后在组织机构方面,大会选举产生了党的中央领导机构——中央局,选举陈独秀担任书记,李达、张国焘分管宣传和组织工作。

根据熊月之先生的研究,中国共产党在上海诞生是因为六大方面的要素相互激荡的结果。上海作为一所具备各种要素的复杂性城市的身份,使之聚齐了先进思想文化的传播系统、工人阶级与知识分子的社会基础、发达的水陆交通系统、便捷的邮政通信系统、可供依托的社会组织系统、可资利用的安全缝隙六方面的要素。这六方面要素集合起来为中国共产党的诞生提供了重要支撑,从而使上海成为党的诞生地——"光明的摇篮"。②

---

① 中央档案馆编:《中共中央文件选集第一册:1921—1925》,中共中央党校出版社,1989 年,第 3 页。

② 参见熊月之:《光明的摇篮》,上海人民出版社,2021 年。

第三节　政党、城市与马克思主义传播

中国共产党是以马克思主义思想为指导建立的无产阶级政党,党的成立得益于俄国十月革命和国内五四运动前后马克思主义思想的传入和广泛传播,在早期马克思主义者的奔走下,马克思主义思想逐渐为人熟知,以之为信仰、指导的先觉者群体逐渐壮大,当社会的发展越来越迫切呼吁一个无产阶级政党出现时,中国共产党勇于抓住机遇,迎着时代的浪头一举完成了建党大业。以马克思主义思想为指导的中国共产党成立以后,马克思主义在中国的传播实现了主体的过渡,不再以原先那种分散的小规模组织为核心的模式进行传播。此时马克思主义的传播已经有了一个统一的具有凝聚力的主体,即中国共产党,从此,这种传播上升为一种有计划有组织的行动。虽然彼时的党处于诞生初期,羽翼尚未丰满,力量尚且薄弱,但作为一个掌握了科学理论的、顺应了历史潮流的使命型政党,中国共产党以积极的态度不断向外界传播着先进的思想理论,试图在推动革命实践的同时从思想上启发、改造国民。

马克思主义传播作为无产阶级政党建设的重要内容,贯穿于中国共产党成立与发展的始终。在建党初期,从 1921 年中共一大召开到 1927 年国民大革命结束之前,党进行革命与建设的场所主要集中在城市中,这一方面是受苏联城市中心道路成功经验的影响,另一方面是由于工人阶级政党的人员组织特性,工人阶级聚集在城市中,发动、组织工人阶级作为这一时期党的主要任务之一,必然地决定了建党初期党的主要活动阵地是一些工业发达、工人聚集的大型城市,因此城市也是这一时期马克思主义传播的主要阵地。在城市中,中国共产党将思想改造与行动指导结合起来,通过书籍、刊物、学校等种种方式,宽范围、多层次地传播马克思主义思想,力图从根本上

振奋起群众革命意识,提高群众尤其是工人阶级的政治觉悟,进而在各大中心城市发动起一呼百应的工人运动,推动中国新民主主义革命的迅速展开。

文字是思想的载体。中国共产党深知拥有翻译、出版相关书籍的稳定路径对于传播马克思主义的重要意义,因此自党成立之初,立即成立了第一个秘密出版机构——人民出版社,开始有计划地翻译和出版马克思主义经典著作。人民出版社设立在上海,由李达承担主要的编辑、校对和发行等工作,他制定了包括"马克思全书""列宁全书"等一系列丛书的出版计划。"1923年11月,中国共产党又成立了继人民出版社之后第二个出版机构——上海书店,上海书店在国内外建立了庞大的发行网,遍布长沙、南昌、广州、太原、青岛、重庆、宁波、香港、海参崴和巴黎等地。共产党人通过这些网络把马克思主义著作传送到读者手中。"①

同时,党还充分利用媒体传播马克思主义,创办革命报纸、杂志等在群众中宣传马克思主义新思想。五四运动期间涌现出的一批进步报刊,如《新青年》《共产党》《先驱》《青年周刊》等,开始转化为马克思主义思想的宣传阵地,广泛刊登阐述马克思主义思想的相关文章,继续发挥其启发民智的积极作用;中国共产党还通过改造进步报刊、创办新报刊的方式为自身打造了许多机关刊物,如《向导》《中国青年》等,对党的路线、纲领、政策进行解读和宣传,使广大工农群众加深对党的理解,为党的群众基础奠基。

人始终是思想传播的主体。中国共产党注重培养信仰、研究马克思主义并学以致用的人才,以培养知识分子来推动马克思主义的大范围传播。早在建党之前,上海的共产党早期组织就建立了外国语学社,教授学员外语、领读部分马克思主义经典著作译本,其目的是输送学员到苏俄学习马列主义,为党培育优秀后备人才。建党之前和国共合作时期,学社陆续输送了

---

① 《思想的历程》创作组:《思想的历程:马克思主义在中国的百年传播》,中央编译出版社,2011年,第39页。

多批人才至莫斯科为共产党培养优秀干部的东方大学与中山大学留学,学习马列主义理论,为回国指导革命运动、宣传革命理论做准备。

中国共产党还十分注重以中高等学校、工人补习学校等为平台,在学生、工人中传播马克思主义。在高校中,通过开设马克思主义理论课程推动科学思想的传播。"1920—1927 年,李大钊就在北京大学史地系、经济系、法律系和政治系开设了马克思主义理论课程,讲授《唯物史观》《工人的国际运动》《史学思想史》《社会主义与社会运动》《现代政治》等相关课程。"[1]这些课程在阐释马克思主义理论的同时注意代入分析中国当前国情,为探索中国革命出路、解决中国问题培养了一众后备人才。

同时,为了在工人阶级中广泛传播马克思主义,首先要提高工人群体的文化水平。劳动组合书记部领导创办了许多工人夜校、补习学校,如北京长辛店劳动补习学校、长沙工人夜校等,对工人进行宣传教育,学校一方面教会工人基本的识文断字等技能,一方面向他们传播马克思主义的阶级斗争等理论,以启发工人斗争意识的觉醒。

1922 年 10 月,上海私立东南高等师范专科学校改名为上海大学,成为一所以共产党人为主要骨干的新型革命学校[2],上海大学的学生在后来宣传马克思主义和发动工人方面的工作中都做出了很大的贡献,在国共合作时期,上海大学为党培养了许多优秀的干部人才。1924 年由孙中山创立的黄埔军校,参照苏联军校的教学模式,除军事教育外,还设立了政治教育以传授革命理论,国共合作时期,大批学员在这里接受了共产主义与苏联的思想教育。

---

① 刘景、刘吉发:《建党初期马克思主义传播路径疏厘》,《新闻知识》,2011 年第 3 期。

② 参见《思想的历程》创作组:《思想的历程:马克思主义在中国的百年传播》,中央编译出版社,2011 年,第 42 页。

　　直至大革命失败前,马克思主义在中国的传播尚属公开的范畴,国民党党内也有许多进步人士同样也对马克思主义持认同态度,认为马克思主义对于中国革命的指导不无道理。尤其是国共合作的黄埔军校中,也存在不少马克思主义支持者与传播者,并一直进行着马克思主义的理论研究。但随着"四一二"反革命大清洗活动的发生,国共第一次合作的破裂,中国共产党经历了一次刻骨铭心的毁灭性打击,党对马克思主义的传播也被迫转为地下工作。虽然如此,马克思主义这一生生不息、历久弥新的科学思想依旧如星星之火,在实践中逐渐传播到全国,在理论与实践的交互中不断深入本土化,指引了中国革命的明亮前途。

第三章

政党、城市与工人：政党如何在城市组织工人运动

第一节　党的早期组织与产业工会

在城市动员工人并开展工人运动，是中国共产党早期的基本任务。中国共产党虽然诞生于城市，是工人阶级的政党，但对于中国共产党来讲，在城市动员工人并开展工人运动，并不是天生就会而且非常娴熟的事情。所以在城市动员工人并有效开展工人运动，是中国共产党早期在城市生存和发展必须习得的"技能"。

一、成立产业工会：中国共产党的基本任务

作为城市各阶层力量重要组成部分的工人及其组织形式工会，是中国共产党的重要组织对象。《中国共产党第一个决议》主要是关于城市工人及其工会组织的。该决议指出："本党的基本任务是成立产业工会。凡有一个以上产业部门的地方，均应组织工会；在没有大工业而只有一两个工厂的地

方,可成立比较适于当地条件的工厂工会。"①毫无疑问,大批量的工人只有在城市中才能存在,产业工会同样只有在工人集聚的城市才有成立的条件。中国共产党成立之初,将城市中的工人与组织工会工作作为主要的基本任务。农村与农民,在党成立之初,根本就不在关注视野之内。在该决议中,中国共产党对城市的认知已经具有朴素的分类思想,其对城市的分类是以产业部门的多寡为标准的,具有多个产业部门的城市,工人的集聚性高,所以更易于组织工会,这里的工会是正式的工会,例如北京铁路工人工会②和全国铁道工会。③ 然而在大工业不发达甚至没有的城市,中国共产党认为需要因地制宜,根据其工业发展程度,在工厂中成立工会,即工厂工会。这是见于文字的中国共产党对城市的最初认知。

工会是党的组织,是党在城市开展斗争的阵地和组织平台,是党在城市中开展劳工运动的触角。中国共产党中央局早在 1921 年便规定,在上海、北京、广州、武汉、长沙等区"必须有直接管理的工会一个以上,其余的工会也须有切实地联络"④。这说明工会是中国共产党在城市中最早的可以依赖的组织。通过工会,党可以将其革命运动实践和共产主义思想渗透到城市市民,延伸到城市尽可能广大的空间。党可以通过工会统计该区(城市)的劳

---

① 中央档案馆编:《中国共产党第一个决议》,载于《中共中央文件选集》(第一册),中共中央党校出版社,1989 年,第 6 页。

② 参见中央档案馆编:《北京共产主义组织的报告》,载于《中共中央文件选集》(第一册),中共中央党校出版社,1989 年,第 15 页。

③ 参见中央档案馆编:《中国共产党中央局通告关于建立与发展党团工会组织及宣传工作等》,载于《中共中央文件选集》(第一册),中共中央党校出版社,1989 年,第 26 页。

④ 中央档案馆编:《中国共产党中央局通告关于建立与发展党团工会组织及宣传工作等》,载于《中共中央文件选集》(第一册),中共中央党校出版社,1989 年,第 26 页。

动状况，①对城市可依赖的力量有最清晰地了解。这说明工会是中国共产党摸清城市无产阶级状况并开展劳工运动的抓手。

中国共产党高度重视工会工作，加强党对工会的组织和领导。"党应特别机警地注意，勿使工会执行其他的政治路线。"②工会只有在中国共产党的组织和领导下，才能成为党在城市中开展革命的阵地和组织，否则会成为其他政党的傀儡。有鉴于此，中国共产党对工会组织最为薄弱的产业部门，即城市手工业部门的工会高度重视。因为在中国共产党看来，手工业属于中国城市的传统行业，并非工业革命为中国带来的"新"的产业类别，那么手工业工人也并非"先进生产力的代表"，或者从消极方面来表述，手工业工人的思想较为"落后"，"党应警惕，不要使工会成为其他党派的傀儡"③。如果中国共产党未能在手工业行业组织工会，并占领这块阵地，该产业领域的工会极易成为其他政党的"阵地"；且手工业工人的来源广泛，大多属于家庭作坊，与其他产业类别相比，较为分散，由此中国共产党决定"对于手工业工会，应迅速派出党员，尽快进行改组工作"④，使手工业工会成为党在手工业中的阵地。

历史表明，在城市中建立属于党自己的工会不是一件容易的事情。以广州为例，工会的数量在1920年已经增加到100多个。然而这些工会并不倾向于中国共产党，而是受到当时流行的无政府主义思潮的影响，或者倾向于国民党。因为无政府主义在当时非常流行，拥有很多追随者；国民党与工人联系的经验更加娴熟，其中央委员会的宣传部专门做联络工人的工作，特

---

① 参见中央档案馆编：《中国共产党中央局通告关于建立与发展党团工会组织及宣传工作等》，载于《中共中央文件选集》（第一册），中共中央党校出版社，1989年，第26页。

②④ 中央档案馆编：《中国共产党第一个决议》，载于《中共中央文件选集》（第一册），中共中央党校出版社，1989年，第6页。

③ 同上，第7页。

别是五金工人和机械工人。① 这极大地增加了共产党与工人的联系和成立工会的难度。由此,在城市中建立工会并非想象中的那么简单。因为工人与工会这块阵地,并不是一张"白纸"。

基于此,在城市中建立工会一般有三种方法。一是改组既有的工会。例如上述手工业工会,还有机械工人工会、铁路工人俱乐部、宽山工人俱乐部、理发工人工会等。这些工会是先于党组织建立起来的,要么受无政府主义思潮的影响,要么受国民党的控制。中国共产党需要对这些既有工会从人员和思想两方面进行改组,使其拥护马克思主义思想,接受党的领导。二是建立新的工会。城市的产业众多,产业工人分布在不同的产业,并不是每一个产业的产业工人都建立了属于自己的工会。中国共产党在尚未建立工会的产业领域,单独(摆脱国民党)积极探索建立属于党自己的工会组织。例如广州的早期共产主义者探索建立的教师工会。② 三是在既有基础上建立工会。北京共产主义小组的经验就是,在党开办的专门产业工人学校的基础上建立工会,"这种学校是建立产业工会的必要准备阶段",因为以这种形式建立的工会更有工人基础,更能贯彻党的革命思想。③

成立工会仅是第一步,使工会成为宣传,或者更严谨地说灌输革命理论和推动工人运动的阵地,这是党成立工会的重要目的。北京共产主义小组在成立和运作工会时便总结到:中国共产党"不应当仅限于成立工会,工会成立以后,首先应当引导它与企业主交锋。只有这样工人才会对自己的工

---

① 参见中央档案馆编:《广州共产党的报告》,载于《中共中央文件选集》(第一册),中共中央党校出版社,1989 年,第 22 ~ 23 页。

② 同上,第 23 页。

③ 参见中央档案馆编:《北京共产主义组织的报告》,载于《中共中央文件选集》(第一册),中共中央党校出版社,1989 年,第 16 页。

会感兴趣,才相信工会的力量"①。早期共产主义小组从成立工会和运作工会中"尝到了甜头",并对这种实践经验进行了初步总结。他们认为工会至少有四个方面的功能:"第一,在忠实于工人运动的人与工人之间建立友好关系;第二,从工人当中,选拔一些领袖;第三,提醒他们不要忘记我们组织的目的,并利用自己的工会同雇主进行斗争,从而使阶级仇恨激化;第四,我们必需利用每一个机会,推动群众举行游行示威和罢工。"②

二、工会组织的研究机构:研究产业工会组织的工作方法

工会组织的研究机构是中国共产党成立之初,在城市工会工作中的创举。中国共产党在城市组织产业工会是"首次",工会如何运作是中国共产党工会工作的首要课题,由此,中国共产党成立工会组织研究机构以研究工会的相关事宜。工会组织的研究机构成立的目的是"教育工人,使他们在实践中去实现共产党的思想。应特别注意组织工人工会援助其他部门的工人运动,研究工人工会以及其他无产阶级组织的情况"③;工会组织的研究机构的主要功能是"研究产业工会组织的工作方法等问题"④;工会组织的研究机构的组成人员分为三类,"由各个产业部门的领导人、有觉悟的工人和党员"⑤。

工会组织的研究机构是研究性质的机构,具有自身的研究工作。一般来讲工会组织的研究机构的研究内容分为四类,即工人运动史、组织工厂工人的方法、卡尔·马克思的经济学说、各国工人运动的现状,但"应特别注意

---

①② 中央档案馆编:《北京共产主义组织的报告》,载于《中共中央文件选集》(第一册),中共中央党校出版社,1989年,第15页。

③⑤ 中央档案馆编:《中国共产党第一个决议》,载于《中共中央文件选集》(第一册),中共中央党校出版社,1989年,第7页。

④ 同上,第7~8页。

中国本国的工人运动问题"①。既然是研究机构,中国共产党认为其研究成果应定期发表。

综上,我们可知,中国共产党成立的工会组织的研究机构具有三种重要功能。第一,研究功能。工会组织的研究机构研究与工人运动相关的知识和理论,尤其是中国本国的工人运动问题。第二,教育功能。工会组织的研究机构向工人灌输党的思想,使工人具有革命意识。第三,组织功能。工会组织的研究机构还背负组织工会的功能,并且还需要横向援助兄弟产业部门的工人运动。

三、工人学校:在专门产业领域教育产业工人

在城市中组织工会这项基本任务,是一项复杂的系统工程。组织工会仅是中国共产党在城市中建立自己触角的第一步,还要根据产业工会的发展过程,建立工人学校。"工人学校是组织产业工会过程中的一个阶段,所以在一切产业部门均应成立这种学校。"②工人学校是组织产业工会的一个环节,只要有大工业生产的产业部门的存在,就应建立工人学校;而且工人学校不是一个城市成立一所,其不是以城市为单位而成立的,而是根据城市中的产业类别分门别类地成立的。该决议中明确指出工人学校与产业相融合,具有不同的类别,例如"应成立'运输工人预备学校'和'纺织工人预备学校'"③。显而易见,工人学校的成立和分布,是与城市产业类别息息相关的。

---

① 中央档案馆编:《中国共产党第一个决议》,载于《中共中央文件选集》(第一册),中共中央党校出版社,1989 年,第 8 页。

② 中央档案馆编:《北京共产主义组织的报告》,载于《中共中央文件选集》(第一册),中共中央党校出版社,1989 年,第 15 ~ 16 页。

③ 中央档案馆编:《中国共产党第一个决议》,载于《中共中央文件选集》(第一册),中共中央党校出版社,1989 年,第 7 页。

决议中列举的是 20 世纪 20 年代中国城市中最常见的产业类别,也是工业革命给中国城市带来的最常见的产业——运输产业和纺织产业,由此,中国共产党在成立工人学校时,列举的是当时的城市中最常见的分属于两类产业的产业工人和工人产业学校。

工人学校的创建需要经过审慎的选择。根据北京共产主义小组的实践,工人学校的开办不能"全面开花","没有必要开办所有行业的工人学校"。工人学校的开办需要特殊的"空白地带","只在那些既没有工人组织又没有工人领袖的地方,才需要建立这样的学校"。工人学校也不是今天所谓的独立于行业领域的一般化的工人学校,而是与行业紧密配合,建立专门行业领域的工人学校,"经验表明,我们不能建立一般的工人学校应当只开办专门学校,如纺织工人学校和铁路工人学校,等等"。

中国共产党组织的早期工人学校一般分为工会学校(或称为劳动补习学校、劳动学校)和工人夜校。工人学校较类似今天的学校,只不过其学生都是具有工作的在职产业工人。广州的工会学校"要求所有的工会各派两名代表,每周到学校来两三次"[1]。上海的沪西工人半日学校顾名思义,以半日为学习时间。[2] 工会学校教授的课程包括工会组织法、工人运动史和欧美工人运动的现状等。[3] 工人夜校是利用晚上工人下工时间,对工人进行教育的学校。这类学校有的是由共产党直接筹办和领导的,有的则是与共产党

---

[1] 中央档案馆编:《广州共产党的报告》,载于《中共中央文件选集》(第一册),中共中央党校出版社,1989 年,第 23 页。

[2] 参见《早期共产党人创办的首所工人学校成立一百周年,纪念馆正筹建》,ht-tps://baijiahao. baidu. com/s? id = 1680536368899893740&wfr = spider&for = pc,2020 年 10 月 14 日。

[3] 参见中央档案馆编:《广州共产党的报告》,载于《中共中央文件选集》(第一册),中共中央党校出版社,1989 年,第 23 页。

有联系的工人自己筹办的。①

　　根据马克思主义对城市工人阶级的研究，工人阶级首先是"自在"的，在一系列条件具备之后才能成为"自为"的。中国共产党对于工人阶级及工会组织的认识，也是符合马克思主义原理对工人阶级的研究的。中国共产党认为工会是党在城市组织工人开展斗争的重要组织形式，但是工人并非天生是具有"革命性"的阶级，需要党借助工会这个平台对其进行思想和理论灌输，由此，"党应在工会中灌输阶级斗争的精神"②。

　　那么问题来了，中国共产党如何在工会中对工人灌输阶级斗争的理论和精神，使工人阶级具备革命性呢？答案就是借助工人学校对工人进行教育。工人学校的主要任务是教育工人③，"提高工人的觉悟，使他们认识到成立工会的必要"④。如果没有工人学校的教育工作，工人无法具备阶级意识和革命精神，工会的存在也就形同虚设。换言之，"工人学校应逐渐变成工人政党的中心机构，否则这种学校就无需存在，可予以解散或改组"⑤。

　　为保证工人学校能够贯彻党的宗旨并执行党的革命方针和教育理念，工人学校的组织架构必须符合无产阶级革命的要求。一方面工人和教员必须由工人担任或党延聘，"学校管理处和校务委员会应完全由工人组成。党

---

　　① 　参见中央档案馆编：《广州共产党的报告》，载于《中共中央文件选集》（第一册），中共中央党校出版社，1989年，第24页。

　　② 　中央档案馆编：《中国共产党第一个决议》，载于《中共中央文件选集》（第一册），中共中央党校出版社，1989年，第6页。

　　③ 　参见中央档案馆编：《北京共产主义组织的报告》，载于《中共中央文件选集》（第一册），中共中央党校出版社，1989年，第16页。

　　④⑤ 　中央档案馆编：《中国共产党第一个决议》，载于《中共中央文件选集》（第一册），中共中央党校出版社，1989年，第7页。

聘请的教员可以出席校务委员会的会议"①。另一方面通过工人学校的教育,培育工人积极分子,使工人"习惯于亲自从他们当中选出有觉悟而又积极的人来管理学校和工会的事情"。同时,培育他们的利益共同体意识和纪律意识,"学生会议能够给你们提供许多合适的宣传机会,而特别重要的是培养这种召开公开群众大会的习惯,这种大会最能使到会者养成共同体利益感和严守纪律"②。再一方面从这些学校中发展党员,广州共产主义小组就开创了从"机械工人学校和宣传员养成所中吸收新党员"的举措。③

四、共产党与工会:坚持党对工会和工人运动的领导

中国的工人阶级并不发达,"劳动阶级的奋斗还不过是为某种手艺或某个工厂的特别状况的单独运动",在这种情况下,"工人的组织也不强固,组合的人数也不多。切实研究这种现状,集中,扩大和正当指挥这种运动,是中国共产党的根本任务"④。基于此,中国共产党应该让工人真切地了解工会的实质。工会与行会不一样,里面不能有雇主,而且不能因工人的各种属性的不同,排斥他们加入工会,而是需要保持工会对任何工人的开放性。⑤由此,工会的本质是"保护工人切身的利益和为工人的利益奋斗的机关,

---

① 中央档案馆编:《中国共产党第一个决议》,载于《中共中央文件选集》(第一册),中共中央党校出版社,1989 年,第 7 页。

② 中央档案馆编:《北京共产主义组织的报告》,载于《中共中央文件选集》(第一册),中共中央党校出版社,1989 年,第 16 页。

③ 参见中央档案馆编:《广州共产党的报告》,载于《中共中央文件选集》(第一册),中共中央党校出版社,1989 年,第 22 页。

④ 中央档案馆编:《关于工会运动与共产党的议决案》,载于《中共中央文件选集》(第一册),中共中央党校出版社,1989 年,第 76 页。

⑤ 参见中央档案馆编:《关于工会运动与共产党的议决案》,载于《中共中央文件选集》(第一册),中共中央党校出版社,1989 年,第 79 页。

因为劳动者是创造各种物品者,所以劳动者应该享受劳动者所创的东西。这个事实,便是真正工会的出发点"。"工会不但不要去调和资本家和劳动者的利益,还要使这种争斗更加紧张。一个争斗援(接)着一个争斗,在两个争斗之间工会的组织愈增强固,预备第二次争斗。如将工人的会费多数存作罢工基金是必要的,但同时工人必须避免自己立在不利地位的情况中争斗。"工会不仅要开展改良工人状况的运动,而且要开展经济改良运动,还要开展政治运动,三者不可偏废,"工会应该努力做改良工人状况的运动,凡在资本主义之下能够改良的,都要努力去做。同时须使工会很快地向着劳动运动的最终目的进行,就是完全打倒工人奴隶制的资本制度,并照共产主义原则改造社会。工会进行劳动者的经济改良运动,必须进于为劳动立法运动。同时使工会明白:获得劳动立法和争得劳动改良条件,均必须工会组织得强固;在资本制度之下,要能够使劳动立法或劳动改良条件真正实现,都必须劳动者的力量能够压迫政府和东家才行的"。同时,工会必须开展政治运动,"做民族独立政治的和市民的权利与自由(包括普通选举权和废除罢工刑律的运动)的奋斗,并在民主主义联合战线中占独立的重要地位,这样才能促进工人们得到最后的胜利。但同时这个奋斗的用意是真正无产阶级争斗的革命宣传,不是投机主义者政治运用的用意,所以要防备非无产阶级工人们领导他们,须要无产阶级领导他们自己"。①

工会具有自身的活动目的和运转机制。正如该决议案中指出的,工会的主要目的在于反抗而不是强化工人之间的共同体关系。"工会最主要的活动是与资本家和政府奋斗;互相帮助,联给(络)戚(感)情不过是次要的目

---

① 中央档案馆编:《关于工会运动与共产党的议决案》,载于《中共中央文件选集》(第一册),中共中央党校出版社,1989 年,第 76~78 页。

的;因为工会是一战斗的团体,不专是共济的机关。"①基于此,工会不仅是基于经济目的的产业的组合,而更是基于政治目的的革命的组合,"工会只是产业组合的构造,还不算最好的工会,真正的工会除了是产业组合的构造和以革命为目的以外还须要阶级一致和有纪律的训练。就是要使全劳动阶级都联合起来,决不可有一个工厂或一部分工人的特别利益与一个产业组合的利益冲突之事发生,也须调和一个产业组合和全国劳动阶级间的利益"②。

　　工会的本质既然清楚了,厘清中国共产党与工会的关系是接下来的重要方面。共产党与工会是具有较大区别的,"共产党是所有阶级觉悟的无产阶级分子的组合,是无产阶级的先锋军,有一定的党纲,是一个以打倒资产阶级和资本主义为目的的无产阶级的政党;工会是所有工人的组合(不管政治见解怎样),工人们的〔在〕工会里,去接受'怎样用社会主义和共产主义精神去奋斗'的教育,与共产党向同一目的进行,但是较缓的全阶级的组合。如战争一样,军队中有一个先锋,所有这大量的军队都跟着这个先锋前进。共产党也可说是一个人的头脑,全体工人便是人的身体。所以共产党无论在那种劳动运动中,他都要是'先锋'和'头脑',决不可不注意任何工会活动,并要能适当的诚实的和勇敢的率领工会运动"③。换言之,共产党是工会的领导和先锋,工会是共产党的组织和基础,"共产党为实际率领工会和实际为无产阶级的先锋,必须在工会中和各个工厂委员会以及一切的劳动团

　　①　中央档案馆编:《关于工会运动与共产党的议决案》,载于《中共中央文件选集》(第一册),中共中央党校出版社,1989 年,第 79 页。
　　②　同上,第 80 页。
　　③　同上,第 81 页。

体中组织强有力的团体,很少有例外"①。

中国共产党与工人、工会的关系是领导与被领导的关系。共产党虽然是工人的政党,其"基础完全建筑在工人阶级上面",但是"中国的工人运动,已由地方的组织进到全国的组织之倾向,由经济的争斗进到政治的争斗之倾向"②,所以,只有坚持中国共产党的领导才能保证工会发展和工人运动的政治方向,避免工人运动的盲目性。

在城市开展工人运动的关键点便是共产党依托工会组织工人。城市是生产工人的天然空间,城市也就天然地成为组织工人运动的空间。中国共产党在建党前后,其开展革命实践的基本任务就是在城市依托工会组织工人运动。在城市组织工人运动的第一步就是对工人宣传或灌输阶级斗争和革命理念。第一,工人没有纪律,需要领导者进行组织,"同志们,请注意,我们不得不同尚且没有纪律的工人在一起活动,而帮助他们的最好方法,据我看就是帮助他们组织罢工和游行,我们要积极采取一切能够加速这一运动的措施"③,可见工人无法自发组织这种大规模的集体行动;第二,工人自身无法生产阶级斗争精神和革命理论,"怎样使工人和贫民阶级对政治感兴趣,怎样用暴动精神教育他们,怎样组织他们和促使群众从事革命工作"④,这成为共产党人在城市组织工人运动的当务之急。最重要的是第三点,作为一个整体的中国工人阶级发展不成熟。"中国处于现时状况之下,资产阶级不能充分发展,因之无

---

① 中央档案馆编:《关于"工会运动与共产党"的议决案》,载于《中共中央文件选集》(第一册),中共中央党校出版社,1989 年,第 81 页。

② 中央档案馆编:《中国共产党对于目前实际问题之计划》,载于《中共中央文件选集》(第一册),中共中央党校出版社,1989 年,第 122 页。

③ 中央档案馆编:《北京共产主义组织的报告》,载于《中共中央文件选集》(第一册),中共中央党校出版社,1989 年,第 16 页。

④ 同上,第 13 页。

产阶级也自然不能充分发展"①，"以产业落后的原故，中国劳动阶级还在极幼稚时代，多数劳动群众之意识，还停顿在宗法社会，非政治的倾向非常之重"②，而且"阶级分化不充分的全国人民，皆受制在资本帝国主义，及本国军阀之下"③。在这种结构限制之下，工人阶级仅靠自身无法组织具有革命性的工人运动。

北京共产主义小组早期在城市组织工人运动时首先对工人灌输阶级斗争思想和革命观念，并在工人中培养党的宣传"鼓动员"："我们教工人什么呢？我们经常不断地向他们说，他们遭受他们的厂主资本家的掠夺，不得不过着牛马般的生活。其次，向他们介绍外国工人运动史。我们不断地向他们指出，组织起来的意义和方法，时常给他们讲课，教他们识字，同时，还教他们习惯于用文字来表述自己的思想，让他们写出关于家庭生活和日常生活情况以及工厂里发生的一切不公平事件的书面报告。起初，他们感到有些为难，但后来从他们中间培养出了一些优秀的鼓动员。"④

中国共产党在城市会利用重要时间节点组织工人运动。在 1920 年的 5 月 1 日国际劳动节当天，北京共产主义小组就在长辛店组织了一场工人游行示威运动。1920 年的国际劳动节，北京共产主义小组"召开了有千百个工人参加的群众大会，工人亲自在会上发表了鼓动性的演说，会议持续了三个多小时，可是仍有一些工人没有来得及发言。群众大会以后，开始游行，有 1500 名工人组成的游行队伍高举着写有重要标语的旗帜，唱得革命歌曲喊

①③　中央档案馆编：《中国共产党党纲草案》，载于《中共中央文件选集》（第一册），中共中央党校出版社，1989 年，第 138～139 页。

②　中央档案馆编：《关于国民运动及国民党问题的决议案》，载于《中共中央文件选集》（第一册），中共中央党校出版社，1989 年，第 146～147 页。

④　中央档案馆编：《北京共产主义组织的报告》，载于《中共中央文件选集》（第一册），中共中央党校出版社，1989 年，第 16 页。

着'增加工资、缩短工时'的口号,沿街行进"①。在城市里组织的工人运动,对资本家产生了一定的影响。北京共产主义小组组织的五一长辛店工人游行罢工之后,"在不到一个星期之内,工厂车间里发生的十起使管理人员感到极大不安的小型活动"②。

在城市组织工人运动是中国共产党早期城市工作的重要组成部分,由此,如何有效动员工人并开展工人运动,是年轻的中国共产党必须具备的本领。具体来讲,首先,在城市动员工人需要将工人组织起来,即要成立产业工会。对此,中国共产党在早期就明确提出在城市成立产业工会是其基本任务。其次,如何运作工会同样需要进行研究,由此,中国共产党成立工会组织的研究机构,以研究工会相关事宜,发挥研究性、教育性和组织性功能。再次,组织化的工人还需要得到"精神"上的洗礼,才能认识到工人运动的政治性,由此,中国共产党成立工人学校,并使之成为教育产业工人的重要阵地。最后,作为工人组织的工会和组织化工人行动的工人运动,如果只靠自身的力量和思想,较难克服自身的局限性,由此必须坚持党的领导,才能实现工人运动的政治目的。总之,中国共产党虽然刚诞生在城市,尚处在"襁褓"之中,但是通过一系列举措,其在城市中不仅成立产业工会将工人组织起来,而且对工人进行了教育,提升了工人运动的政治性。产业工会和工人运动在党的领导下,逐步走向正轨并如火如荼地开展了起来。

---

① 中央档案馆编:《北京共产主义组织的报告》,载于《中共中央文件选集》(第一册),中共中央党校出版社,1989年,第16~17页。
② 同上,第17页。

第二节　中国劳动组合书记部与城市工人运动的组织化

在中国共产党成立之前，中国工人运动大多是带有一定自发性和偶然性、彼此之间比较孤立的小规模运动，往往为了争取短期的经济利益而发起，属于比较初级和原始的经济斗争，很少涉及政治斗争。领导工人斗争的多为秘密帮会和同乡会，严格来说并不能够真正代表无产阶级利益，因此这一时期工人的自发斗争与马克思主义真正意义上的工人运动有很大的差别。自中国共产党诞生之后，在党组织的有计划领导和较为系统的理论指导下，中国工人运动的整体水平得到了很大的提高，开辟了新的局面。在运用、反思、结合马克思主义理论领导现实的工人运动的过程中，早期的中国共产党人开始意识到，只有使马克思主义科学理论与无产阶级革命实践交互推进，把党的领导用科学的理论武装起来，才能真正使工人运动由自发走向自觉，使无产阶级由自在走向自为，使这个阶级认识到自身固有的责任与力量，从无休止的短效抗争中解脱出来，成为有意识的联合体，并最终使其承担起历史使命，领导中国人民赢得革命胜利。如何实现偶发性工人运动向组织化的工人运动的转型，中国共产党主要依靠在城市中成立的工人运动的领导总机关——中国劳动组合书记部。换言之，中国劳动组合书记部是使城市工人运动走向组织化的重要制度和平台。

为了集中力量组织建立工会和推动工人运动，1921 年 8 月，中共在上海成立了领导工人运动的总机关，即中国劳动组合书记部，后又在北京、武汉、长沙等地陆续设立分部，这些分部也对中国工人运动的发展起到了重要作用。"中国劳动组合书记部的日常工作，主要是举办工人业余学校和出版校刊，对工人进行马克思列宁主义的宣传教育，帮助各地工人建立工会组织，领导工人进行罢工斗争。"①1922 年 1 月至 1923 年 2 月,在党对工会和工人运动的积极组织动员下,涌现了全国第一次工人罢工高潮。"在这次高潮中爆发了 100 多次罢工斗争,参加罢工的工人共 30 余万,其中绝大多数都取得了胜利。同时,各地还组织了工会,到 1922 年在全国已成立工会组织 100 余个。"②

中国工人运动的第一次高潮以 1922 年香港海员罢工为起点。香港属于英国殖民地城市,长期以来饱受英帝国主义资产阶级的压榨与歧视,其时更是物价飞涨,工人微薄的薪水已无法支撑日常的生存开销,而增加工资的请求又屡次被拒;同时,由于香港是承担着交通枢纽的港口城市,香港工人中海员众多,且海员在日常工作中常航行经欧美或国内的一些发达城市,信息渠道相对广泛,工人见多识广,早已接受过工人运动的文化熏陶,内外条件两相呼应,罢工运动的第一次高潮由此开始显然并不是偶然。

1922 年 1 月,在海员中的先进分子苏兆征、林伟民等人领导下,香港海员开始了大罢工斗争。斗争随即得到了中共劳动组合书记部、广州革命政府的支持,同时,香港各个行业的工人也逐渐参与到罢工队伍里,同港英当局进行坚决对峙。在这次罢工运动中,数万海员离开香港回到广东,导致香港航运几乎完全中断,商旅不通。在阻止工人返乡途中,港英当局军警开枪射杀 6 名工人,打伤数百人,这就是"沙田惨案"。惨案发生后,全国震怒,党在各地组织动员工人支援香港罢工,运动不断扩大,最终持续了 56 天的香港海员罢工运动以港英当局的退让和工人的胜利结束。

1922 年 5 月,中国劳动组合书记部在广州召开了全国第一次大会,全国

---

① 中共中央党校党史教研室:《中国共产党史稿:第一分册》,人民出版社,1981 年,第 59 页。

② 同上,第 60 页。

12 个城市、110 余个工会、30 多万名工人中的 173 位代表参与了会议。这次会议标志着中国工人阶级在全国范围内联合了起来,这种有组织的联合把此后的工人运动推向了新的高度。1922 年 7 月,党的二大通过的《关于"工会运动与共产党"的议决案》要求,"各地党组织应集中力量组织产业工人工会","工会工作必须把工人阶级的目前利益和长远利益结合起来,工会应该为改善工人的生活和劳动条件而努力;同时还必须领导工人开展政治斗争"。①

按照会议决议的要求,党在全国各地陆续组织工人开展罢工运动。第一次工人罢工运动高潮期间,涌现了许多为人熟知的罢工运动,如安源路矿工人大罢工、开滦五矿工人大罢工等。但自开滦五矿大罢工失败起,第一次罢工高潮实际就已经出现了转折,总形势转为低落。究其原因,一是帝国主义各国逐渐从一战后的经济危机中缓和过来,转而加剧了对中华民族的剥削;二是帝国主义资本家与军阀在数次斗争中已然对应对之道愈发熟悉——只需撕下保护劳工的虚伪面具,对广大劳工开始堂而皇之地血腥镇压。这使党领导下的工人运动愈发艰难,党与人民也愈发看清了前方革命道路之艰、所需流血牺牲之多。

第一次工人运动高潮最后的闪光是 1923 年 2 月 4 日爆发的京汉铁路工人大罢工,这是一次为争取京汉铁路总工会的成立而举行的罢工运动,其直接原因是直系军阀吴佩孚出尔反尔,阻挠总工会的成立。此次罢工共有 3 万余工人参加,然而就在京汉铁路上,遭到了吴佩孚部军警的血腥镇压,前后牺牲者 52 人,受伤者 300 余人,被捕入狱者 40 余人,被开除而流亡者 1000

---

① 中央档案馆编:《中共中央文件选集第一册:1921—1925》,中共中央党校出版社,1989 年,第 76 页。

余人,称为"二七惨案"①。至此,全国第一次罢工高潮结束,工人运动转入低潮。

第一次工人运动高潮是在中国共产党系统的组织和领导下,在重要的大城市中形成的革命高潮。在这一时期,工人运动蓬勃发展,城市工人阶级越来越成为一支自为的力量,扛起革命的大旗,由于工人诞生在城市这一特性,城市在此时期仍然是不可替代、不可跨越的主要革命场所。党在城市中组织成立了大量工会,提高了工人阶级的组织性、纪律性;领导了大量工人运动,锻炼了工人阶级斗争意识与能力,使工人阶级走向中国政治舞台的中央。

这一时期中国共产党在城市组织工会、领导工人运动的一系列斗争活动,也彰显了中国共产党人和工人阶级强大的革命力量和彻底的革命决心,扩大了工人阶级、代表无产阶级力量的中国共产党在全国范围内的政治影响力,为党的力量的扩大,与其他革命力量的合作以掀起全国大革命高潮准备了一定的条件。从这些斗争中,国民党人也认识到中国共产党是一支新兴的、生机勃勃的革命力量,这推动了中国共产党同中国国民党的第一次合作,而国共合作又加快了中国革命的步伐。

第三节 城市特殊群体的组织动员:妇女和青年

中国共产党自成立起就十分看重妇女与青年的力量,注重组织青年与妇女运动。青年是世界观、人生观、价值观尚在塑形期、积极吸纳先进思想影响的新生力量,是社会中思维最为活跃的群体之一;而妇女是封建社会极端受压迫的二分之一的社会成员,其体量之庞大、苦难之艰深决定了其革命

---

① 参见中共中央党史研究室:《中国共产党的九十年》,中共党史出版社、党建读物出版社,2016 年,第 49 页。

潜力之丰富,妇女解放是马克思主义政党永恒的革命命题的题中之意。

青年学生是中国革命的先进分子,是革命运动中最敏锐、最富激情的中坚力量,最先进的革命思想与理论知识往往由知识分子青年发掘与传入,自五四运动起,知识分子青年就成为活跃在革命最前线的群体。城市中高等学府汇集、先锋思想激荡,也成为革命与革命的政党首先生发于城市中的重要原因。陈独秀对进步青年学生给予了高度的评价:"在社会阶级上说起来坏到无所不至的,恐怕就是有产的绅士;好在无以复加的,一定就是无产的劳动者及学生","幼稚的各社会阶级,都处在睡眠中,只有学生们奔走呼号,成为社会改造的唯一动力"。① 早在建党之前的酝酿阶段,青年就是首先觉醒思想,为革命振起呼号、为建党人力奠基的主要群体,毛泽东、蔡和森、邓中夏、刘仁静、朱务善、张国焘等一大批青年学生都受五四运动影响,发展成为中国早期的马克思主义者。

1921 年 7 月,党的第一次全国代表大会上,党中央就对发展青年工作给予了极大关注。党的一大专门研究了在全国各地建立和发展社会主义青年团作为党的预备学校的问题,旨在为党提供后备人才,计划吸收优秀青年团员入党。同年 11 月,陈独秀签发《中国共产党中央局通告——关于建立与发展党团工会组织及宣传工作等》,要求"全国社会主义青年团必须在明年七月以前超过两千团员","青年团及女界联合会改造宣言及章程日内即寄上,望依新章从速进行"。② 在各地党团组织合力下,"到 1922 年 5 月,上海、北京、武昌、长沙、广州、南京、天津、保定、唐山、塘沽、安庆、杭州、潮安、梧州、佛山、新会、肇庆共 17 个地方建立起社会主义青年团组织,团员总数约

---

①　陈独秀:《陈独秀选集:中册》,三联书社,1988 年,第 35 页。

②　中央档案馆编:《中共中央文件选集第一册:1921—1925》,中共中央党校出版社,1989 年,第 26 页。

5000 人"①。1922 年 5 月 5 日至 10 日,中国社会主义青年团第一次全国代表大会于广州召开,中国社会主义青年团正式宣告成立。

为加强党对青年的领导,1925 年,社会主义青年团更名为共产主义青年团。中共中央相继通过了《关于党团关系的决议案》《共产主义青年团工作的决议案》等文件,明确了要以马克思主义为指导思想,坚持中国共产党的领导,以中国共青团为核心开展青年工作。

共青团(社会主义青年团)与广大进步青年也确为革命队伍输送了大批优秀骨干,为革命事业做出了巨大贡献。1924 年,国共两党合作创办黄埔军校,社会主义青年团选派了大批青年约有 500 人到军校学习,这些人接受军校的严格培训后大部分成了北伐军的骨干力量。北伐战争时期,共青团召开会议,动员年轻团员积极参与北伐战争,得到了大量青年的热切响应,这批青年在北伐战争中起到了先锋作用,其作用有且不限于向工农群众宣传解释北伐战争的重要意义,组织和吸收群众,帮助建立工会、农会等组织,配合北伐军做好后勤工作等。

妇女运动是城市工人运动内在的一个重要部分,党对妇女运动的领导同样也主要表现为创立组织、创办报刊、开办学校、推动罢工运动等。

1921 年 8 月,中国共产党成立不久后,由于从前的组织形式和目标理想都不再完全适用,党开始对五四运动前徐宗汉等人在上海组织的颇有影响力的中华女界联合会进行改组,上海女界联合会是党领导下的第一个革命的妇女组织。此后,党领导下的妇女组织日趋规范化,妇女运动的组织领导日益得到加强。1922 年 7 月,党的二大通过的《关于妇女运动的决议》中指出,要"于组织之旁设立特别委员会,以宣传广大的妇女群众","创立一妇女

---

① 中共中央党史研究室:《中国共产党历史第一卷:1921—1949》,中共党史出版社,2011 年,第 97 页。

部"，"党的机关报中，亦须为妇女特辟一栏"。① 1923 年 6 月，党的三大通过的《劳动运动议决案》中还规定，"中国劳动组合书记部须附设妇女部，由女同志负责担任此种工作"②。

党的二大《关于妇女运动的决议》中还指出，"就是全国所有的妇女，都还拘囚在封建的礼教束缚之中，过娼妓似的生活，至于得不着政治上经济上教育上的权利，乃是全国各阶级妇女的普遍境遇"③。中国妇女所遭受的压迫与苦难，不仅外有肉体上的沉重活计与残酷虐打，还内有长期以来封建礼教思想的奴役与驯化，将妇女长期地锁在重枷中，无论是客观还是主观上都将妇女束缚于社会底层的奴隶地位。为唤醒广大妇女的自我意识，使其意识到自己应当是独立、自主、平等的公民，党成立之初，一方面创办妇女报刊，指导并批评日常的妇女生活及妇女运动，另一方面开办平民女校，使劳动妇女有受教育的机会。

1921 年 12 月，《妇女声》半月刊由当时的中共中央宣传部负责人李达亲自领导，并以"上海女界联合会"名义进行出版，这也是党领导下创办的第一个妇女刊物。1922 年，党的机关报《向导》中也依照二大的妇女运动决议"特辟一栏"，专门发表启蒙妇女的相关内容，进行妇女运动的宣传。1924 年 1 月 1 日，天津《妇女日报》由刘清扬、邓颖超等人编辑出版，该报纸由妇女主办，系对妇女问题进行系统讨论和研究的专门报刊。党中央还要求妇女刊物"切戒空洞的政论和其他空洞的理论，多描写妇女的切身痛苦和实际要求，务使每个妇女看到都感觉为她自己说话"④。通过全国各地的一些妇女刊物，党中央掌握到许多各地各界妇女运动的实际情况，对指导妇女运动工

---

①③ 中央档案馆编：《中共中央文件选集第一册：1921—1925》，中共中央党校出版社，1989 年，第 87 页。

② 同上，第 150 页。

④ 中华全国妇女联合会妇女运动史研究室编：《中国妇女运动历史资料》，人民出版社，1986 年，第 476 页。

作十分有帮助。

党还在城市中开办各类妇女学校,以宣传启蒙广大妇女。1922 年,上海的党组织以女界联合会的名义开办了上海平民女校,旨在为中国妇女运动培养可以担当重任的骨干力量,李达任校长。后续,各地也都建立了各种妇女教育机构如劳工女学、补习学校、夜校等,将妇女教育普及到平民、劳工,不但进行反封建思想、反女卑思想的教育,还为大部分没有接受过科学知识的妇女补习基本科学知识。

当时城市中的各类轻工业工厂中,丝厂、纱厂、香烟厂等工厂的劳工妇女占绝大多数,妇女劳工的力量不可小觑。1922 年到 1923 年初,第一次工人运动的高潮时期,上述各类工厂中妇女劳工的罢工斗争在全国工人运动大局中发挥了不可替代的作用,"1922 年仅上海、广东、湖北三地,女工罢工的工厂就有 60 余个,罢工人数达 80000 余人,罢工次数共 18 次"①。1924 年,党的早期重要领导人、妇女运动的先驱向警予同志参与并领导了两次重要妇女劳工罢工运动,即上海闸北区丝厂女工大罢工和南洋烟厂女工大罢工。其中闸北区丝厂罢工号召起了全市万余名女工奋起响应,罢工最终取得了胜利,这次罢工打破了二七惨案后上海工人运动暂时处于低潮的局面,是一次意义重大的妇女运动。

---

① 中华全国妇女联合会妇女运动史研究室编:《中国妇女运动历史资料》,人民出版社,1986 年,第 89 页。

第四节　城市武装起义:上海特别市临时市政府

上海特别市临时市政府是大革命时期上海工人第三次武装起义胜利后成立的上海市人民政府,它直接诞生于由上海区委领导、上海工人举行的第三次武装起义,同时也是这一时期上海市民自治运动的最终成果,是历史上第一个城市人民政权,是中国共产党城市工作的硕果。

上海自近代以来一直是中国城市发展中的先行者,因特殊的地理位置优势、发达的经济政治条件,其市民意识觉醒相对较早,很早就有了反抗帝国主义军阀统治而实行民主自治的想法。由于上海城市的特殊性,中共试图通过合理运用市民自治运动的旗帜和口号并最终发动工人武装起义来达成建立市政府的设想,但这一思路在后期现实的革命实践中屡受打击和挫折,并经历了不断地磨练与修正。

五卅运动过后,上海工人运动暂时处于低潮,市民自治运动的再度兴起,是以北伐战争的顺利发展为背景的。北伐军一路挥师北上,高歌猛进,所到之地都爆发了热烈的工农运动,上海的工人运动也随着北伐军的进军重新高涨起来,蓄势等待着解放的凯歌声到来。北伐开始以后,在中国共产党的领导下,上海工人于1926年6月至9月共举行100余次罢工斗争,参加人数超过20万,工会会员也由原有的10万人扩充至30万人。随着罢工斗争的持续发展,上海工人运动的性质逐渐由单纯的经济斗争转向具有政治性质的联合罢工乃至武装起义,"工人阶级的组织性、纪律性和政治觉悟都有显著提高,工会组织也有很大发展,许多工厂和工会相继建立了工人纠察队或自卫团"[1]。

---

① 中共中央党史研究室:《中国共产党历史第一卷:1921—1949》,中共党史出版社,2011年,第182页。

在工商业发达的上海,商会的力量不可小觑。上海商人不堪军阀政府的榨取已久,一直希望上海能够实现市民自治,因此中共领导下的上海工人运动也得到了以虞洽卿为首的上海商会的支持。但商会对于工人运动提供支持的前提条件,即中共帮助商会取得上海政权,可见此时上海各方力量所认可的自治运动、未来政权的本质还是以资产阶级为统治主体的,上海区委对自治运动成果的预期仅仅是由资产阶级领导的自治政府、工会等组织的合法地位等。

1926 年 9 月,中共上海区委书记罗亦农提出要以"人民自治"为口号建立起联合战线,武装反对军阀统治,响应北伐军的胜利进军。1926 年 10 月到 1927 年 3 月,在中国共产党的领导下,上海工人连续举行了三次武装起义,第三次起义的成功直接促成了上海特别市临时市政府的成立。

10 月 24 日,上海工人举行了第一次武装起义,但起义当天即宣告失败,究其原因,主要在于过分依赖商会的武装力量。总结第一次起义的失败教训,中共上海区委开始酝酿第二次起义,上海总工会发动近 36 万工人举行罢工,然而北伐军在嘉兴止步不前,迟迟未能到达上海,中共中央遂决定变罢工为武装起义。"1927 年 2 月 21 日,罢工工人开始奋起反攻军警,夺取武器,但由于海军两舰配合起义的计划泄露,在来不及通知各区起义工人的情况下被迫提前开炮,以致打乱了整个起义计划"①;同时,由于此次运动成立的"上海市民临时革命委员会"中,工人阶级也参与了政权,国民党和上海商界都表达了十分的不满,采取不支持不配合的观望态度,因而此次起义也被军阀残酷镇压了下去。

第一次与第二次起义的失败,从根本上看,都源于工人阶级武装力量的弱小和中共对于资产阶级即商会力量的过分信任与依赖。在军阀的长期压

---

① 中共中央党史研究室:《中国共产党历史第一卷:1921—1949》,中共党史出版社,2011 年,第 183 页。

榨与一次次斗争中,党与人民群众都早已坚定了对待军阀的态度,认清了军阀绝不会主动把政权交到人民群众手上的事实,而对于资产阶级,却尚存一些不切实际的幻想,没有看清他们具有软弱妥协的两面性的本质,错把资产阶级的武装力量当作革命活动的主力军。失败的两次起义过后,上海党组织提高了对中国资产阶级和国民党本质的深入了解,深化了党对以工人阶级为领导加强自身武装力量重要性的认识,使党认识到单纯依靠合法的自治运动已无法彻底解决问题,更多地转向了通过武装暴动推翻军阀统治、建立自治政府的道路,这为第三次工人起义的成功和中共坚持上海特别市临时市政府领导权问题奠定了思想与路线上的基础。

第二次工人起义失败后,中共总结经验,开始着手准备第三次起义,决定成立最高指挥机关即特别委员会专门负责起义的准备工作。1927年2月26日,陈独秀在特委会议上提出要在总同盟罢工的基础上进行武装暴动,在暴动中夺取武装。特委会精心制定了起义计划,如组建武装工人纠察队、进行秘密的军事训练、在市民中开展广泛的政治动员、召开市民代表会议等等。第三次武装起义的整个行动由中共中央和上海区委负责,《中共上海区委行动大纲》中指出,此次武装起义的策略是:"罢工后立即暴动,夺取警察局;以纠察队维持治安,解除直鲁军败兵的武装;占领各公共机关,成立市政府,欢迎北伐军。"①

1927年3月21日,按照既定策略,特委会发动总同盟罢工,随即转为工人武装暴动。经过激烈的战斗,上海第三次工人武装起义最终取得了胜利。"3月22日,上海工商学各界举行市民代表会议,选举19人组成上海特别市临时市政府(即上海市人民政府),其中有罗亦农等共产党员和共

---

① 中共中央党史研究室:《中国共产党历史第一卷:1921—1949》,中共党史出版社,2011年,第183页。

青团员 10 人。"①上海市临时市政府的成立,也使上海市民自治运动的目标成为现实。

但由于中共坚持在临时市政府中的领导权和工人阶级的主导地位,因此从它成立之日起,就面临着同国民党和上海民族资产阶级代表的多方面的复杂斗争。从北伐军进入上海之日起,上海的市民自治运动就出现了分裂,尤其是民族资本家的革命态度发生了转变,他们对自治政府成立后势犹未减的工潮十分担忧,迫切希望恢复此前有利于资本生产的经济生活,因而投靠代表资产阶级利益的北伐军与蒋介石政府以谋求支持。4 月 14 日,蒋介石发动四一二反革命政变,上海特别市临时市政府被迫停止活动。

上海历史上第一个民选的联合民主政权——上海特别市临时市政府,最终只存在了 24 天,但它的成立是中国工人运动高潮的一座里程碑,是城市武装斗争的一次大胆实践,它证明了工人阶级是一个能够并确实承担着中国革命重任的独立阶级,其革命的彻底性、坚决性决定了工人阶级能够作为党和革命的核心队伍团结和领导其他被压迫阶级奋起反抗压迫与剥削;但上海特别市临时市政府终被国民政府查封并取而代之的沉重打击同时也表明,试图依靠资产阶级力量或与代表资产阶级利益的国民党合作的道路不可能长久,割席在所难免。面对四一二反革命大清洗的残酷事实,中国共产党开始认识到,对抗盘踞城市已久的国民党反动势力,须得切实掌握革命的领导权、革命的武装力量,防止党内右倾主义倾向掌握方向;"城市中心论"无形中也进一步受到了动摇,"城市 - 乡村"道路的选择问题愈发成为革命的关键所在。同时,上海特别市临时市政府短短 24 天的尝试虽然暂告失败,但也为党日后接管、治理城市提供了不可多得的实践经验。

---

① 中共中央党史研究室:《中国共产党历史第一卷:1921—1949》,中共党史出版社,2011 年,第 184 页。

第四章
中心城市的武装暴动:"革命胜利的关键"?

  中国共产党领导中国革命走的是一条独特的道路,即农村包围城市、武装夺取政权的道路。中国共产党在长期革命斗争和奋斗的过程中,根据形势的变化,对城市和农村二者在长期策略中的定位是不同的,党的领导人对革命中心的选择不同,工作的重心不同,所采取的方针也是不同的。1921年中国共产党创立于城市,中国共产党成立以后工作重心在城市,此时主要在城市宣传马克思主义理论并领导工人运动。1927年大革命虽失败却为未来农村包围城市道路的开辟积蓄了经历过一次革命的主观力量。由于共产国际对中国革命道路的选定和党内存在的"城市中心论"的狂热支持者,中国共产党尽管已经意识到在农村地区开展游击战争的重要性,但是依然坚持从一开始就走以城市为中心的道路,包括所发起的著名的三大起义都表现为占领中心城市为目标的城市暴动。

  大革命的失败促使一大批拥有坚定的马克思主义信仰的党内人员开始独立地思考和探索中国革命的道路。之后中国共产党认识到自身和国民党的力量差距悬殊无法与之对抗,因此迫于形势应将工作重心转移到敌人力量薄弱的农村,毛泽东自秋收起义失败之后率军上了井冈山,摸索进行着农村的游击战争,由此探索出一条"农村包围城市,武装夺取政权"的革命道路,依托于农村革命根据地和农民力量的广泛发动,多地的武装起义都在农村找到了落脚点。对中国共产党开辟农村包围城市的道路的考察证明了农村包围城市的道路是中国革命发展的历史的必然。接下来中国共产党由于在农村包围城市中成功发展了革命力量并不断夺取胜利,逐渐将占领城市和接管城市,夺取全国政权作为最终目标,而当时为国民党所占领的城市的功能多服务于战时需要,并没有发挥城市的区位辐射也没有实现城市的发展。1947年人民解放军转入战略反攻,抗日战争中国民党控制的城市不断回到人民手中。由此,中国共产党开始逐渐思考从农村革命到城市革命的工作重心的转移,以及如何进行城市建设和城市管理的问题。邓小平曾经很好地概括了中国革命道路的特点:"马克思、列宁从来没有说过农村包围城市,这个原理在当时世界上还是没有的。但是毛泽东同志根据中国的具体条件指明了革命的具体道路,在军阀割据的时候,在敌人控制薄弱的地区,领导人民建立革命根据地,用农村包围城市,最后夺取了政权。列宁领导的布尔什维克党是在帝国主义世界的薄弱环节搞革命,我们也是在敌人控制薄弱的地区搞革命,这在原则上是相同的,但我们不是先搞城市,而是先搞农民,用农村包围城市。"①所以,中国共产党在这条革命道路的路线图表现为"城市—农村—城市"。

第一节　马克思主义城市暴力革命思想和实践

一、马克思、恩格斯的城市暴力革命思想

马克思、恩格斯创立无产阶级暴力革命学说的欧洲时代,是无产阶级运

---

① 《邓小平文选》(第二卷),人民出版社,1994年,第126～127页。

动和革命以城市为中心的时代。俄国十月革命一声炮响,给中国送来了马克思主义的同时,也给中国送来了俄国先城市后农村的革命道路。此时新生的中国共产党不可避免地深受来自当时最大的社会主义政党所属国苏联的革命道路的影响。马克思、恩格斯以暴力革命学说和社会党"应当从城市走向农村,应当成为农村的一股力量"的思想组成了他们的无产阶级革命道路的思想。列宁和斯大林是俄国先农村后城市道路的开创者和继承者,但是"马克思、列宁从来没有说过农村包围城市,这个原理在当时世界上还是没有的"。①

马克思主义理论中,工人阶级解放自己继而解放全人类的手段是暴力,也就是代表先进生产力和社会发展方向的阶级或者集团为了进行社会变革所采取的武装行动。因为批判的武器不能代替武器的批判,物质的力量只能用物质的力量来摧毁。要想实现反压迫以及工人阶级的解放,就必须要用暴力革命这样的现实的行动。"唯一可能的出路就是暴力革命。"②马克思、恩格斯多次用"只有""唯一""除了"等字眼毫不避讳地表明自己对于暴力革命唯一正确和可能改变现状的道路认可。

马克思、恩格斯除了提出暴力革命学说,其实也论述了革命的路径或者中心过渡的问题。最初在马克思、恩格斯看来,无产阶级革命应该首先在欧洲发达资本主义国家发生,理所当然要在城市爆发。这是因为,资本主义世界的工业革命带来了生产力的飞速发展,主要体现在新兴城市的范围扩大以及城市人口的急剧上升上,因此无产阶级革命便必然发生在工业集中的中心大城市。但是马克思、恩格斯从来不教条式地看问题,1887年,恩格斯在晚年把经济发展相对落后的德国、法国,以及英国这些发达国家革命形势和条件进行对比发现,法国发生的革命一向都是在首都,但是德国不仅仅局

---

① 《邓小平文选》(第二卷),人民出版社,1994年,第126页。
② 《马克思恩格斯全集》(第2卷),人民出版社,1957年,第548页。

限于中心城市,而是在全国大部分地区都有了强劲的发展。德国只有当少数小城市和大部分农村地区也成熟到实行变革的时候,首都和其他大城市中的胜利起义才有可能。1894 年,他在《法德农民问题》里提出:"社会党夺取政权已经成为可以预见的将来的事情。然而,为了夺取政权,这个政党应当首先从城市走向农村,应当成为农村中的一股力量。"①也就是说,社会党应该从城市走向农村,在农村发展革命力量。不过,此时恩格斯的思想蕴含有农村革命的雏形,但是并没有明确提出要到农村搞暴力革命或革命应该要农村包围城市等论断。

二、巴黎公社是"一个城市的起义"

巴黎公社是无产阶级推翻资产阶级统治、建立无产阶级专政的一次伟大尝试,第一次给资本主义以沉重打击,这场革命是在法国首都巴黎进行的,被马克思称为"在特殊条件下的一个城市的起义",这场仅仅发生在中心城市的起义并没有得到法国农民的支持或者农村的响应。公社的实践是对旧的国家机器进行改造,改变旧的国家机器的阶级性质,将它从资产阶级压迫人民的工具改成无产阶级和人民群众的国家机构。但是公社只是在首都发生革命,形式上虽然是全国政权但是基于当时的历史条件下权力管辖范围局限于巴黎。正如马克思所说:巴黎公社"不过是在例外条件下的一个城市的起义,而且公社中的大多数人根本不是社会主义者,也不可能是社会主义者"。因而它既不可能取得胜利,也不可能影响当时资本主义制度发展的整个历史进程。所以,在缺乏取得革命胜利的客观历史条件下,仅存 72 天就失败了,但是这种城市革命实践的历史意义仍然不可磨灭。巴黎公社革命

---

① 《马克思恩格斯选集》(第四卷),人民出版社,1995 年。

对幼年的中国共产党影响很大,因此中国共产党在世界革命浪潮中首先学习到的是在大城市发动起义的模式。其次是一些来自巴黎公社失败的教训,如毛泽东在为纪念巴黎公社五十五周年在国民党政治讲习班上发表的演说总结了巴黎公社很快失败的两个原因:"一个是没有一个统一的集中的有纪律的党作指挥——我们欲革命成功,必须势力集中行动一致,所以有赖于一个有组织有纪律的党来发号施令。当时巴黎公社因为没有一个统一的政党,以致内部意见分歧,势力分散,而予敌人以可乘之机。二是对敌人太妥协太仁慈。"①

三、俄国十月革命道路:先城市后农村

除了巴黎公社,俄国十月革命也走的是先从城市开始的革命道路。俄国十月革命首先从城市武装起义并取得胜利,之后再对农村和城市边远的地区进行扩展,进而取得全国范围的胜利,凝结了列宁的先城市后农村的武装起义道路思想。这条道路是个历史性的创造,列宁在探索道路的过程中继承了马克思主义暴力革命的学说,认为暴力革命是无产阶级斗争的一般规律,并且无产阶级革命能够在帝国主义统治的薄弱环节首先取得胜利。列宁说:"城市是经济、政治和人民精神生活的中心,是前进的主要动力。"②在俄国二月革命和十月革命的整个过程中,列宁根据阶级斗争、暴力革命和无产阶级专政的学说,吸取了1848年法国"六月起义"和巴黎公社的教训,领导制定了一条正确的路线,列宁根据阶级斗争、暴力革命和无产阶级专政的学说,吸取了1848年法国"六月起义"和巴黎公社的教训,领导制定了一条正确的道路,这条路线的基本逻辑是通过先城市后农村的武装起义道路

---

① 《毛泽东文集》(第一卷),人民出版社,1993年,第35页。
② 《列宁全集》(第19卷),人民出版社,1959年,第264页。

夺取政权,坚持布尔什维克党的领导,建立无产阶级专政。接着,列宁又和资产阶级的临时政府和社会革命党人进行了坚决的斗争。1917 年下半年,俄国以临时政府为代表的统治阶级处于严重的危机之中,俄国无产阶级举行武装起义的条件已经成熟,为了保证起义中给临时政府以毁灭性打击,起义地点的选择显得尤为重要。当时列宁选择的是彼得格勒和莫斯科,因为这两个城市是俄国最大的城市,集中了大量的产业工人,而且布尔什维克已经在当地驻军中做了大量工作,这两个城市的革命力量已经远远大于反革命力量。考虑在大城市发动武装起义的考量经过革命的现实实践被证明是正确的,随后武装起义的范围逐渐扩展到农村和边远地区。在俄国中部的农村,广大贫苦农民在当地布尔什维克党组织的领导下,纷纷组织起来,进行集会和串联,建立农民代表苏维埃和革命武装,夺取地主土地、镇压地主和富农,农民的斗争成为工人阶级的有力支持。在工农斗争的配合下,俄国的中小县城也建立了苏维埃政权。其后贫苦农民和革命部队的行动促进了许多农业落后边远地区和少数民族地区相继建立苏维埃政权,当俄国境内的主要城市和广大农村都建立了苏维埃政权以后,俄国十月革命就已经在全国范围内取得了胜利。

但是要认识到的是,俄国走先城市后武装的革命道路之所以可以取得成功,归根到底是因为这条道路符合俄国的具体实际。俄国作为一个封建专制制度扎根已久的国家,资产阶级占据着统治地位,资本主义对国民经济起主导作用。这就决定了工人阶级和资产阶级的矛盾是俄国社会的主要矛盾。要解决矛盾就必须动员工人阶级的力量,而由于工业、资本、政治权利和工人阶级都集中在城市,所以俄国的无产阶级暴力就必须从聚集着大批产业工人的俄国最大的两个城市开始。除此之外,俄国的布尔什维克党在这两个城市的工人和军队中进行了长期的革命发动和组织工作,有着坚实的群众基础。并且从武装部队的数量和素质来看,这两个城市的革命力量也占有优势。诸多条件决定了俄国十月革命走"先城市,后农村"的道路,由于各国的情况不同,这条道路并不是无产阶级暴力革命的唯一模式。俄国十月革命的成功和巴黎公社的起义一样,都给了幼年的共产党诸多震撼和启示。早期的中国共产党人对革命道路的认识,主要来自马克思的著作、西方国家工人运动的经验,尤其是俄国革命的经验及中国近代历史上的各次革命。

第二节　党的城市武装暴动:"革命胜利的关键"

实际在 1927 年大革命失败以前,中国共产党的工作重心是一直在城市搞工人运动,1927 年大革命失败后,形势急剧变化,革命转入低潮。中共中央采取一系列措施,挽救时局,保存革命力量,适应新形势开展工作。首先,中共中央于 7 月 12 日进行改组,停止了中央委员会总书记陈独秀右倾投降主义的领导,组成了临时中央。除此之外,面对当时汪精卫集团依靠政权和军事力量大肆屠杀共产党员和革命群众的形势,主要采取两方面的措施:一是决定秋收暴动和武装起义,以武装反抗国民党反动派的屠杀政策;二是初步总结大革命失败的经验和教训。这些事实说明大革命失败以后的中共中央开始逐渐认识到武装斗争和党领导军队的重要性。

1927 年 8 月 1 日,在以周恩来为书记的中国共产党前敌委员会的领导下,南昌起义爆发,打响了武装反抗国民党反动派的第一枪,迈出了中国共产党独立领导武装斗争的第一步。南昌起义是中国共产党认识独立领导武装斗争重要性的开始。

1927 年 8 月 7 日,中共中央在湖北汉口召开紧急会议,确定了土地革命和武装反抗国民党反动派的总方针。八七会议是中国共产党历史上具有重大转折性意义的会议。八七会议首先完成了清算错误的任务。大革命时期,以陈独秀为首的中共中央,比较相信共产国际的理论,认为反帝反封建是资产阶级的任务,那就应该让资产阶级去领导革命,而无产阶级应该暂居二线。于是陈独秀放弃了革命的领导权。八七会议正是清算了这种右倾机会主义错误,改任瞿秋白担任党的领导。会上还批评了过去一个重要的错误,即不做军事工作。国共合作中,共产党遭遇背叛,陷入被动,就是因为没有自己的武装,没有自己的军队,于是毛泽东在会上提出了著名的论断:"今后要非常注意军事,须知政权是由枪杆子中取得的。"同样重要的是群众基础的培养,而中国最广大的群众正是在农村。因此共产党把目光投向了农民,并意识到要想让农民们腾出手来一起搞革命事业,就要保证农民的温饱问题,那就需要进行土地革命。由此八七会议正式确定了武装反抗国民党反动派的方针和四省农民秋收暴动的计划,也使中国革命开始由大革命失败历史性地转变到土地革命战争的兴起。

毫无疑问的是,八七会议是中国共产党历史上具有重大转折性意义的会议。会议制定的土地革命和武装斗争来反抗国民党反动派的总方针无疑是十分正确的。但是,由于受共产国际"左"倾指示的直接影响,加上党内普遍存在的冒进和急躁的情绪,"左"的盲动情绪在党内蔓延。它在军事策略上的主要表现是一味主张进攻和武装暴动,"在政治上不认识当时应当根据各地的不同情况,组织正确的反攻或必要的策略上的退却,借以有计划地保存革命阵地和收集革命力量;反而容许和助长了冒险主义和命令主义(特别是强迫工人罢工)的倾向"①。

其实在八七会议之前,这种风气和情绪就已经在党内有所蔓延。中央制定了大规模的武装暴动计划,并具体指示湖南省应"在湘南计划—湘南政府";湖北省则要"在政治上给现统治者一个扰乱,使其不能稳定";江西省要"马上

---

① 《毛泽东选集》(第三卷),人民出版社,1991 年,第 957 页。

夺取乡县政权"；广东省应在"军力暂未达到的地方，即起来暴动响应"。①

八七会议后，中国革命进入瞿秋白所说的"工农武装暴动的时期"，全国各地纷纷举行以土地革命为号召、以夺取城市或当地城镇为目标的武装暴动。广东有海陆丰起义；陕北有清涧起义；湖北有黄安、麻城起义；江西有东固起义、万安起义等100多次的武装起义。湘赣边界秋收起义，第一次公开打出了"工农革命军"的旗帜；广州起义，成立了广州工农兵苏维埃政府，震撼了全世界。这些起义是对国民党反动派疯狂进攻的英勇回击，振奋了共产党和群众的革命精神，使中国革命进入一个新的历史时期。但是起义带来的更多是越挫越勇的精神促进，精神的振奋和流血的牺牲在暴动的情绪里反而淡化了对起义为何失败的严肃反思，也同样归因于八七会议对暴动计划的重新部署。当时不仅中央机关存在盲动轻敌思想，就是起义部队中也普遍存在这种麻痹情绪，据一位参加过秋收起义的人回忆："部队攻下浏阳城后，一住两天，群众都在吆吆喝喝地喊着围攻长沙。有些干部也认为：'一鼓作气，连下三城，反革命力量也不过如此。不消三天，长沙城一定是我们的了。'因此也不管部队，满街乱逛，战士也乱跑起来，弄得城里四处是兵。"②秋收起义的失败因为毛泽东进驻井冈山的果断决策才有所缓和。

这种盲动主义的错误在武汉暴动中得到具体体现，本来宁汉战争爆发，有利于革命形势的发展，但是当时中央没有认识到这种客观有利的形势，只是一味地迷恋于武装暴动，认为"即使组织一两天苏维埃也是好的——就算暴动没有相当胜利的希望"。也就是说当时的中央未必不知道暴动的结果，因为当时武汉的革命势力单薄，共产党员只有近600人，工人力量不足3000人。面对强大的敌人，这样做无异于以卵击石，白白牺牲许多同志。但是一

---

① 中央档案馆编：《中共中央文件选集》，中共中央党校出版社，1989年，第242页。
② 江西省文化厅文物处：《秋收起义在江西》，文物出版社，1993年，第133页。

些头脑发热的领导人却认为"提出一百二十分的口号,收到八十分的效果","在很短时间宣布苏维埃政权,都有很大的意义"。① 这种只注重暴动"名分",而忽视革命实际利益的思想和做法,必然使革命力量遭受损失。在江南暴动中也存在这种只要所谓的"影响"和"意义",而不顾现实的"左"倾错误观点。本来宜兴、无锡离南京近,要发动暴动当然危险大,成功的概率也就小。但是"左"倾领导却认为这样更好,"正因为江南农民离反动派政治军事中心最近,所以农民暴动的重要与意义尤为严重"。结果无锡的起义队伍还未聚集就自行溃散了,宜兴的起义也仅仅坚持了 22 个小时就宣告失败。②

暴动之初,党中央的设想是:通过暴动,夺取县城、省城,推翻当地反动政府,建立工农革命政权。但是由于指导思想的错误,一味主张进攻中心城市,但是敌我力量悬殊的现实,使这样的计划很难实现,各地武装暴动大都遭到失败。八七会议前后的"左"倾盲动主义错误造成的挫折和失败,实际上并没有使以瞿秋白为代表的中共中央认识到革命形势已经深入低潮发展的态势,而是仅仅囿于一些起义带来的些许精神振奋的结果。

相反,在这种"左"倾情绪的推动下,1927 年 11 月 1 日,中共中央政治局常委瞿秋白、苏兆征和李维汉开会,商议召开中央紧急会议的问题。对形势的估计,瞿秋白建议,中国革命潮流仍是高涨的。李维汉建议,中国革命潮流高涨的形势,此时比八七会议时还要明显。农民暴动已显然走到土地革命的阶段。目前中国革命,客观条件上可以综合各地的暴动发展成一个总的暴动。这是对革命形势的一次严重误判。这次会议,为在 11 月扩大会议上形成"左"倾盲动主义定下了基调。

1927 年 11 月 9 日,中共中央在上海召开临时政治局扩大会议,出席会议的有瞿秋白、苏兆征、李维汉、任弼时、顾顺章、罗亦农、向忠发、周恩来、张

---

① 《湖北省委向湖北省委扩大会议的报告》,1927 年 12 月 12 日。
② 参见马连儒、袁钟秀:《王若飞传》,贵州人民出版社,1996 年,第 83 页。

太雷、李立三、邓中夏、蔡和森等人。国际代表罗明纳兹也出席了会议,并且再次掌控了会议。这次会议的主要任务,就是"不但要指出中国革命的性质与前途,指出我党今后斗争的策略,并且要指出根本上重造我们的党,强健我们的党,彻底肃清机会主义,严厉的整顿政治纪律"。会议上通过的《中国现状与共产党的任务决议案》,实际是罗明纳兹和瞿秋白共同起草的。他们不顾客观事实,坚持认为"中国革命无疑的是在高涨","革命敌人的动摇一天天的增加",因此提出了全面进行武装暴动的"总策略",即农村暴动和城市暴动的汇合,以工人暴动为"中心"和"指导者"的城乡武装暴动。① 这次"左"倾盲动错误,仍坚持城市中心论,从而"就形成为'左'倾的盲动主义(即冒险主义)路线,并使'左'倾路线第一次在党中央的领导机关内取得了统治地位"②。瞿秋白这段时期也陆续发表了《中国革命是什么样的革命?》《武装暴动问题》《中国革命低落吗?》等文章,"集中体现了'左'倾盲动主义路线的影响。会议继续施行以城市暴动为中心的策略,而且在暴动中一味主张进攻,而没有组织有效的退却③。他们认为"农村中四处蜂起暴动的环境之中,城市工人暴动便成了革命胜利的关键"。"城市自然要成为暴动的中心和指导者"。④《论武装暴动问题》虽有说明党内总结"工农武装暴动"经验教训,探索中国革命特点和发展方式,但是始终没有突破城市中心论的束缚,虽有把农民暴动与开展游击战争和"创造革命地域"(即党史与党的文件普遍使用的"创造割据局面")紧密联系起来,但是仍然认为城市工人暴动是"革命胜利的关键"⑤。

---

① 参见刘统:《火种:寻找中国复兴之路》,上海人民出版社,2020年,第233页。

② 《毛泽东选集》(第三卷),人民出版社,1991年,第957页。

③ 祝彦:《大革命后的陈独秀(1927—1942)》,青岛出版社,2020年,第309页。

④⑤ 瞿秋白:《瞿秋白选集》,人民出版社,1985年,第381~382页。

第三节 "暴动的城市能成为自发的农民暴动的中心及指导者"

一、共产国际的"城市中心论"指示

把党的工作重心放在农村还是放在城市,是党内一个长期争论的关键问题。1945 年 4 月 24 日,毛泽东在党的七大上作的口头政治报告就这个问题曾经感慨道:有一个十几年来争论的问题,就是从乡村到城市,还是从城市到乡村,争得一塌糊涂。很显然,毛泽东这里说的"十几年来"主要指的是 1927 年到 1945 年。这 18 年里,"城市中心论"在 1935 年遵义会议之前占有主要的地位,这段时间是两条道路争论激烈的时期,主要的争论就源于共产国际指示,李立三、王明的三次"左"倾错误坚持"城市中心论",也就是毛泽东所说的"过左的军事政策(进攻大城市和否认游击战争)"①,并以此来反对和打击以毛泽东为代表的主张农村包围城市的路线。

1928 年 2 月,共产国际执委会第九次扩大会议做出的《共产国际关于中国问题的决议案》,断定中国共产党进行的游击战争,建立的小块根据地是散乱的、不相关联的、必致失败的,要求中国共产党"反对对于游击战争的溺爱",强调要以城市为中心,"准备城市与乡村相配合相适应的发动"。同年 6 月在莫斯科召开的中国共产党第六次全国代表大会,接受了此观点。

---

① 《毛泽东选集》(第二卷),人民出版社,2008 年,第 762 页。

二、党的六大:坚持"城市中心论"

党的六大是一次具有重大历史意义的会议,它认真总结了大革命失败以来的经验教训,廓清了一些思想认识上的错误,对有关中国革命的一系列存在严重争论的根本问题,做出了基本正确的回答。但是党的六大也存在一些缺点,比如在工作重心问题上,仍然坚持城市中心论。六大虽然肯定建立根据地和红军是决定革命高潮的"更大发展的基础"和"主要动力之一",但是并没有把中国经济、政治发展不平衡的问题同农民战争真正结合起来,没有正确认识农村斗争对中国革命的特殊意义,而是仍然坚持城市中心论,把城市工人运动的兴起看作新的革命高潮到来的决定条件。① 因此,大会要求把党的工作重心放在城市。

三、李立三与"城市中心论"

经过大革命失败后两年多的艰苦奋斗,中国共产党逐步从极其艰难的环境中摆脱出来,革命事业开始走向复兴。在农村,红军和根据地进一步巩固扩大。在城市,党的组织和党的工作也有了一定程度的恢复和发展。但是革命斗争的局面并未发生根本变化。在此种形势下,党本应正确认清形势,抓住有利机遇,探寻符合国情的革命道路,推进革命事业。然而事与愿违,这时实际主持中央工作的中央政治局常委、中央宣传部部长李立三,错误判断国内国际形势,在共产国际"左"倾思想指导下,仍然坚持城市中心论,犯了"左"倾冒险错误。

---

① 参见中共中央党史研究室:《中国共产党历史》,中共党史出版社,2002 年,第121 页。

1930 年 1 月 11 日,中共中央政治局通过决议,指出:党不是要继续执行在革命低潮时期积蓄力量的策略,而是要执行集中力量积极进攻的策略,各地要组织工人政治罢工、地方暴动和兵变,要集中红军力量进攻大城市。5 月 15 日,李立三在《布尔什维克》上发表的《新的革命高潮面前的诸问题》系统阐述了自己的"左"倾思想,6 月 11 日召开的中央政治局会议通过了李立三起草的《目前政治任务的决议》(即《新的革命高潮与一省或几省首先胜利》),决议对形势作了根本错误的估计,认为中国革命也好,世界革命也好,都到了大决战的前夜,全国范围内已有"直接革命的形势",并"有极大的可能转变成为全国革命的胜利"。决议从"城市中心论"的错误观点出发,特别强调:"没有工人阶级的罢工高潮,没有中心城市的武装暴动,决不能有一省与几省的胜利。不特别注意城市工作,想'以乡村包围城市''单凭红军来夺取城市',是一种极错误的观念。"决议虽然承认在农村中组织红军的必要性,但是认为红军的任务是"与主要城市的武装暴动配合,夺取政权,建立全国革命政权"。因此"过去的游击战术","必须根本的改变过来",并要求红军集中组织,统一指挥,实行大规模进攻战。李立三曾在 6 月 9 日的中共中央政治局会议上说:"在全国军事会议中发现了妨害红军发展的两种障碍:一是苏维埃区域的保守观念,一是红军狭隘的游击战略。最明显的是四军毛泽东同志,他有整个的路线,他的路线完全与中央不同。"①决议使得"立三路线"继瞿秋白的盲动主义之后,在党中央再一次占据了统治地位。

李立三"左"倾冒险主义认为:"乡村是统治阶级的四肢,城市才是他们的头脑和心腹,单只斩断了他的四肢,而没有斩断他的头脑,炸裂他的心腹,还不能制他的最后的死命。这一斩断统治阶级的头脑,炸裂他的心腹的残

---

① 陈亚联等:《道路:中国特色革命道路的开辟》,江西高校出版社,2009 年,第113 页。

酷的争斗,主要是依靠工人阶级的最后的激烈的争斗——武装暴动。"①因此,他认为"柏林的暴动,可以——而且必然——使整个德国起来响应,巴黎的胜利便是在整个法国胜利"。中国尽管没有巴黎柏林这样的中心辐射能力,但是中国同样可以实现一省或者几省的首先胜利。只不过由于"革命势力在某一省或者某几省得着胜利之后,反动统治还不免可以在其他省区内保持一个相当时期的最后挣扎。""所以一省与几省政权,必须是紧接着全国革命的胜利,决不能有什么'割据''偏安'的局面。"②关于怎么"在某一省或者某几省得着胜利"的问题,李立三认为:红军的武装是一种配合力量,决定胜负的关键是无产阶级在城市的伟大斗争。"没有中心城市,产业区域,特别是铁路海员兵工厂工人群体的罢工高潮,决不能又一省与几省政权的胜利。想'以乡村来包围城市','单凭红军来夺取中心城市'都只是一种幻想,一种绝对错误的观念。"③因此,李立三提出了"在某一省或者某几省得着胜利"的主要策略在于"政治罢工,扩大到总同盟罢工,加紧工人武装的组织与训练,以创造武装暴动的胜利的基础"④。除此之外,李立三对革命形势的判断是,把革命低潮当作革命高潮,把革命高潮又当作直接革命的形势,发出了急于求成的行动口号"进攻,进攻,勇敢地向中心城市进攻"⑤。

在这种错误思想的指导下,李立三决定将党、团、工会的各级领导机关合并为武装起义的各级行动委员会,命令红军进攻武汉、长沙等中心城市,"会师武汉,饮马长江",同时责令武汉、南京举行大暴动,上海举行总同盟罢工,全国举行总暴动,并准备在武汉成立中央苏维埃政府。但是攻打中心城

---

①　中央档案馆:《中共中央文件选集》(第6册),中共中央党校出版社,1989年,第577页。

②③　同上,第575页。

④　同上,第575~576页。

⑤　同上,第576页。

市的暴动基本都悲惨失败了，与此同时在红军奉命进攻大城市的过程中，农村根据地有的缩小，有的丢失，红军也遭受了不同程度的损失。[①] 国民党统治区内，许多地方的党组织因为急于组织暴动而把辛辛苦苦积聚起来的有限力量暴露出来，先后有 11 个省委机关遭受破坏，武汉、南京等城市的党组织几乎全部瓦解。红军在进攻大城市时也遭到很大损失，先后丢失了洪湖及右江等革命根据地。

"立三路线"的错误，实际上和党的第一次"左"倾错误一脉相承，也是"通过中心城市起义，武装夺取政权"的苏联革命经验的照搬照抄，他对于武装夺取政权是肯定的，当时的中国是半殖民地半封建国家，在内部没有民主制度，在外部没有民族独立，因此中国革命不可能通过合法斗争来战胜敌人。另外中国的反动统治者非常残暴，拥有强大的反革命武装，而且得到帝国主义的援助，这就决定了中国革命的主要形式是以武装的革命反对武装的反革命。李立三的"左"倾错误，和两年前的以瞿秋白为代表的"左"倾错误相比，有着明显不同的特点，前一次是基于革命严重挫败的形势的不加思索的鲁莽行动。这一次是革命发展进入有利阶段的形势中因为急于求成而做出了冒进的错误估计。《关于党的若干历史问题决议》对立三路线产生的原因有准确的结论：第一，由于李立三同志等不承认革命需要主观组织力量的充分准备，认为"群众只要大干，不要小干"，因而认为当时不断的军阀战争，加上红军运动的初步发展和白区工作的初步恢复，就已经是具备了可以在全国"大干"（武装起义）的条件；第二，由于他们不承认中国革命的不平衡性，认为革命危机在全国各地都有同样的生长，全国各地都要准备马上起义，中心城市尤其要首先发动以形成全国革命高潮的中心，并污蔑毛泽东同志在长期的革命实践用主要力量去创造农

---

① 参见中共中央党史研究室：《中国共产党历史》，中共党史出版社，2002 年，第 140 页。

村根据地，以农村来包围城市，以根据地来推动全国革命高潮的思想，是极端错误的“农民意识的地方观念与保守观念”；第三，由于他们不承认世界革命的不平衡性，认为中国革命的总爆发必将引起世界革命的总爆发，而中国革命又必须在世界革命的总爆发中才能成功；第四，由于他们不承认世界革命的不平衡性，认为中国革命又必须在世界革命的总爆发中才能成功；第五，由于他们不承认中国资产阶级民主革命的长期性，认为一省数省首先胜利的开始即是向社会主义革命转变的开始，并因此规定了若干不适时宜的“左”倾政策。

四、王明与“城市中心论”的贯彻

党的六届三中全会结束了李立三的“左”倾错误，但是不久，共产国际对李立三等所犯错误性质的估计有了变化，对瞿秋白等新的中共中央领导人不满，于是又指示中国共产党召开六届四中全会。1931 年 1 月 7 日，中国共产党扩大的六届四中全会在上海召开，在共产国际远东局副部长米夫的操控下，王明实际获得了中央的领导权。这样，李立三“左”倾冒险错误被纠正后不久，又形成了王明“左”倾教条主义错误在中央的统治。王明同样坚持城市中心的观点，他按照共产国际决议提出：“在中国正在成熟着新的革命运动，新的高潮最可靠的标志是工人罢工斗争的高潮”；“组织领导工人阶级的经济斗争，真正准备总同盟罢工以至武装起义，是共产党的最主要任务”。① 王明虽然也表示重视红军的力量，但他完全不懂得在敌强我弱的形势下，红军作战的规律和革命根据地发展的规律。党的六届四中全会后，王明“左”倾教条主义方针开始在各地贯彻。1931 年 4 月，中央政治局

---

① 谢春涛：《中国共产党读本》，中国青年出版社，2014 年，第 69 页。

候补委员、参与领导中央特科的顾顺章在武汉被捕叛变。王明于 10 月前往莫斯科担任中共驻共产国际代表,周恩来于 12 月底到达中央苏区。根据共产国际远东局提议,在上海成立临时中央政治局,由博古负总的责任。以博古为首的临时中央,继续贯彻执行"左"倾教条主义方针,最终导致红军第五次反"围剿"失利,土地革命战争悲惨地失败了,党和中国革命再次陷入绝境。

第四节　在城市中处于"守势":党的城市地下工作

1945 年党的六届七中全会通过的《关于若干历史问题的决议》指出:"至于这个时期的城市群众工作,则应如正确路线在白区工作中的代表刘少奇同志所主张的,采取以防御为主(而不是以进攻为主),尽量利用合法的机会去工作(而不是拒绝利用合法),以便使党的组织深入群众,长期荫蔽,积蓄力量,并随时输送自己的力量到乡村去发展乡村武装斗争力量,借此以配合乡村斗争,推进革命形势,为其主要方针。"①

一、城市工作:从地上转往地下

第一次国内革命战争失败以后,敌人在各个中心城市普遍建立了反革命专政,革命力量遭受极大的摧残和破坏。共产党员由五万多人下降到一万多人,工会会员由三百万人减到三万多人。党的"六大"前后,革命力量虽有一定的恢复,但由于党在白区工作上的"左倾"错误,又遭到了严重的损失和破坏。到 1930 年,参加秘密革命工会的有组织的工人,在上海仅两

---

① 《关于若干历史问题的决议》,https://www.12371.cn/2021/11/09/ARTI1636455732201149.shtml,2021 年 10 月 11 日。

千多人，武汉一千多人，天津只有几百人。这种敌强我弱的基本政治形势和"白色恐怖"统治的特殊环境，不同于大革命高潮时期。此时共产党的工作就由公开转为地下，合法变为非法，许多大城市的工作都在地下进行，同时农村地区也就开始了农村的武装斗争，城市的白区工作使得农村根据地不处于孤立的地位。正如毛泽东同志说："着重武装斗争，不是说可以放弃其他形式的斗争；相反，没有武装斗争以外的各种形式的斗争相配合，武装斗争就不能取得胜利。着重农村根据地上的工作，不是说可以放弃城市工作和尚在敌人统治下的其他广大农村中的工作，相反，没有城市工作和其他农村工作，农村根据地就处于孤立，革命就会失败。"①刘少奇同志基于当时革命的客观形势和白区斗争的特殊环境，指出："中心城市与大的产业中心，是反革命的支撑点，是反革命力量最强大的地方。反革命在这些地方对于革命的防护最为严密，同时，我党在这些地方的工作基础与组织基础，是十分薄弱的。"②从中可以看出白区工作在革命事业中的重要性，从白区斗争的实际和中国革命的全局出发，正确规定党在白区的工作和工人运动的主要任务，是党领导白区工作的斗争前提，会影响整个革命事业的成败。

悬殊的阶级力量对比，说明"目前还不是革命与反革命决定斗争胜负的时候"③，"当着客观形势的发展不利于我们前进的时候，就要善于等待，不要冒险前进"④。这种反革命力量的强大和革命力量受到的极大削弱，以及中国社会的经济政治条件，决定了包括白区工作在内的中国革命的长期性、残酷性和防御性。据此，刘少奇同志正确提出："我党目前在中心城市与产业中心的工作任务，还是争取群众，争取工人阶级的大多数，积蓄工人阶级的

---

① 《毛泽东选集》（第二卷），人民出版社，1952 年，第 599 页。
②③ 《刘少奇选集》（上卷），人民出版社，1981 年，第 34 页。
④ 同上，第 263 页。

雄厚力量,以准备将来决定胜负的斗争。"①党的六届七中全会后来就概括为"深入群众、长期隐蔽、积蓄力量,配合农村的武装斗争",这是完全符合中国革命和白区斗争的客观实际的。

三次"左"倾错误严重脱离中国革命实际,给中国革命带来了极其严重的后果,首要表现是中国共产党在大城市设立的许多党的机构遭到破坏。并且由于中国革命的长期性和白区斗争的残酷性,党在白区的一切工作,从组织宣传、工作部署到计划实施和现实斗争,都必须为了安全存在着想而长期荫蔽,党的组织必须秘密,精干力量必须隐蔽。但是长期隐蔽绝不是使党的组织和精干力量脱离群众,孤立自己,而是"使党的组织隐蔽在广大的群众中"②,精干力量"是以群众中一员的资格,在群众中出现,提出主张和办法,使群众自愿地接受,自动地跟着我们行动,而不是以共产党员或者自命为领袖的资格去命令和指挥群众"③。为了做好国统区的地下工作,中共中央一方面开始实行一套秘密工作制度,另一方面提出了党的秘密机关的社会化和党员职业化,使得党员能够用另一种社会身份作掩护,并且需要做好群众工作,因为群众可以为党员的秘密工作做好掩护,不断发展革命力量,这些使得在一定时期的冒进主义的方针和政策的影响下停滞和退步的党的组织工作和群众斗争开始复兴。

"一般来说,群众工作应当是公开进行的(虽然有时只能半公开进行),而党内工作则应当秘密地来进行(如有可能也应当部分地公开地进行)。但是我们在党内工作的方法,绝不能拿到群众中去使用。我们在群众中作公开工作的同志,他的一切行动和工作方式应当群众化,应当公开,不要在形

---

① 《刘少奇选集》(上卷),人民出版社,1981 年,第 34 页。
② 同上,第 249 页。
③ 同上,第 60 页。

式上表示自己的特别,暴露自己共产党员的面目。"①同时也提出了对在群众中秘密工作的党的同志的要求:"在群众中作公开工作的同志不能兼负党的秘密机关的工作,应当同秘密机关断绝关系,只同特别指定的同志发生关系。党的秘密文件不能拿到群众机关中去。不要使敌人从公开工作的同志那里找到任何党的组织关系。在党的文件刊物上,不要登载公开群众团体的情况,不要使敌人从党的机关中找到任何同群众团体的关系。

"党内工作和群众工作、秘密工作和公开工作应当采用完全不同的方法去进行,派遣不同的干部去进行,在组织上不能混淆,在方法上不能重复。过去的错误就是在组织上混淆起来,方法上又完全重复。把应当公开进行的工作,拿到秘密机关来做;把应当秘密进行的工作,又去冒险公开(如秘密机关的负责人兼任群众团体的职务等)。这样,使得应当公开的不能公开,应当秘密的不能秘密。结果就是党和群众工作都遭到破坏。"②党的半公开的工作使得许多被破坏的党组织的工作开始得到恢复,在极大程度上促进了武装起义的稳定发展。

在党的六大召开前,有 12 个省委、3 个临时省委、400 多个县和市委得到恢复。长期荫蔽对于更好更加扎实做群众工作提出了更高的要求,只有做到了在群众中荫蔽,在群众中工作,才可以保存和发展革命力量,坚守住共产党在白区的阵地,耐心等待时机,期待新的革命高潮的到来。正如刘少奇在白区工作中的指示那样:"我们对于党的秘密工作,要有远见,要坚持,要忍耐,不能有丝毫的急躁病和疏忽。因为环境是变动的,今天觉得不要紧的事,但到明天也许就不行了。今天是要服从明天的。我们许多同志在过去就是没有远见,不能忍耐,害着不能容许的急躁病,过于疏忽。他们在今天甚至不估计到明天的情形,甚至不估计当时的环境去布置与进行工作,如公

---

①②　刘少奇:《关于白区的党和群众工作》,《历史研究》,1981 年第 4 期。

开征收党员、举行革命竞赛、进行突击运动、随便调动干部与改组党的组织等。我们以后不要随便再以'怕死''动摇'等话去批评同志,助长同志的冒险情绪。秘密机关中那种忙乱的状态,也是不能继续的。在秘密环境下,我们的组织如发生问题,即应暂时停止工作,风声紧张时,人员即应暂时离开(如可能离开的话)。如果没有相当保障,一切工作都不要冒昧去进行。工作没有做好不要紧,要紧的是机关无论如何不能破坏。我们应该特别小心,应建立巩固的秘密领导机关,虽经各种风浪也不致动摇。"①

争取群众才能积蓄力量,争取和教育群众是首要任务。党的六大指出,以后一个时期的工作方向,要从发动武装转向组织和动员群众的日常工作。刘少奇详细论述了秘密党和群众的关系问题,认为只要环境允许,我们就应当尽可能地采用合法的公开的方式去进行工作,但是秘密党的工作只能部分公开地进行,群众工作应该要好好利用这一点公开的机会。除了对党员在群众中的秘密工作的一些具体要求之外,党也重视在白区对群众进行动员教育,"在目前,我们一方面应当动员群众向国民党政府提出要求,允许救国会的公开,允许各种非法团体的登记,允许言论、集会、罢工的自由;但是另一方面,我们还应当利用各种灰色的团体去组织群众,加入各种已有的合法团体去进行工作。我们的同志在各种灰色的合法团体中应当忠实地为群众直接的要求而斗争,以争取群众,争取领导地位,但不要把这些团体转变为所谓'赤色团体',表面上还应当保持它的灰色和合法。在日本及汉奸统治的区域,采用救国会等名义去组织群众是不适当的,在这些地方,应当以组织公开灰色团体及利用原有的合法团体为团结群众的主要方式"②。党在白区领导了一次又一次的爱国民主运动,提高了白区人民的思想觉悟,也扩大了中国共产党的积极影响,这种影响使得共产党在敌人统治区也有广大

---

①② 刘少奇:《关于白区的党和群众工作》,《历史研究》,1981 年第 4 期。

的拥护群体,白区人民极大配合了前线的需要。当国统区和沦陷区的人民对于国民党抱有幻想的时候,经过共产党领导的抗议美军暴行、“反饥饿、反内战、反迫害”等人民群众运动,极大程度上使得处于水深火热之中的国统区的人民认识到蒋介石政府的独裁本质,对独立、民主和富强的新中国抱有强烈的向往和追求。

争取群众的策略在一定程度上也恢复了工人运动。国统区工人运动的恢复体现在诸多方面,首先是工人组织和工会会员的数量开始扩大,共产党在工人中的影响得到提升。党的六大以后,按照会议的要求,各地党组织深入工人群众做组织和发动的工作。中华全国总工会也派常委奔赴产业工人比较集中的中心城市,帮助工会的建立,在这样群众路线的运用下,恢复了的群众工作极大地影响了广大的工人群众。据统计,截至1929年底,全国赤色工会会员及其影响下的工人群众大约有4万人。全国范围的工人运动继而发起了反日高潮。在1928年的济南惨案之后,全国反日热情高涨。在上海,各工会召开代表大会,开展抵制日货活动;在长沙,工人们除了抵制日货之外,还开展了收回被日本占领的大金码头的斗争,并最终获得胜利;在武汉,8000多名工人举行半年罢工,迫使日本领事统一中国方面的条件,对撞死中国人力车夫一事进行道歉和赔偿;在青岛,2万余日本工厂的工人开展了四个月之久的罢工,以上济南惨案后的一系列反日罢工,成功地打击了日本帝国主义。此外,各地工人采取各种措施积极为自己争取工资改善,并取得了不同程度的胜利。并且,此类活动取得胜利或部分胜利的比例有所增加。以上海为例,根据中华全国总工会的统计,“1928年下半年,上海发生的94起罢工中,失败的比例仅仅占13%;在唐山开滦五矿,为了改善工人生活状况,1929年4月,10万名工人展开大罢工,最终迫使矿方答应工人提出的条件;在武汉,为反抗资本家剥削,在1929年10月,福源纱厂等工厂的工人先后举行数十次的斗争,争取到了一定的权利"①。

1928—1930 年,党的六大召开后的两年间,城市中的党组织逐渐恢复,参加工会的工人人数及支持工人运动的群众人数大幅增加,在国民党统治区的工人斗争也取得一些成效。但从总体上来看,在实际工作中"左"倾思想的影响依然存在,这在一定程度上妨碍了工人运动的恢复和发展。整体上看这段时期,工人斗争防御性质比较明显,工人运动的规模不是很大,完全胜利的不多。此时学生运动、妇女运动也都有恢复,1929 年 8 月成立了全国学生总会。

二、城市中的统一战线

白区城市工作的一项重要的任务就是统一战线。毛泽东在《〈共产党人〉发刊词》中总结中国共产党 18 年革命斗争的历史经验时指出:"十八年的经验,已使我们懂得:统一战线,武装斗争,党的建设,是中国共产党在中国革命中战胜敌人的三个法宝,三个主要的法宝。"统一战线和武装斗争是相辅相成的,统一战线工作是为了党的武装斗争服务的。

刘少奇同志在 1935 年到 1937 年这段时期在北方局党刊和一些中间性刊物上发表了十多篇文章宣传党的统一战线政策,如曾化名在《自由评论》上发表《关于共产党的一封信》,阐述共产党"停止内战一致对外"的主张,对全国都有影响。刘少奇同志还根据日本帝国主义已侵入华北危及平津的情况,在群众运动中纠正了"武装保卫苏联""保卫苏维埃"等脱离实际,脱离群众的"左倾"口号,正确提出"武装保卫平津""保卫华北""保卫全中国"的口

---

① 中共中央党史研究室:《中共共产党历史》(第一卷),中共党史出版社,2002 年,第 98 页。

号,反映了广大群众抗日救国的要求,得到全国人民的拥护。①

党的白区工作作为前线的主要支持性后备力量,为人民革命武装、革命根据地输送了许多技术和人才以及革命所需要的物资,如文具纸张、药品食材、电讯器材等。共产党也不断通过完善基础设施建设建立白区和革命根据地之间的联系,如开辟秘密交通线、沿线设立秘密交通站等。

除此之外,中国共产党在土地革命时期的工作着力点还有对国民党反革命文化"反围剿"的积极斗争,对于国民党对党的文化工作发起的进攻,在上海,在1929年秋天,中共设立文化工作委员会;1930年3月中国左翼作家联盟成立,将其作为国统区的文化战斗堡垒。组成人员是一批在大革命失败以后来到上海的原来从事文化工作的共产党员,以及原来的"创造社""太阳社"等文化团体的成员,主要以中国共产党人、鲁迅、郭沫若等左翼文化工作者为主,他们发表了大量的革命文艺作品,写了大量的文章,同国民党反动派不懈地展开了文化斗争,打破了国民党对我党的文化围剿。

三、颠倒的逻辑:"把城市工作放在第一位,农村工作放在第二位"

"城市中心论"在现实的残酷革命实践中的失败,为农村包围城市战略的产生提供了事实依据。大革命时期党虽然把城市作为工作重心,但是毛泽东等人深入乡村、开展农民运动,为日后将工作重心转向农村积累了一些经验。早在"立三路线"贯彻的时候,毛泽东、朱德等人就表示过反对的意见。朱德曾经对美国作家史沫特莱说:"毛泽东和我对于整个方案都表示怀疑,但是我们久居山区多年,能够得到的有关国内和国际局势的情报很不全面。在这种情况下,我们不得不接受我们中央委员会的分析。"他又说:"除

---

① 参见李坤:《第二次国内革命战争时期党的白区工作概况》,《历史教学》,1982年第5期。

了毛泽东和我之外,很少有人反对立三路线。我们别无选择,只有接受。"①
尽管如此,他们在执行过程中始终坚持从实际情况出发,灵活机动地使用兵力,不断改变进军方向,没有机械地执行中共中央关于进攻南昌、九江的命令,以极大的耐心纠正了红一方面军中的"左"倾错误,从而避免了使江西革命根据地的红军遭受大的损失,并在斗争中继续得到发展,为日后的大规模"反围剿"战争打下了基础。

由"把城市工作放在第一位"到"把农村工作放在第一位"的思想转变,是中国共产党人把马克思主义普遍原理与中国革命实际相结合的过程。在这个过程中,毛泽东起到了表率作用。毛泽东在近十年的革命实践中逐步明确了这样的转变确是需要的。周恩来在《关于党的"六大"的研究》中指出,毛泽东对这个问题的认识也是有一个发展过程的。在"六大"的时候,"关于要重视乡村工作、在农村里搞武装割据的重要与可能等问题,毛泽东同志是认识到了的,而'六大'则没有认识。但是关于把工作中心放在乡村,共产党代表无产阶级来领导农民游击战争,我认为当时毛泽东同志也还没有这些思想,他也还是认为要以城市工作为中心的。开始他还主张在闽浙赣边创造苏区来影响城市工作,配合城市工作,到给林彪的信中才明确指出要创造红色区域,实行武装割据,认为这是促进全国革命高潮的最重要因素,也就是要以乡村为中心。所以,毛泽东同志的思想是发展的"②。

1925 年至 1927 年间,毛泽东先后撰写了《中国社会各阶级的分析》《国民革命与农民运动》《湖南农民运动考察报告》等著作,就是对这一时期开展

---

① [美]艾格妮丝·史沫特莱:《伟大的道路——朱德的生平和时代》,梅念译,生活·读书·新知三联书店,1979 年,第 316 ~ 317 页。
② 《关于党的"六大"的研究》,www. marxists. org/chinese/zhouenlai/026. htm,2021 年 11 月 11 日。

农民运动的经验总结。《国民革命与农民运动》开篇即提出："农民问题乃是国民革命的中心问题,农民不起来参加并拥护国民革命,国民革命不会成功;农民运动不赶速地做起来,农民问题不会解决;农民问题不在现在的革命运动中得到相当的解决,农民不会拥护这个革命。"①他号召"要立刻下了决心,把农民问题开始研究起来",到乡村中间去。毛泽东的这些认识为他日后创造性地开辟农村包围城市道路奠定了最初的思想基础。

从1929年1月开始,红四军下井冈山转战赣南、闽西之后,环境恶劣、军情紧急,军部领导在前期仅仅关注对红四军的军事能力的培养,而忽视了思想政治工作的重要性。红四军的组成和来源各不相同,包括了农民暴动部队、旧军队、绿林武装和散兵,或者是一些被俘虏过来的人员,军队中的非无产阶级思想蔓延并且和军队内部的无产阶级思想产生严重的分歧,关于如何解决这一问题的政治分歧在红四军内部产生争论。古田会议实现了党的无产阶级化的问题,会议批判了各种错误思想,坚持以无产阶级思想建设人民军队的原则。会议通过了毛泽东主持起草的《中国共产党红军第四军第九次代表大会的决议案》,该决议纠正了党内的错误思想,中心就是要用无产阶级思想建设无产阶级政党和无产阶级军队,为毛泽东在实践中创造的农村包围城市的道路提供了重要的理论前提。正如周恩来所说的:"讲到乡村中心的时候,还必须联系到一个问题,即农民必须由无产阶级政党领导"②,"如果没有坚强的无产阶级政党的领导,即使以'乡村为中心',也难免要失败,事实上也是有许多地方失败了的。当时海陆丰的力量比井冈山大,各种条件都比井冈山好,但结果还是失败了,一个重要的原因,就是由于那里无产阶级领导的思想没有展开,由于领导上还带有小资产阶级革命家的气味的缘故"③。必须由共产党代表无产阶级来领导农民游击战争,才能

---

① 中共中央文献研究室编:《毛泽东传》,中央文献出版社,2003年,第321页。
②③ 《周恩来选集》(上卷),人民出版社,1980年,第178页。

够保证农村包围城市道路的实现。因此军队无产阶级化问题解决之后，在古田会议刚结束一周的时候，也就是1930年1月5日，毛泽东就在古田写了《星星之火，可以燎原》，提出"以乡村为中心"的农村包围城市道路的理论。

在此之前还有一封"九月来信"，九月来信详细地分析了军阀混战的政治形势，总结了红四军及各地红军的斗争经验，做出了一个对中国革命运动有重大意义的论断："先有农村红军，后有城市政权，这是中国革命的特征，这是中国经济基础的产物。如有人怀疑红军的存在，他就是不懂得中国革命的实际，就是一种取消观念。"①指示信还明确了红军的基本任务。九月来信虽然没有完全摆脱城市中心论，但是从中国革命的全局和实际提出这些观点，确实比以前前进了一大步。至此，"以乡村为中心"为标志的农村包围城市、武装夺取政权的革命道路理论开始有了萌芽。

随着工农武装割据的蓬勃发展，毛泽东更加深刻地认识到建立巩固的农村根据地的重要性。毛泽东从中国国情出发，经过探索并总结经验，提出了以农村为中心的思想。1930年1月，他在给红四军第一纵队司令员林彪的信《星星之火，可以燎原》中，批评了党内一种普遍存在的主张流动游击、忽视建立巩固的根据地的城市中心思想，阐明了建立巩固的农村根据地的重要性以及它对夺取全国政权的意义，强调红军、游击队和红色区域的建立和发展，是半殖民地中国在无产阶级领导下的农民斗争的最高形式和半殖民地农民斗争发展的必然结果，并且无疑义的是促进全国革命高潮的重要因素，强调必须这样，才能夺取革命的胜利。毛泽东的上述论断，这就是必要性。这实际上解决了以农村为工作重心的问题，这个核心问题的解决，标志着农村包围城市道路开辟出来了，农村包围城市的理论基本形成。经过

---

① 中央档案馆：《中共中央文件选集》，中共中央党校出版社，1989年，第477页。

土地革命战争的胜利和失败,毛泽东对中国革命道路有了更深刻的认识。在抗日战争爆发前后,他总结了土地革命战争时期的经验,吸取了抗日战争的新鲜经验,先后发表了《中国革命战争的战略问题》《战争和战略问题》《中国革命和中国共产党》等一系列著作,由此农村包围城市道路理论正式形成。"一批大桃子,例如上海、南京、杭州等大城市,那是要被蒋介石抢去的。蒋介石勾结着美国帝国主义,在那些地方他们的力量占优势,革命的人民还基本上只能占领乡村。"①

　　土地革命战争时期,是革命道路曲折发展的时期。这个时期,毛泽东以弱胜强的谋略主要表现为实行"工农武装割据"。通过实行"工农武装割据",我党在全国10多个省创立了十几块根据地,建立了30万红军正规军,成立了"中华苏维埃共和国临时中央政府",革命形势向好发展。1938年毛泽东在《论新阶段》中对在抗日战争中如何实行农村包围城市作了这样的表述:"毫无疑义,乡村反对城市就在今天的中国也是困难的,因为城市总是集中的,乡村总是分散的,敌人占领我主要的大城市与交通线之后,我之行政区域与作战阵地就在地域上被分割,给了我们很多困难,这就规定了抗日战争长期性与残酷性。然而我们必须说,乡村能够战胜城市,因为有上述三位一体的条件。在内战条件下,极小部分的乡村又支持了长期反对城市的战争,还当帝国主义各国一致反共的时期。谁能说在民族战争条件下,又当帝国主义阵营分裂之时,中国以极大部分的乡村,不能支持长期战争去反对城市敌人呢? 毫无疑义是能够的,并且现在的所谓乡村,与内战时期的乡村有很大不同,不但地域广大;而且在云、贵、川等省大后方中,尚有许多城市与许多工业,尚可与外国联络,尚可建设。依据于大后方的保持与敌后游击战争根据地的建立,从长期中生息我之力量,削弱敌之力量,加上将来国家有

---

　　①　《毛泽东选集》(第四卷),人民出版社,1991年,第1129页。

利条件之配合,就能举行反抗,收回城市。"①正是在这样的"乡村可以战胜城市"思想的指引下,直到抗日战争时期,共产党一共在敌后开辟了 19 块抗日民主根据地,总面积达 100 万平方千米,人口近 1 亿,形成了依托根据地进行大反攻、在农村积蓄革命力量、恢复和夺取城市的大好局面。

在 20 世纪 20 年代末至 30 年代初,即中共开创农村包围城市、武装夺取政权的道路初期,取得了不少成就。"中共领导的正规军队(中国工农红军和地方革命武装)发展到十余万人,创建了赣南、闽西、湘鄂西、鄂豫皖、闽浙赣、湘鄂赣、广西左右江、湘赣等 15 块农村革命根据地,分布在闽、赣、湘、鄂、皖、豫、粤、桂、江、浙、陕等十多个省份的边界地区或远离中心城市的偏僻山区。"②但是由于"左"倾错误,尤其是 1931 年至 1934 年间王明"左"倾冒险主义在中共党内的统治,革命力量遭受巨大损失,革命形势渐趋不利。当时苏区革命力量损失九成,白区革命力量耗尽。红军被迫北上,进行长征。长征途中,为了解决当时具有决定意义的、最紧迫的军事路线问题和组织领导问题,中共中央在 1935 年 1 月召开了遵义会议,这次会议结束了王明"左"倾冒险主义在中共中央的领导,毛泽东成为率领红军长征的实际主角,成为中国革命"生死攸关的转折点"。至 1936 年 10 月,中国工农红军第一、二、四方面军先后完成了战略大转移,陆续从长江南北各根据地到甘肃的静宁、会宁地区会师。长征的胜利,使中共进入了抗日前沿阵地,找到了新的立足点,为开创中国革命的新局面创造了条件。

人民军队由此结束了长期以来在国内革命战争中所处的战略防御地位。这标志着中国人民的革命战争已经达到一个新的历史转折点。正如毛泽东在《目前形势和我们的任务》中指出:"这是一个历史的转折点。这是蒋

---

① 《论新阶段(节录)》,https://www.marxists.org/chinese/maozedong/1968/2-120.htm,2021 年 10 月 11 日。

② 陈亚联:《道路:中国特色革命道路的开辟》,江西高校出版社,2009 年,第 63 页。

介石的二十年反革命统治由发展到消灭的转折点。这是一百多年以来帝国主义在中国的统治由发展到消灭的转折点。"[①]上述情况表明,农村包围城市的大势已经形成,中共主要在农村积蓄了巨大的革命力量,以农村革命根据地为阵地,开始向国民党军队大举进攻,农村包围城市、武装夺取政权的中国革命战略进一步实施。

① 《毛泽东选集》(第四卷),人民出版社,1991 年,第 1244 页。

第五章

建设城市:政党推动的国家性城市战略

    1949 年 10 月 1 日中华人民共和国的成立,不仅具有重大的历史意义,而且也是中国现代化过程中一个重大转折点。[①] 中国从此走向独立的民族国家,政党通过城市建设推动的国家建设和国家治理现代化路径有了独立民族国家的保障。在独立的民族国家内部,中国共产党依据马列主义的意识形态改造城市,摒弃开埠城市的自由型市场经济类型,建立起中央集权的计划经济,并以之为主要手段推进中国的工业化进程。城市中的资本主义经济成分转变为社会主义成分,一个社会主义性质的国家在计划经济的支撑下,依靠国家主导的城市空间逐步建立起来。向工业化与社会主义国家转型的目标规定性,使中国走向了一条以低城市化(under – urbanization)为特征的大型国有企业为支撑的工业化城市推动的国家转型之路;从晚清政府到国民政府,中国在主权不完整的前提下,借助开埠城市实现国家转型的历程随之结束。从此中国国家建设和治理围绕着城市进入一个新的阶段,即在独立的民族国家主权的主导下,政党依照自我意志进行的以自我意志塑造的城市来推动国家建设和治理的新模式。

---

    ①   参见[美]吉尔伯特·罗兹曼:《中国的现代化》,国家社会科学基金"比较现代化"课题组译,江苏人民出版社,2010 年,第 6 页。

第一节　国家性城市战略：政党推动城市建设的方式

在中华人民共和国建立之前，中国共产党的西柏坡会议便分析了中共与城市的关系。中共在国民党主导城市之后，只能在农村开展革命，乡村是共产党的革命基础，中共不是依靠城市取得政权，所以毛泽东在会议中说："从一九二七年到现在，我们的工作重点是在乡村，在乡村聚集力量，用乡村包围城市，然后取得城市"①。农村包围城市战略虽然是无奈之举，但是另一方面它反清政府与国民党的城市战略而为之，即不是在既定的国家主权缺失的情况下开展城市推动的国家建设和治理过程，而是在赢得了国家主权之后，才以强有力的独立的国家政治力量，塑造城市体系，以自我意志塑造的城市体系推动国家建设和治理。

一、中国共产党与城市推动的国家现代化模式

中国共产党成为继国民党之后，以城市作为推动国家现代化建设和治理的载体和平台的战略主体。虽然共产党与国民党拥有不同的意识形态信仰，但是国民党将国家作为建设、规划与治理城市的催化剂，将城市作为推动国家现代化的支点与载体的方式，同样被中国共产党所实践。党的七届二中全会明确指出："采取这样一种工作方式（农村包围城市）的时期现在已经完结"，接下来中共的工作重心是城市，整个国家建设都要围绕城市，依靠城市来进行。报告虽然提出作为将来的执政党，中共要兼顾城乡，但是明确强调："党和军队的工作重心必须放在城市，必须用极大的努力去学会管理

---

① 《毛泽东选集》（第四卷），人民出版社，1991年，第1426～1427页。

城市和建设城市……一步一步地学会管理城市,恢复和发展城市中的生产事业……只有将城市的生产恢复起来和发展起来了,将消费的城市变成生产的城市了,人民政权才能巩固起来。"①中国共产党接手政权的时候,也将城市作为中国未来国家建设和治理的支点接收了下来。虽然,不知道如何通过管理集中了现代性要素的开埠城市来推动中国未来的建设、治理与发展,但是他们对城市在国家建设和治理中的重要性是有所认识的,即必须通过城市来推动国家建设、治理和发展。

中国共产党的迅速胜利,使其没有时间学习如何管理大城市,但是他们并没有排斥以城市为中心开展巩固政权的工作;而是以接管城市为第一次城市管理培训,承继了以城市推动国家建设和治理的路径。以沈阳为例,中共解放沈阳之后,"东北局于是决定将东北局与各省、地、县委的'民运部'一律改为'城市工作部'"②。以此为基础,在与军队的配合下,开始以军管的方式解决"恢复供电、稳定金融物价、收缴警察枪支、宣传政策和妥善处理工资问题等五个环节",通过"原封不动、整套接受"城市系统的方针,对于城市原先的工作人员进行一律"包养",运用多种办法解决解放城市的粮食问题,设立司法接管小组接管旧政权的司法机关,通过控制新闻宣传的方式引导舆论,③最终达到恢复城市秩序的目的。成功的城市接管,大大增强了中共管理城市的能力,为以后中共以城市为中心的国家建设和治理奠定了稳固的基础。

同时,中国当时的城乡客观情况使中国共产党必须以城市为主要空间开展国家建设和治理。从晚清到共和国初期中国的农村面临内外双重压

---

① 《毛泽东选集》(第四卷),人民出版社,1991年,第1427~1428页。

② 朱文轶:《进城:1949》,广西师范大学出版社,2010年,第3页。

③ 参见李良玉:《建国前后接管城市的政策》,《江苏大学学报》(社会科学版),2002年第3期。

力——"一方面由于外国资本、近代工商业的侵入和本国资本主义的兴起和发展……对乡村的多重剥削和压榨亦在不断加剧,窒息了乡村的发展进步;另一方面,广大乡村在城市的剥削和榨取之下,自给自足经济发生解体但却仍保持优势地位,既不能不受资本主义经济各因素影响而发生渐变,又不能在与其对抗中被完全消融,日渐陷入困苦不堪境地的过程中"①。在此逼迫之下,中国陷入发展的困顿,这加剧了城市与乡村的矛盾。时人对农村的描述如下:"十家人家有八九家没有饭吃,凄苦的情状惨不忍睹,土匪到处涌起,日复一日的急速增加,人口流离,死亡率增高,灾域扩大,农产品减少,田地集中于地主,大多数农民沦为佃农,即无天灾人祸,也难养活自己。国外农产品大量流入,数额逐年增加,经济愈益恐慌""从鸦片战争以后,口岸开放,商品输入,逐年增力口,破坏内地原有的经济组织,已使各农村趋于慢性的枯竭"②。这已经说明,农村已经凋敝不堪,将农村作为撬动中国国家建设与治理的载体与支点无异于痴人说梦。

与农村相比,中共建立政权之前中国的城市却得到了较大的发展。在晚清开埠城市的带动下,中国的城市取得了一定的发展:第一,从质上讲,城市从政治性到经济性,从封闭走向开放。它改变了自身的政治属性,开始向商业化方向演进,以前是"乡村在经济上统治着城市"③,晚清之后却是城市开始融入世界体系,成为世界市场中的一环。第二,从人口数量上讲,城镇人口不断增加,从 1840 年的 2070 万,占全国总人口的 5.1% ,到 1949 年的

---

① 彭晓伟:《中国共产党的城乡关系理论与实践》,西南交通大学博士学位论文,2012 年,第 216 页。

② 陈醉云:《复兴农村对策》,《东方杂志》,第 30 卷 B 号,转引自彭晓伟:《中国共产党的城乡关系理论与实践》,西南交通大学博士学位论文,2012 年,第 68 页。

③ 《马克思恩格斯全集》(第 21 卷),人民出版社,1976 年,第 189 页。

5765 万人,占全国人口的 10.6%。① 第三,中国建制市的数量不断增加。

表5.1 1949 年之前中国建制市数量

年份	1925	1926	1927	1928	1929	1930	1933	1935
数量	1	2	5	7	9	13	16	20
年份	1940	1941	1942	1943	1945	1946	1947	1948
数量	21	22	23	26	43	48	69	80

资料来源:陈潮、王锡光:《中国县市政区沿革手册》,中国地图出版社,1992 年,第 205~207 页。

从 1921 年 2 月 15 日中国正式设立广州市开始,中国开启创建建制市的开端。从 1925 年的 1 个建制市广州,到 1948 年的 80 个建制市,中国建制市数量在逐步增加(表5.1)。虽然,从 1894 到 1949 年中国的城镇化率只是增长了 5.5 个百分点,②但是从建制市的规模上来看,却是增长了 79 倍;届时"一个以沿海、沿江城市发展轴线为主体,具有分区中心城市的现代城镇体系基本框架形成"③,这是中国共产党以城市为载体推动国家建设与治理的基本依据。

1949 年之前中国农村的日渐凋敝与城市逐步发展之间的客观事实表明,城市是承载中国国家向现代化转型的主体力量。工业化与社会主义的发展目标,决定了中国共产党只能在城市中开展其国家建设目标。同时,国共两党虽然意识形态不同,但是对于以城市推动国家转型战略的遵循却是始终一贯的。国共两党都给予城市计划工程以极高的重视,并且中国共产

① 参见马洪、孙尚清:《现代中国经济大事典》,中国财政经济出版社,1993 年,第 2755 页。
② 参见胡焕庸等:《中国人口地理》(上册),华东师范大学出版社,1984 年,第 260 页。
③ 顾朝林:《中国城镇体系:历史·现状·展望》,商务印书馆,1992 年,第 165 页。

党将它作为第一个五年计划的中心任务来实施。① 例如中国共产党所承诺建设的许多城市工程,或多或少的也被孙中山先生提到过,如三峡、大武汉建设。② 主观客观两个方面决定了,即使对于不同意识形态信仰的两个政党来讲,在以城市推动国家建设和治理的"铁"的规律面前,他们也不得不前后相继,表现出极大的连续性。

二、国家性城市战略的社会基础:从新民主主义到社会主义

从新民主主义到社会主义的转型,为中国共产党以城市为平台推动国家现代化建设奠定了社会基础。对"从新民主主义到社会主义"的研究,学术界称之为"新民主主义社会论"③,它自 20 世纪 80 年代起成为众多学者瞩目的课题。④ 与对新民主主义革命的研究不同,学者对此课题的研究相对多元化且观点不一,并受到改革开放至今的现实社会变革的影响较大;甚至一

① See Zhiguo Ye, *Big Is Modern The Making of Wuhan as a Mega – City in Early Twentieth Century China*, 1889 – 1957, Ph. D. Dissertation, the University of Minnesota, 2010, p. 176.

② Ibid., p. 178.

③ "新民主主义社会论"与"新民主主义革命"相对,其发见与创造始自于光远先生在 1988 年为纪念刘少奇诞辰 90 周年的"刘少奇研究学术讨论会"上的报告。(参见刘辉:《近二十年来新民主主义社会论研究述评》,《教学与研究》,2002 年第 5 期。)但是中国人民大学的王东先生对此提出异议,声称发明权当属自己。(参见王东:《共和国不会忘记:新民主主义社会的历史和启示》,东方出版中心,2011 年,第 8 ~ 9 页。)

④ 在中国学术期刊网上以"新民主主义"为关键词进行题目检索,1979 年至今,文章近 3000 篇。综述性文章参见刘辉:《近二十年来新民主主义社会论研究述评》,《教学与研究》,2002 年第 5 期;张秀云:《关于新民主主义社会理论研究综述》,《学术界》,2002 年第 3 期;王建都:《关于由新民主主义向社会主义转变研究综述》,《高校社科信息》,2002 年第 6 期;贾秀梅:《近十年新民主主义社会理论若干热点问题研究综述》,《山西农业大学学报》(社会科学版),2008 年第 4 期;吴汉全、李娜:《近十年来〈新民主主义论〉研究综述》,《党的文献》,2009 年第 2 期。

些学者对此课题的研究和鼓吹或多或少地与现在的政治人物相关联。①

对新民主主义社会论的研究相对广泛。学者对它的研究主要表现在：对该理论形成和发展历史过程的考察；它的性质和特征的揭示；中共最终放弃这一理论的原因和后果的分析；它与俄国"新经济政策"和社会主义初级阶段理论之异同的比较；②以及对一些政治人物新民主主义社会论思想的研究等方面。③ 这些方面的研究，大多是对新民主主义社会论本身及其历史嬗变的研究，将其放入宏观现代国家建设的过程中去考察，则论述不多甚或根本没有涉及。

从新民主主义到社会主义内嵌于中国现代国家建设的过程之中，是现代国家建设的重要一环。新民主主义社会论的策略诉求，是要反击国民党的理论攻势，宣示中共的现代国家建设设想；现实诉求，是要解决中国往何处去的问题；理论诉求，是要为抗战胜利后"联合政府"治下的甚或中共建政下的中国提供合法性论证。新民主主义社会论下的新民主主义社会的形成、发展、嬗变及其结束本身，就是中国现代国家建设过程中的一个重要部分。它以理论的形式设想，以政策的形式实践中国现代国家建设发展到中国共产党建立政权的时段时，中国的国家建设架构与国家建设行为。

对中国现代国家建设过程中的"从新民主主义到社会主义"的研究具有重要意义。在历史进程中，它上承传统帝国崩溃后的一盘散沙式的社会，中

---

① 参见张木生：《改革要回到新民主主义》，《领导者》，2011 年第 42 期；张欢：《张木生：再举新民主主义大旗》，《南方人物周刊》，2011 年 10 月 31 日；刘源：《读张木生》，载于张木生：《改造我们的历史文化观——我读李零》，军事科学出版社，2011 年。

② 参见刘辉：《近二十年来新民主主义社会论研究述评》，《教学与研究》，2002 年第 5 期；王东：《共和国不会忘记：新民主主义社会的历史和启示》，东方出版中心，2011 年，第 16～18 页。

③ 参见王敬川：《刘少奇"巩固新民主主义制度"思想研究综述》，《党史研究与教学》，2000 年第 6 期；庞松：《周恩来关于向社会主义过渡的思想》，《中共党史研究》，1998 年第 1 期。

接毛泽东领导的中国共产党组织下的现代国家建设,下启改革开放;在理论创造上,它上承三民主义,中接蒋介石的《中国之命运》,下启中国特色社会主义理论。所以,对从新民主主义到社会主义这一阶段的研究,具有重要的历史意义、理论意义与实践意义。从新民主主义到社会主义是中国现代国家建设中的重要抉择,成为不可忽视的阶段。

中国的现代国家建设遵循现代国家建设经典模式的同时,却又深刻地嵌入社会主义建设之中。它既具有现代国家建设"向心化集中"的一般特性,又具有自身的"党建国家"特点,同时,兼具社会主义建设的因素。正是因为中国的现代国家建设烙有社会主义价值的烙印,从革命后到社会主义建设时期这段空档期如何定位,如何发展,其性质如何,其时间多长,成为一系列亟须解决的重要问题。

如果说在毛泽东写作《新民主主义论》的时候,这些问题还只是理论问题,表现为理论焦虑的话;[1]那么1949年中共建政后,现实实践的发展又为此理论焦虑增添了来自历史现实方面的实践压力。一方面现实实践进程已经发展到新民主主义社会的起点,但是新民主主义社会论并未为此做出系统的、成体系的合法性论说;另一方面,作为现实实践的现代国家建设已经开始,但是并无系统理论指导此建设进程如何进行。由此,理论焦虑更甚。理论焦虑产生理论创造的土壤,新民主主义社会论在理论焦虑的催逼下应运而生。理论焦虑的来源有以下三个方面:

第一,在马克思主义理论中,首先步入社会主义的国家是西欧发达资本主义国家。马克思认为,社会主义是生产力发展到更高阶段的产物,资本主

---

[1]　"理论焦虑"一词来自罗岗先生在第六届复旦大学思想史研究中心"历史与政治"年会(2011年11月25日)上的演讲。他以此表示"当代马克思主义的发展,具有普遍的理论焦虑"。一是因为苏联解体后,马克思主义理论如何与实践相结合的理论悬空的焦虑;二是因为马克思、恩格斯并未见到后世的发展,所以马克思主义理论亟需发展,由此产生焦虑。

义的高度发展,①与社会主义的建立,是一个"不能跳过也不能用法令取消自然的发展阶段"②。恩格斯也认为:"现代社会主义力图实现的变革,简言之就是无产阶级战胜资产阶级,以及通过消灭任何阶级差别来建立新的社会组织。为此不但需要又能实现这个变革的无产阶级,而且还需要有使社会生产力发展到能够彻底消灭阶级差别的资产阶级。只有在社会生产力发展到一定阶段,发展到甚至对我们现代条件来说也是很高的阶段,才能把生产提高到这样的水平,以致使得阶级差别的消除成为真正的进步,使得这种消除持久巩固,并且不致在社会的生产方式中引起停滞或甚至衰落。但是,生产力只有在资产阶级手中才达到了这样的发展水平。可见,就是从这方面说来,资产阶级正如无产阶级一样,也是社会主义革命的一个必要的先决条件。"③任何社会的发展都不是完全自发的,它需要一定的生产力与之相适应。当生产力发展还没有需要一种新的社会形式与之相适应时,人为推动所形成的社会发展往往是相当脆弱的。社会发展规律决定,不能也无法使其超越资本主义的生产力发展而直接进入社会主义。

中国的历史进程却不符合马克思与恩格斯的论断,马克思主义理论在中国的实践成为悬空式理论。虽然,后来马克思在回复查苏里奇的信中提及跨越卡夫丁峡谷一说,但是他"从未正式提出系统的、完整的、成熟的'跨越理论'"④。恩格斯在此重申了对于社会主义只能是生产力发展更高阶段产物的观点,他说:"我们的党有一天不得不出来执政,而归根结底是在实行那些并不直接符合我们的利益。而是直接符合一般的利益,特别是小资产

---

① "工业发达国家向工业不发达国家显示的,只是后者未来的景象。"参见《马克思恩格斯选集》(第二卷),人民出版社,1972 年,第 206 页。

② 《马克思恩格斯选集》(第二卷),人民出版社,1972 年,第 207 页。

③ 《马克思恩格斯选集》(第十八卷),人民出版社,1972 年,第 611 页。

④ 王继荣:《"卡夫丁峡谷"理论与东方社会道路问题再研究:兼论当代社会主义的历史命运与中国特色社会主义》,中国社会科学出版社,2004 年,第 23 页。

阶级利益的东西；在这种情况下，在无产阶级大众压力下，由于我们自己所发表的或多或少地已被曲解的，而且在党派斗争中多少带着激昂情绪提出来的声明和计划所约束，我们将不得不进行共产主义的实验，并实行跳跃，但这样做还不是时候，这一点我们自己知道得非常清楚。这样做我们会丢掉脑袋——但是只在肉体方面——就会出现反动，并且在全世界能够对这种事情作出历史的判断以前，我们不仅会被人视为怪物（这倒无所谓），而且会被人看成笨蛋（那就糟糕多了）。我看不出还能有什么别的结果。"①同时，后世历史也证明"所谓'跨越理论'已被俄国的历史和社会主义的实践所否定"②。马克思对"跨越卡夫丁峡谷"的论述，有一前提条件，即"只有当资本主义经济在自己故乡和在它兴盛的国家里被克服的时候，只有当落后国家从这个榜样上看到'这是怎么回事'，看到怎样把现代工业的生产力作为社会财产来为整个社会服务的时候——只有到那个时候，这些落后的国家才能开始这种缩短的发展过程"③。其重点关注的地域还是西欧而非俄国，当然也并未给俄国如何在落后国家建设社会主义提供理论支撑。中国现实的发展是要跨越资本主义的高生产力发展阶段，而直接进入社会主义。同理，"跨越论"也无法给当时的中国现实历史进程提供理论依据。所以在现实的发展与理论论证方面出现了落差，这种落差反映在理论上，便形成了巨大的理论焦虑。

第二，列宁的革命阶段论对中国新民主主义革命影响很大，但是并未解决中国现代国家建设中从新民主主义到社会主义的一系列理论问题。列宁从俄国的革命实践中总结出，无产阶级参加资产阶级的民主革命，是争取社

---

① 《马克思恩格斯全集》（第 28 卷），人民出版社，1973 年，第 587 页。

② 王继荣：《"卡夫丁峡谷"理论与东方社会道路问题再研究：兼论当代社会主义的历史命运与中国特色社会主义》，中国社会科学出版社，2004 年，第 23 页。

③ 《马克思恩格斯选集》（第四卷），人民出版社，1995 年，第 443 页。

会主义革命和无产阶级专政的必要阶段,是"沿着民主共和制的道路,向社会主义革命迈出第一步"。"民主革命的胜利,只会为在民主共和制的基地上真正而坚决地进行争取社会主义的斗争扫清道路"。① 这为中国共产党的新旧民主主义革命的划分提供了理论与现实指导。但是对于新民主主义革命胜利后阶段的国家建设如何开展这一问题,革命阶段理论,甚至"新经济政策",却无法为中国提供系统的理论支撑。因为中国的实践具有中国的特殊性,新民主主义革命后,中国现代国家建设如何开展,需要生发出中国自身的理论论证。同样,这在一定程度上,可能为理论焦虑的缓解提供帮助,但是却是无法祛除这一焦虑。

第三,中国的历史发展对中国共产党提出理论挑战。在中国共产党看来,中国革命中的两个行为主体——国民党与共产党——都具有自我的一套建国方略,国民党建构的是资本主义国家,而自己建构的则是共产主义(社会主义)国家,中共对两者的国家建设目标十分清楚。但是具体的建国步骤则是一个实践问题。所以中共面对竞争者国民党,一方面如何提出自己的建国方略,尤其是抗战胜利后的建国方略,这是迫切的理论问题;另一方面,虽然有苏联作为模板,但是中国毕竟与苏联不同,在建政后的一个阶段,即从新民主主义到社会主义的阶段,中共面临如何开展国家建设,并为之提供理论证明,这也是一个巨大的困境。中国的现实历史是这一理论焦虑的主要来源。理论焦虑由中国自身产生,当然也必须由中国自身解决。

中国的实践并未也不可能从既有的马克思主义与列宁主义中找到现成的理论诉说,反而这种无现成理论论证的发展为中国共产党增添了更大的理论焦虑。中国的现实发展同俄国一样,为马克思主义理论带来挑战,同时马克思、恩格斯并未就落后的农业国家,如俄国与中国步入社会主义,进行

---

① 《列宁主义选集》(第一卷),人民出版社,1995年,第537、639页。

详细研究与系统阐述(甚至恩格斯一直认为社会主义无法超越生产力的发展规律)。所以中国的现实使中共领导人具有迫切寻求理论支撑的焦虑。在为抗战胜利后的中国向何处去寻找理论支撑,以与国民党分庭抗礼;在为夺取政权后中国向何处去寻找理论支撑,以实现自身的建国目标;中国共产党时刻处在理论焦虑之中。从新民主主义到社会主义的历史正是在理论焦虑中展开的。

新民主主义社会论正是对此种理论焦虑与实践困惑的因应。新民主主义社会论的提出,一方面为中国共产党提供了策略性的帮助,使其可以与国民党在建国方略上相颉颃;另一方面,为中国共产党的革命实践提供了理论论证,为此后的建国架构提供了理论指导,使其可以从容不迫地、有步骤地进行国家建设。在一定程度上讲,新民主主义社会论是对理论焦虑的一种缓解。

毛泽东关于新民主主义的理论集中体现在《新民主主义论》这篇文章中。1940 年 1 月,陕甘宁边区文化协会召开第一次代表大会,毛泽东应邀在会上作了长篇演讲,题目是《新民主主义的政治与新民主主义的文化》。一个多月后,经过作者用心修改,改题目为《新民主主义论》,在《解放》杂志上公开发表。在这篇文章中,毛泽东系统地阐述了新民主主义的理论和纲领。①

由此可知,毛泽东首次演讲的关于新民主主义的理论并未详备,只关涉政治与文化两目。后经修改,加入经济一目,成为我们今天看到的文章。可见新民主主义社会论,自其始创时并不完善而成为严谨的体系,而是逐渐修

---

①　参见吴宏亮:《马克思主义中国化的经典之作——毛泽东〈新民主主义论〉的历史启示》,《马克思主义与现实》(双月刊),2008 年第 4 期;赵曜:《马克思主义中国化的第一个理论成果——纪念〈新民主主义论〉发表 70 周年》,《科学社会主义》,2010 年第 4 期。

改,并渐序成文的。至于以后,毛泽东对于新民主主义社会论中的观点一变再变的史实,说明新民主主义社会论并未达成一种完备严谨的理论体系。这固然与毛泽东的性格及其社会环境的变迁有关,但是也与新民主主义社会论在产生之初就未能成为一种理论体系也有莫大关联。

依照毛泽东的勾勒,中国在经历新民主主义革命胜利后,所建立的社会就是"新民主主义社会"。他说"中国现时社会的性质,既然是殖民地、半殖民地、半封建的性质,它就决定了中国革命必须分为两个步骤。第一步,改变这个殖民地、半殖民地、半封建的社会形态,使之变成一个独立的民主主义的社会。第二步,使革命向前发展,建立一个社会主义的社会。中国现时的革命,是在走第一步"①。"是新式的资产阶级民主主义的革命,还不是无产阶级社会主义的革命。"这个革命"决不是也不能建立中国资产阶级专政的资本主义的社会,而是要建立以中国无产阶级为首领的中国各革命阶级联合专政的新民主主义的社会"。然后再使革命向前发展,"以建立中国社会主义的社会"。②

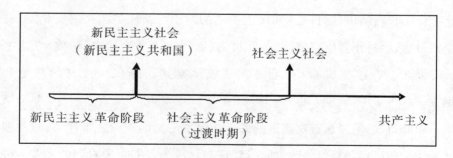

图 5.1　宏伟蓝图

图片来源:郝诗楠:《革命之后:毛泽东模式及其嬗变》,未刊稿。笔者略作修改。

---

① 《毛泽东选集》(第二卷),人民出版社,1991 年,第 666 页。
② 同上,第 671~672 页。

由新民主主义革命建成新民主主义社会，由社会主义建成社会主义社会，最终指向共产主义，这是毛泽东勾画的宏伟蓝图。（图5.1）毛泽东这样规定新民主主义社会的属性，新民主主义革命"反对把中国社会造成资产阶级专政的社会"，由它建立的社会，"只能是在无产阶级领导下的一切反帝反封建的人们联合专政的民主共和国，这就是新民主主义的共和国"。① "这种新民主主义共和国，一方面和旧形式的、欧美式的、资产阶级专政的、资本主义的共和国相区别""另一方面，也和苏联式的、无产阶级专政的、社会主义的共和国相区别"。"一切殖民地半殖民地国家的革命，在一定历史时期中所采取的国家形式，只能是第三种形式，这就是所谓新民主主义共和国。这是一定历史时期的形式，因而是过渡的形式，但是不可移易的必要的形式。"②

这种新民主主义共和国的属性在于它的过渡性。之所以说它是一种社会形态，是因为毛泽东接下来描述的，它在政治、经济、文化与社会方面具有既不同于资本主义社会，也不同于社会主义社会的独特属性。新民主主义社会的这种独特属性，在《共同纲领》中被法律化，或者说被宪法化。（《共同纲领》有的地方与《新民主主义论》表述不同，其表述更详尽、严谨，更成体系）

第一，新民主主义的政治。它的特点在于有领导的联合性。无论新民主主义革命，还是旧民主主义革命，它们都内在于民主革命；新民主主义政治就是直接在民主革命的共和国形式上建立的，它承继的是资产阶级政治的共和形式。这种新民主主义共和国的国体表现为各阶级联合专政；政体表现为民主集中制。③ 前者，在《共同纲领》中表述得更为详细、严谨："中华人民共和国为新民主主义即人民民主主义的国家，实行工人阶级领导

---

①② 《毛泽东选集》（第二卷），人民出版社，1991年，第675页。

③ 参见《毛泽东选集》（第二卷），人民出版社，1991年，第677页。

的、以工农联盟为基础的、团结各民主阶级和国内各民族的人民民主专政",人民民主专政是"工人阶级、农民阶级、小资产阶级、民族资产阶级及其他爱国民主分子的人民民主统一战线的政权,而以工农联盟为基础,以工人阶级为领导"。"中国人民政治协商会议一致同意以新民主主义即人民民主主义为中华人民共和国建国的政治基础"。① 这种政治上的联合性,体现为各阶级联合专政,但是这种联合并非是平铺无首的,而是有领导的,其领导阶级是无产阶级,具体代行领导权的是无产阶级的先锋队——中国共产党。

第二,新民主主义的经济。它的特点在于有主导的多样性。它的主导性区别于资本主义经济,它的多样性区别于社会主义经济;新民主主义经济,在前者,由国营经济主导,"新民主主义共和国的国营经济是社会主义的性质,是整个国民经济的领导力量"②。同时,《共同纲领》也强调"国营经济为社会主义性质的经济。凡属有关国家经济命脉和足以操纵国民生计的事业,均应由国家统一经营。凡属国有的资源和企业,均为全体人民的公共财产,为人民共和国发展生产、繁荣经济的主要物质基础和整个社会经济的领导力量"③。在后者,允许多种经济成分存在并发展,不仅"不禁止'不能操纵国民生计'的资本主义生产的发展"④,甚至还对有利于国计民生的私营经济进行扶植,并鼓励其发展。⑤ 同时,还允许农村富农经济的存在。它的突出点在于允许资本主义经济的存在与发展。

① 中共中央文献研究室编:《建国以来重要文献选编》(第一册),中共中央文献出版社,1992年,第1~2页。

②④ 《毛泽东选集》(第二卷),人民出版社,1991年,第678页。

③ 中共中央文献研究室编:《建国以来重要文献选编》(第一册),中共中央文献出版社,1992年,第7~8页。

⑤ 参见中共中央文献研究室编:《建国以来重要文献选编》(第一册),中共中央文献出版社,1992年,第7~10页。

第三，新民主主义的文化。它的特点在于有主体的包容性。从积极面上讲，新民主主义文化是民族的科学的大众的文化；从消极面上讲，新民主主义文化是人民大众反帝反封建的文化。但是这种文化并非百家争鸣而群龙无首的，它由无产阶级的文化思想即共产主义思想领导，即是说无产阶级的文化是新民主主义文化的主体，其他文化是在此文化的领导下，才得以存在。包容性主要从积极方面讲，"民族的科学的大众的文化"这一表述包容性极强，任何文化只要对人民有利，便可以归为此类。以对历史的态度为例，毛泽东认为"中国现时的新政治新经济是从古代的旧政治旧经济发展而来的，中国现时的新文化也是从古代的旧文化发展而来，因此，我们必须尊重自己的历史，决不能割断历史"①。《共同纲领》中关于中国文化教育事业的建设方略中，对新民主主义文化的规划，主要是从积极方面进行筹划，并鼓励各方面文化的发展，②这是新民主主义文化包容性的体现。

第四，新民主主义的社会。它的特点在于过渡性。"中国革命的历史逻辑，决定了新民主主义社会是一种过渡社会，是一个走向社会主义社会的历史过程。"③从发展阶段上看，新民主主义社会是位于新民主主义革命胜利与社会主义社会之间的一个阶段（图5.1），"它是一种社会主义和民主主义相结合为特征的、过渡性的社会，亦可称为半社会主义半民主主义性质的社会"④。从发展目的上看，新民主主义社会没有自身存在的合法性，它只是作为社会主义的准备阶段而存在，是他存，而非自存。毛泽东在《中国革命与

---

① 《毛泽东选集》（第二卷），人民出版社，1991年，第708页。

② 参见中共中央文献研究室编：《建国以来重要文献选编》（第一册），中共中央文献出版社，1992年，第10~11页。

③ 林尚立：《当代中国政治形态研究》，天津人民出版社，2000年，第65页。

④ 郑国瑞：《新民主主义社会理论论纲》，辽宁师范大学博士论文，2007年，第2页。

中国共产党》中重申了新民主主义社会的社会主义社会目的问题。① 发展阶段和发展目的两方面,决定过渡性是新民主主义社会区别于社会主义社会的重要特点。

中国共产党建政时,新民主主义社会论已经被提出,并且与其理论论争的对立面国民党已退居台湾,理论焦虑看似已经被消解。但是实践发展的超前性与具体性,并没有使中共的理论焦虑得到一劳永逸的解决。新民主主义社会论很快似乎已经无法追赶建政后的实践发展。这时中国共产党的理论焦虑并非主要来自革命时期的与国民党对垒时产生的危机感,而是来自建政后国家建设的无助感与实践进程的逼迫感,理论焦虑依然存在。

建政后的中国共产党实行的是多党合作和政治协商制度,成为执政党。共和国内并不存在一个如国民党一般的与其势均力敌的政党,没有对立面的逼迫,中国共产党解决理论焦虑的方式迥异于前。党的领袖在此环境下,解决理论焦虑的方式,不再是千方百计地创造一套新的理论去为中国的现代国家建设建构方略;而是从理论焦虑一变而为理论自信。生死存亡时期已经结束,但是理论焦虑感依然存在。只不过这时的理论焦虑不是以焦虑的形式,而是以极度自信的形式表现出来。

马克思主义理论中关于前社会主义社会阶段的必然灭亡性,使毛泽东认为新民主主义社会的巩固与发展不那么迫切,也无此必要。基于对共产主义的信仰,尤其是对马克思主义理论关于社会发展规律的信仰与俄国社会主义建设成就的有目共睹,这两方面加强了中共尤其是毛泽东的理论自信,使其认为人类社会步入社会主义乃至共产主义是必然的历史规律,在此社会形态之前的社会形态无论如何先进都是落后的,无论现在是否再继续运作都是要终结的,无论是否是稳固的总是过渡性的。这种理论上的超级

---

① 参见《毛泽东选集》(第二卷),人民出版社,1991 年,第 650 页。

自信,影响到了中共的建国行为,使以毛泽东为代表的中国共产党,不再坚持以前基于理论焦虑所产生的新民主主义(即使经过协商建国,新民主主义共和国已经被法律所确认,被民意所认同),而是尽快地促使其灭亡,以更早地迎接社会主义乃至共产主义的到来。更何况,此时的苏联已经为跨越卡夫丁峡谷提供了范例。①

　　对马克思主义,更严格地说是斯大林主义中关于社会发展阶段论的理论自信,毛泽东认为社会主义社会以及共产主义社会一定会到来,且就在眼前。从这一点出发,毛泽东与中共领导人对于新民主主义社会本质的认识,即它的过渡性,是没有分歧的,他们的分歧在于对过渡时期长短的不同观点。周恩来与刘少奇认为从新民主主义到社会主义这一过渡时期相当长,并且需要长期坚持,刘少奇甚至提出"新民主主义社会秩序说"②;毛泽东则反对"新民主主义社会秩序"的观点,他说:"'确立新民主主义社会秩序',这种提法是有害的。过渡时期每天都在变动,每天都在发生社会主义因素。所谓'新民主主义社会秩序',怎样'确立'? 要'确立'是很难的哩!"③这时他认为应尽快从新民主主义过渡到社会主义。具体促使毛泽东作出此一决定并付诸实施的因素有二:一是土地改革的完成,使地主阶级与官僚资产阶级被消灭,中国的主要矛盾已经成为无产阶级与资产阶级的矛盾;④二是三

---

　　①　参见杨奎松:《毛泽东为什么放弃新民主主义——关于俄国模式的影响问题》,《近代史研究》,1997 年第 4 期。

　　②　蒋积伟:《关于毛泽东"新民主主义社会论"几个问题的研究》,《江汉大学学报》(人文科学版),2008 年第 3 期;王敬川:《刘少奇"巩固新民主主义制度"思想研究综述》,《党史研究与教学》,2000 年第 6 期。

　　③　《毛泽东选集》(第四卷),人民出版社,1991 年,第 1430 页。

　　④　"只要战争关、土改关都过去了,剩下的一关就将容易过去的,那就是社会主义的一关,在全国范围内实行社会主义改造的那一关。""在打倒地主阶级和官僚资产阶级之后,中国内部的主要矛盾是工人阶级与民族资产阶级的矛盾,故不应再将民族资产阶级称为中间阶级。"参见《毛泽东文集》(第六卷),人民出版社,1999 年,第 80 ~ 81、231 页。

大改造提前完成,社会主义社会的经济基础已经生成。以此,毛泽东提出"过渡时期总路线",从新民主主义到社会主义的过渡开始。

基于理论焦虑与理论自信之间的反复缠绕,从新民主主义到社会主义的过渡不是一蹴而就的,而是经历了发展的过程。毛泽东对于新民主主义的观点,大致以 1947 年为界限,此前他强调新民主主义的资本主义属性,此后他逐渐批判资本主义而强调新民主主义的社会主义属性。在理论预设上,1947 年党的"十二月会议"提出的经济纲领①,会使将来社会主义性质的国营经济在经济结构中成为主体成分,即新民主主义的经济更多地具有了社会主义性质,而非此前的资本主义性质。由此,毛泽东对未来新民主主义社会中资本主义经济的地位和作用的看法,已经发生改变,已经不是七大所提出的"广大的""广泛地"发展资本主义了。②

毛泽东在 1947 年对新民主主义社会的提法大概有以下四种。第一种提法:1940 年 1 月毛泽东在《新民主主义论》中说这是一种既不同于欧美,又不同于苏联的"第三种形式的共和国"。"国体——各革命阶级联合专政。政体——民主集中制。这就是新民主主义的政治,这就是新民主主义的共和国。"③第二种提法:1944 年 3 月毛泽东在《关于边区文化教育问题的讲话》中说:"我们建立新民主主义社会,性质是资本主义的,但又是人民大众的,不是社会主义,也不是老资本主义,而是新资本主义。"④第三种提法:在中共七大《论联合政府》的报告中,他提出"现在的中国是多了一个外国的帝国主义和一个本国的封建主义,而不是多了一个本国的资本主义,相反地,我们

---

① 三大经济纲领:没收封建阶级的土地归农民所有,没收蒋介石、宋子文、孔祥熙、陈立夫为首的垄断资本归新民主主义的国家所有,保护民族工商业。
② 参见蒋积伟:《关于毛泽东"新民主主义社会论"几个问题的研究》,《江汉大学学报》(人文科学版),2008 年第 3 期。
③ 《毛泽东选集》(第二卷),人民出版社,1991 年,第 677 页。
④ 《毛泽东文集》(第三卷),人民出版社,1996 年,第 110 页。

的资本主义是太少了"①。第四种提法：在 1945 年 5 月七大总结报告中,他又说"我们提倡的是新民主主义的资本主义"②。在这几种提法之中有一个共同点,毛泽东此时对于新民主主义特点的强调,在于它资本主义的一面。

1947 年以后,毛泽东对新民主主义的强调发生了变化,改为强调它的社会主义的一面。1947 年刘伯承、邓小平率军进入大别山,中共进入战略反攻期,毛泽东说："二十年来没有解决的力量对比的优势问题,今天解决了。"③从一定意义上讲,作为中共对立面的国民党在军事上的威胁已不足虑,与之相应,中共在理论上也无须再顾及资产阶级与其知识阶层的反应,理论焦虑转而减轻。随军事转变,中共在理论上渐由焦虑变自信。加之,1943 年蒋介石《中国之命运》的发表使毛泽东对于国共两党关于"中国往何处去"的理论争夺更加重视,使他更加认为"未来中国命运之争,具体落在国共双方争取不同的抗战结果之上"④。但蒋介石的《中国之命运》使留学欧美之知识阶层哗然；因为蒋介石在《中国之命运》中大肆宣扬国家至上的观念,"事事以民族为本位","以忠孝为根本,为国家尽全忠,为民族尽大孝"。还一再强调"中国人民老早就有了很大的自由,不须去争"。"无论在战时或战后,一片散沙一样的'个人自由'是不能存在的。"以传统价值描绘未来国家之景象,一反人们意识中的国民党将建立自由民主的资产阶级共和国的观念。⑤ 国民党在理论争夺上形势更加不利。相反,《新民主主义论》与《论联合政府》的发表已经在此前"像清洁剂一样,荡涤了旧式知识分子对旧世界的最后一点残梦,并在知识分子们的阅读理解中具体化、现实化,完成了它在那个时

---

① 《毛泽东选集》(第三卷),人民出版社,1991 年,第 1060 页。
② 《毛泽东文集》(第三卷),人民出版社,1996 年,第 384 页。
③ 《毛泽东文集》(第四卷),人民出版社,1996 年,第 333 页。
④ 李扬:《蒋介石与〈中国之命运〉》,《开放时代》,2008 年第 6 期。
⑤ 参见蒋介石:《中国之命运》,寰澄出版社,1946 年。

代的历史意义"①。(民国知识阶层对毛的《新民主主义论》《论联合政府》反响颇佳)1945年党的七大之时,毛泽东在《论联合政府》中重申经济上资本主义不是太多而是太少,政治上建立联合政府,这无异于给民国知识阶层打了一剂强心剂,至少使其不会再对中共的共产主义深怀巨大的恐惧。国民党的理论颓势使中共更无须再孜孜以求创造理论来论证自身建国方略及其将来建国之具体实践的正当性,更何况新民主主义论中还为资本主义的生存与发展留有理论空间。

鉴于此,七大之后毛泽东对新民主主义的强调开始批判其资本主义一面,转而注重其社会主义的一面,并开始逐渐使中国的现代国家建设急速的从新民主主义向社会主义过渡。1948年9月中共中央政治局扩大会议是其重要起点。在此次会议上,毛泽东批评了以前他所肯定的新民主主义经济是"新资本主义"的说法,提出了"资产阶级民主革命完成之后,中国内部的主要矛盾就是无产阶级与资产阶级的矛盾"的说法,并首次明确提出要对私人资本主义采取限制政策,甚或需要与资本家进行斗争。这种关于社会主要矛盾的观点"实际上已把私人资本主义看作了国营经济的主要对立面,明显强调私人资本主义的消极作用,从而为限制、削弱以至取消新民主主义社会所应达到的发展程度开辟了道路。这样新民主主义社会在它的运行轨道上开始发生变化"②。

1949年3月中国共产党在西柏坡召开的七届二中全会是重要转折点。近年来的研究越来越表明,毛泽东在此次会议上已经不再认为革命胜利后的政权性质是新民主主义共和国,而是人民民主专政或是无产阶级专政的

---

① 李晓宇:《民国知识阶层视野中的〈新民主主义论〉》,《毛泽东思想研究》,2007年第4期。

② 郑国瑞:《新民主主义社会理论论纲》,辽宁师范大学博士论文,2007年,第44页。

共和国,并且新中国成立后,毛泽东一般也不再使用新民主主义社会的提法。1952 年开始,毛泽东开始放弃新民主主义社会,促使其向社会主义过渡,1953 年总路线的提出是其正式标志,1955 年秋以后,这一理论最后终结。①

毛泽东曾经强调从新民主主义到社会主义过渡的长期性。在 1953 年 12 月由中共中央批准的、经毛泽东审阅修改的《为动员一切力量把我国建设成为一个伟大的社会主义国家而奋斗——关于党在过渡时期总路线的学习和宣传提纲》之中,这一"过渡时期"至少"需要三个五年计划或更长一点的时间",再加上"经济恢复时期的三年",具体估算,大概要过渡 18 年②,而根据薄一波的回忆,毛泽东曾多次估计这个时间大约需要 15—20 年。③ 但是这终究无法改变他长期渐变形成的对新民主主义的观点转变,同时历史的发展也并不以人的意志为转移,三大改造提前完成,中国步入社会主义社会,正式完成了从新民主主义到社会主义的过渡,新民主主义社会寿终正寝。

国民党的失败与共和国的建立,使中国共产党更加坚信马克思主义理论的真理性。中国共产党建政后一跃而成为中国的执政党,在生死存亡时刻产生的理论焦虑一扫而空,转而产生的是超强的理论自信。这种自信为中国共产党提供现代国家建设论证的同时,却也掩盖了由新中国成立实践所产生的理论焦虑。坚信会步入社会主义社会的同时,中国现代国家建设的轨道已经超前于马克思主义理论的勾勒,开始急速步入社会主义。此后,

①　参见刘辉:《近二十年来新民主主义社会论研究述评》,《教学与研究》,2002 年第 5 期。

②　参见中共中央党史研究室:《中国共产党历史》(第二卷上册),中共党史出版社,2011 年,第 191 页。

③　参见薄一波:《若干重大决策与事件的回顾》(上卷),中央党校出版社,1991 年,第 27 页。

凭借这种理论自信,中国共产党的国家建设过程开始急速从社会主义步入共产主义。这在毛泽东发表的《论人民民主专政》中早有预示,他说,中国将"稳步地由农业国进到工业国,由新民主主义社会进到社会主义社会和共产主义社会"①。

从新民主主义到社会主义已经成为历史,但这段历史之所以在20世纪80年代重新被提及,并得到广泛深入研究,这与其自身的重要性以及当下社会发展紧密相关。改革开放以来的多种所有制经济的发展和政治的发展,使学者重新发现新民主主义社会论所阐述并在中国实行过一段时间的新民主主义社会,与当下经济、政治、社会发展的相似性,由此,从新民主主义到社会主义的理论与历史重新得到人们的重视。深入对其研究并反思这段历史,对我们当下具有重大意义。

第一,理论焦虑是常态。在中国共产党的历史上,理论焦虑并非只是一时的产物,而是一种常态。马克思、恩格斯并未亲身而见当代社会主义的发展,当然也无法为当代社会主义,更无法为中国社会主义的发展提供切实的理论论证。苏联的解体,使社会主义的现实发展与理论进程步入低谷。中国的现代国家建设不断要求理论推陈出新。这三方面使中国共产党一直处于理论焦虑之中。

自建党之日起,中国共产党一方面在革命的道路上艰难行进,另一方面在理论的道路上也不断探索。对于后者而言,从马克思主义、列宁主义到马克思列宁主义的本土化,这是与中国革命相契合的理论探索;从毛泽东思想到中国特色社会主义理论,这是与现代国家建设实践相伴随的理论转换;从三个代表到科学发展观,这是与当下国家建设与社会建设相适应的理论创造。新民主主义社会论,位于从革命到建设的转折点,它是承前启后的理论

---

① 《毛泽东选集》(第四卷),人民出版社,1991年,第1476页。

创新;如赵曜先生所言,说它是马克思主义中国化理论的首次创新一点也不
为过。① 虽然,它是在革命环境所逼促下由理论焦虑而产生,但是它的产生
却为中国共产党与国民党在理论方面一决雌雄起了重大作用。如果把它视
为中国共产党在抗战时期对新中国成立的预设也不为过。令今人惋惜的
是,历史并没有给予这一理论太多的实践空间。从中共建政开始到三大改
造完成,它只不过在整个共和国范围内实行了八年的时光而已。

随着历史的发展,从新民主主义到社会主义的过渡已经成为历史的陈
迹。社会的巨大发展与现代国家建设的继续行进,给中国共产党提出了新
的理论挑战,新的理论焦虑由此而生。改革开放,中国出现多元异质丰富开
放的经济、社会发展,面对这种现实,主流意识形态的信度与效度正在逐渐
下滑,如何因应这一挑战,缓解乃至解决理论焦虑已经成为理论界的当务
之急。

第二,理论焦虑与自信的辩证发展。理论焦虑与理论自信是辩证发展
的,并且两者与社会现实的发展紧密相关。当社会现实的发展使已有理论
无法论证现实发展时,理论焦虑由此产生。为社会现实的发展,尤其是为政
治发展提供理论论证,必须解决理论焦虑,创造新的理论。

新的理论产生、存在并发展,它可以为社会、政治发展提供合法性论证。
但是,如果固守这种理论,尤其是理论与政治结合无间,并被上升为至高无
上的意识形态时,理论自信由此而生。但并非说此时已经不存在理论焦虑,
理论如果在学术上无所创建,以因应现实的发展,则理论焦虑常在。这时的
理论焦虑只不过为理论自信所掩盖,隐于盲目的自信之下,逐渐僵化乃至停
滞。保持现实政治理路与学术理论理路的一定距离,对二者都是有利的。
这两者的分离,既可以保持持久的理论焦虑,使学术理论发展的生命力常

---

① 参见赵曜:《马克思主义中国化的第一个理论成果——纪念〈新民主主义论〉发
表 70 周年》,《科学社会主义》,2010 年第 4 期。

新，又可以为政治提供理论自信，为政治发展提供常新恒久的合法性论证。

第三，历史性与时代性。新民主主义社会论，在学术上讲是理论创新的典范，在政治上讲是意识形态创制的典范，具有极大的历史意义与时代意义。从历史上看，新民主主义社会并未为自身存在的价值提供理论诉说。无论坚持多久，新民主主义终究只能被放弃，因为它的归宿点只能是社会主义，只不过现在讨论与遗憾的是坚持新民主主义社会的时间太短了而已。从这一点上说，新民主主义只能是过渡性质的，就算新民主主义社会在历史上真存在了 15 年或更长，新民主主义也终究只能作为为社会主义社会提供发展生产力机会的一个时间段，而非一个真正独立的社会阶段。即使毛泽东在《新民主主义论》中，颇具宏观视野地讨论了甚或预设了新民主主义社会的经济、政治乃至文化，结合马克思主义理论，就其自身存在的价值进行分析的话，新民主主义社会并没有自身存在的合法性，它的存在是为了社会主义社会的出现。那么从新民主主义到社会主义的过渡，只是时间快与慢的问题。至于为什么历史不遂人愿而使过渡时期过早结束，这一历史事实已经不重要，重要的是从中得到我们当下有益的启发。

拉长历史的时段，把目光放到中国的千年历史，再来观察新民主主义，或许我们的认识会更透彻。从西汉"盐铁论"开始，中国便开始了上千年的国家调节经济的历史进程。在帝国时期，传统社会以农业为主，生产力低下，国家调节经济即使不能促进其发展，但是可以从政治上维持大规模国家于不坠。这是中国传统国家建设的逻辑。以此，从新民主主义到社会主义的过渡，首要体现的便是国家调节经济发展的逻辑，从政治上讲是有利于大规模国家稳定的，但是国家的过度调节与急于过渡却引发了无穷的问题。

中国现代国家构建，同样是以作为政治力量的革命型政党建立起来的，并未背离传统国家建设逻辑中国家发挥主导作用的事实。但是现代中国社会，尤其是改革开放后的中国与传统社会不尽相同。改革开放后，国家有限度地退出,在生产力极大发展的情况下,社会力量迸发,多元化的社会力量促进了经济多元发展,可以说它与国家调节经济发展的力量相比不相上下。再回过头来看,新民主主义社会论中对不妨害国计民生的经济力量的肯定,甚至建立新民主主义秩序以广大其发展的观点也有一定的时代意义。当下人们对新民主主义过早结束的惋惜,正是基于此。

现代中国的国家建设依然在大规模的地域上进行,这无法消除国家作为统筹力量在发展中的作用,这与传统国家建设的逻辑并无二致。同时,经济、社会的多元化,可以以自身的力量取得发展,这是中国现代国家建设中不可忽视的一面。所以,对从新民主主义到社会主义进行研究与反思,对于我们现代国家建设并不是没有意义的。把它再放到"中国近半个世纪的社会主义经验中,放到整个二十世纪的社会主义经验中,最后,放到马克思主义关于社会历史发展阶段的判断中去考虑,其重要性就显出来了"①。国家发挥作用的同时,要给予社会与经济发展以广阔空间,国家与社会是中国现代化发展的双重主导力量。

新民主主义理论可以在理论上得以探讨,但是如何在实践中进行试验则是一个具体的问题,这个具体的问题丰富而多元。这其中既有理论的焦虑,又有实践的漫无头绪。在解决理论焦虑的过程中,实践是领先的,它在证伪新民主主义理论的同时,又证成了新民主主义理论;解决了焦虑的同时,又产生了更大的焦虑。等而言之,理论的焦虑与实践的漫无头绪并没有被解决,它们只不过被埋进了现实政治运作的过程之中,被现实的实践过程产生的更多的理论与实践问题所淹没。理论问题只能在学术领域中进行探讨,问题的解决却是落在实践中的。不论新民主主义社会论如何重要,现在社会发展已经迥异于往日,复走新民主主义道路是不可行的。从新民主主

---

① 胡岩:《新民主主义再认识》,《当代世界社会主义问题》,2001 年第 1 期。

义到社会主义在中国现代国家建设中具有历时性与时代性的意义,但是如何使之真正得以适应当下,可能尼采的话更有意义:"历史若被看成是一种纯知识,并被允许来左右智力,那它对于人们而言,就是平衡生活收支的东西。只有循着一个强大、散发着活力的影响力,比如一个新的文化体系,历史研究对未来才是有利的——因此,只能是它被一个更高的力量所引导和控制,而不是它自身来引导和控制其他力量。"①从新民主主义到社会主义这一历史阶段的理论、逻辑与反思昭示我们,引领发展的更高的力量由历史与现实的合力生成,却又超越历史与现实,为政党通过城市推动国家建设和治理奠定了坚实的社会基础。

三、国家性工业城市计划推动国家基本制度建设

要政党通过城市推动国家建设和治理的路径,必须以一个统一国家的建立作为根本条件,这就激发中国共产党创建大一统国家的一系列国家性行为。② 从一个现代国家政权建设的转折点意义上来讲,共产党开始接力国民党的未竟事业,继续向富强的民族国家建设的历程上迈进。③

国家性,或者说独立统一的民族国家,是以城市为载体推动国家建设与治理的前提。④ 国共两党虽然遵循同样的以城市推动国家建设与治理的战略,甚至对国家性城市计划情有独钟,然而两者开展城市建设的逻辑却是不

---

① [德]弗里德里希·尼采:《历史的用途与滥用》,周辉荣等译,上海人民出版社,2005年,第10页。

② 参见林尚立:《当代中国政治:基础与发展》,中国大百科全书出版社,2017年。

③ See Zhiguo Ye, *Big Is Modern The Making of Wuhan as a Mega – City in Early Twentieth Century China*, 1889—1957, Ph. D. Dissertation, The University of Minnesota, 2010, p. 177.

④ 参见[美]胡安·J·林茨、阿尔弗莱德·斯泰潘:《民主的转型与巩固问题:南欧、南美和后共产主义欧洲》,孙龙等译,浙江人民出版社,2008年,第17页。

同的。国民党是在并没有清除列强的侵略、没有赢得国家独立的前提下,开展城市推动国家建设与治理战略的。共产党则是在赢得国家独立之后,在一个统一的民族国家内,以大规模的城市计划承载国家向工业化与社会主义转型的。晚清与民国的国家性城市实践证明,必须在独立的民族国家内部,才能有效地开展以城市为载体的推动国家建设与治理的战略,只有这样才能克服不完整的国家主权对此战略的致命影响。

国家基本制度的建立,是政党以城市为载体推动国家建设与治理的制度前提。中国共产党接手的国家同国民党一样,是一个包含一盘散沙的广大农村地区的贫弱的中国。如果想巩固国家政权,并实现国家的工业化,农村力量不足以支撑如此大规模的国家计划,必须借助城市的力量。所以,共产党与国民党一样,也采取了国家性城市计划来进行国家建设与治理。然而要推动国家性城市计划的实施,必须以强有力的国家为后盾,而强有力的国家建设,必须依靠国家的基本制度建设。所以,第一步必须开展国家的基本制度建设。

由此,国家的行政规划与财政汲取能力的制度基础建设成为中共的首要任务。从一定意义上讲,这也是城市推动的国家建设与治理中的一个必然环节,亦即对于国家基本制度的建设是国家性城市战略的内在之意,如果没有独立的强有力的国家,那么推行城市计划的主体便付之阙如。国民党正是囿于在没有建立基本的国家制度的基础上,就开始了国家的城市计划战略,从而导致国家的城市化战略的失败,甚至是国家的失败。由此我们可以推论出,城市推动的国家建设与治理战略必须有两个前提性条件:第一,独立的民族国家是城市推动国家建设与治理战略的根本前提。第二,基本国家制度的建立是国家推行城市计划的制度性前提。只有在独立的民族国家内部,政党才具备实行城市推动国家建设与治理的基本前提;只有在一个基本国家制度建立的国家中,政党才具备实行城市推动国家建设与治理战略的能力。

基于上述论证,中国共产党在切实实践通过城市推动国家建设和治理战略之前,它首先在一个独立的民族国家内部进行了一系列的基本国家制度建设。换言之,这些重大的国家性城市计划,必然催使一个新的国家政权从中央到地方的一系列基本制度建设:

第一,国家性城市工业工程推动行政区划建设。政党主导的国家性城市计划的开展,不仅仅是"中国共产党优越性的政治证明,而且在巩固国家政权的日子里,对建构中央集权的体制扮演了重要角色。从1949—1957年,中国共产党逐步建立了一个中央指令性行政体制。从地方到中央,它建立了三级行政体制:中央政府、大行政区与省"①。

任何的国家性行为都需要上下一统的权力设置,这种权力设置最为紧要的是中央与地方的权力划分,即行政区划问题。在中共建政初期,这不仅是巩固国家政权的需要,也是顺利推动苏联援建的,旨在以实现国家工业化转型为目的的"156项"工业建设工程的要求。因为这156项工业工程涉及全国三个大行政区的17个省级单位和56个市级单位。这种国家性的城市工业计划,必须首先理顺全国的行政区划。

所以在1949年10月1日之后,基于全国性城市工业计划的实施,中共开始了不断地行政区划调整。"至1951年底,中央辖29个省、1个自治区、13个直辖市、8个行署区、1个地方和1个地区,共53个省级行政区域。"②在国民经济恢复之后,国家开始着手推行支撑国家建设和发展的重大工业工程时,"从1952年起,大行政区军政委员会改为行政委员会,全国共设华北、

---

① Zhiguo Ye, *Big Is Modern The Making of Wuhan as a Mega – City in Early Twentieth Century China*, 1889—1957, Ph.D. Dissertation, The University of Minnesota, 2010, pp. 178 – 179.

② 郑行:《我国行政区划的沿革与面临的问题》,《中国社会科学院院报》,2007年10月11日,第3版。

东北、西北、华东、中南、西南等六大区行政委员会,作为中央人民政府在各大行政区的派出机关,不再是一级地方政府。与此同时,对各大区所辖省级单位也作出相应调整,共辖 30 个省、1 个自治区、12 个直辖市、1 个地方、1 个地区,共 45 个行政单位"①。理顺中央到地方的权力配置的行政区划制度的建设②,发生在 1953 年开始的以"由限额以上的 694 个建设单位组成的"③涉及中国大部分行政单位的"一五计划"之前,这种时间上的先后相继的顺序,表明国家性城市工业工程的开展,推动了国家基本制度的建设。

第二,国家性城市工业工程推动财政制度建设。对于一个国家来讲,要完成一系列政治目标,必须首先具备动员足够资源的能力。国家只有具备了足够的汲取能力之后才能进行一系列的城市规划,实行城市推动国家建设和治理的战略。既然新的国家与国民政府一样,必须通过城市来推动国家建设和治理,完成国家从传统到现代的转型。那么为避免国家性城市工程,例如大上海计划,因为财政的短缺而失败,就必须建立稳定的财政体制,为巩固国家政权并为未来的国家工业化做准备。

所以在一五计划之前,中央在 1950 年开始着手统一国家财政经济工作,为国家性城市工业计划的实施提供财政资源。中央通过统一全国财政收支,统一全国现金管理,统一全国物资调度的一系列举措,在不到一年的时间内便消除了通货膨胀,实现了财政收支的相对平衡,"迅速而稳妥地实现

---

① 郑行:《我国行政区划的沿革与面临的问题》,《中国社会科学院院报》,2007 年 10 月 11 日,第 3 版。

② 基于一五计划的需要,"1954 年 6 月,为减少管理层次,加强中央对省、自治区、直辖市的直接领导和提高工作效率,中央人民政府委员会第 32 次会议通过《关于撤销大区一级行政机构和合并若干省市建制的决定》,撤销了华北、东北、西北、华东、中南、西南等六大区的行政委员会。"参见郑行:《我国行政区划的沿革与面临的问题》,《中国社会科学院院报》,2007 年 10 月 11 日,第 3 版。

③ 中共中央文献研究室:《建国以来重要文献选编》(第 6 册),中央文献出版社,1993 年,第 410～411 页。

了全国税政和税制的统一,初步建立了一套比较完整、统一、适用的新中国税收制度"①。这为国家性城市计划的开展,提供了稳固的财政基础。

第三,国家性城市工业工程推动国家城市体系制度的变更。"根据中华人民共和国宪法原则,中国建制城市分为直辖市、省辖市、自治州辖市等三个层次,行政(直辖市)、副省级、地(州)级和县级市等四个等级,构成中国建制城市'三层四等'的政区体系。"②可见城市体系是作为一项国家基本制度而存在的。中华人民共和国成立时,批准设市的标准是人口在 5 万人以上;1951 年在《关于调整机构和紧缩编制的决定》中,这个标准上升到人口在 9 万人以上;1955 年《关于设置市镇建制的决定》中可以设市的标准上升到人口 10 万人以上,但是聚居人口不足 10 万人,属重工矿基地、省级地方国家机关所在地、规模较大的物资集散地或边远地区的重要城镇,并确有必需时,可以设市。这是共和国初期中国建制市标准的演化。与 156 项工业工程的开展相结合分析,我们可以得知,从一定程度上讲,建制市标准的更改是与国家的工业化转型紧密相连的。从刚开始仅仅按照人口的标准划分,到1955 年增设了工矿业基地与物资集散地标准,这是中国国家性城市工业工程实施的影响。正是国家性城市工业工程的实施,改变了中国国家的城市体系设置,这是对国家基本制度的改造。

顾朝林先生将改革开放前中国城镇体系的发展过程分为四个时期,他将一五计划与 156 项工业工程的开展时期(1950—1957 年)称为健康发展时期。据他统计,共和国诞生时,中国有设市城市 136 个,到 1957 年底已经增

---

① 刘佐:《新中国税收制度的建立和巩固》,《财政史研究》(第四辑),2012 年 6 月 24 日。

② 汪宇明:《中国的城市化与城市地区的行政区划体制创新》,《城市规划》,2002 年第 6 期。

加到 176 个。① 他指出这个时期"城镇体系的发展主要表现在两个方面,一方面,在广大东部地区撤销一批小城市,有重点地建设一批枢纽城市;另一方面,在广大中西部地区新建了一批新工业城市。城镇体系处于比较稳定而且健康的发展之中"②。枢纽城市的设立与新工业城市的新建,都是国家性城市工业工程的产物;换言之,这个时期国家以自身工业化为目的,通过城市工业工程的具体路径来设置城市,并通过这种工业化城市推动国家的工业化转型,这是后发展国家通过城市推动国家建设和治理的典型体现。

从此,中国城市的性质与开埠城市形成鲜明的对照。在这个时期的中国,甚至改革开放以后的中国,"'城市'是一个地方的行政机关与管辖实体。根据政府在 1963 年发表的管理标准,城市是超过 10 万人口集聚形成的较大居民点。从 1949 年中华人民共和国成立至今,城市的定义基本保持一致。根据中国对于城市的定义,以及城市的行政级别划分,中国的城市分为直辖市、地级市与县级市三个级别,不同等级的城市拥有不同的人口数量"③。无论单个的城市,还是城市体系,它们都不是西方经济发展意义上的独立的资本与市场支撑起来的实体,而是作为行政单位的国家权力的延伸,它们由国家塑造,并且国家依靠它们推动转型与发展。

第四,国家性城市工业工程推动计划经济体制建设。国家性城市工业工程,不仅需要强大的国家中央权力系统,而且需要以公有制为主体的计划经济制度的支撑;如果没有后者,国家性城市工业工程,即使能够建立也无法获取继续存在并发展的资源;正是依靠国家计划经济系统的资源配置作用,国家性城市工业工程才能够建立、存在并发展。所以,国家性工业工程

---

① 参见顾朝林:《中国城镇体系:历史·现状·展望》,商务印书馆,1992 年,第 166～169 页。

② 顾朝林:《中国城镇体系:历史·现状·展望》,商务印书馆,1992 年,第 168 页。

③ 陆铭:《空间的力量:地理、政治与城市发展》,格致出版社,2013 年,第 31 页。

如果要在中国实施,那么计划经济制度的建设应当成为题中之义。

　　计划经济制度是指由中央计划部门通过指令性计划和行政命令分配社会资源的资源配置方式。它的本质是将社会、经济通过指令性计划与行政命令组织成为一个大的生产体系,由国家统一配置资源,安排生产过程,处置生产产品。所以,这就需要计划编制部门必须将社会经济发展需求的资源与信息,与自身编制的计划相适应。这就需要两个条件:首先,中央计划机关对全社会一切的经济活动,包括物质资源和人力资源的状况、需求结构等拥有全部信息;其次,全社会利益一体化,不存在相互分离的利益主体和不同的价值判断。[①] 这两个条件的建立是通过国家对农业、手工业以及资本主义工商业的社会主义改造完成的。从中国的历史实践来看,计划经济制度能够为国家性工业工程的建设,提供市场经济所不能具备的资源与体制,这在初期符合了国家工业化转型的目的。

第二节　工业城市计划:从消费型城市到生产型城市转型

　　独立统一的中央集权民族国家的建立,为中国共产党以城市为支撑点推动国家建设和治理战略的实施,提供了根本的国家性与制度性前提。由此,在依仗城市推动中国国家建设和治理的时候,中共将城市与国家政权、国家制度的建构衔接了起来。从国家政权与制度的逻辑来建设城市,然后通过这种建构的城市实现国家建设和发展,从而形成了不同于以前国民政府的以城市推动国家转型的路径。这种路径不是基于市场型城市的内在发展逻辑来发育城市,并实现城市的自我成长;而是基于计划经济、行政管理,以及国家政权渗透基层的需要来塑造城市。这重点体现在:①以大型

---

① 参见吴敬琏:《当代中国经济改革》,上海远东出版社,2004 年。

城市工业计划为手段，建立工业化城市推动国家的工业化转型；②以单位体制为基础保证国家的生产性与政治性超越城市的生活性与社会性。政党的这种城市战略建立了国家的工业基础，为工业化转型提供了必要的条件，同时，在超大规模国家中建立起了新的，并且是统一的社会主义政权，维系了超大规模的国家疆域，使中国作为一个独立的民族国家而屹立于世界民族之林。

一、156 项工程：政党主导的工业城市与工业化转型

实现社会主义工业化，即从传统农业国家到现代工业国家的转型是中国的重要目标，这种转型是由城市承载的；因应工业化的国家转型，在新中国成立初期的城市发生了从消费城市到生产城市，再到工业化城市的变迁。早在党的七届二中全会的时候，毛泽东在报告中便提出建立生产城市的观点，他说："只有将城市的生产恢复起来和发展起来了，将消费的城市变成生产的城市了，人民政权才能巩固起来。"在 1949 年 3 月 17 日《人民日报》头版社论中，中共再次强调城市已经是接下来的工作中心，"恢复生产和发展生产，变消费的城市为生产的城市，是我们当前的重要任务，我们必须担负这个任务"①。建立生产城市，是指城市的一切工作围绕生产的中心任务进行，这是中共接管城市，恢复城市秩序所必经的阶段；同时，这也与中共意识形态中对资本主义城市的消费性质的定性有关，他们认为消费性的资本主义城市是腐败的，不是为人民服务的，而仅仅是满足资产阶级的需求。所以，建立生产城市的目的在于改变城市为资产阶级服务的性质，"在城市建

---

① 《把消费城市变成生产城市》，《人民日报》，1949 年 3 月 17 日，第 1 版。

设计划中,贯彻为生产、为工人服务的观点"①。

城市生产恢复之后,生产城市便在过渡时期提出的工业化总路线中向工业化城市转变,以支撑国家的工业化转型。生产城市的要旨在于中共"接管城市的第一天起,我们的眼睛就要向着这个城市的生产事业的恢复和发展"。"第一是国营工业的生产,第二是私营工业的生产,第三是手工业生产。"②在国民经济得到恢复之后,生产城市也得到了一定程度上的建设与发展,由此,接下来的任务便是建立社会主义工业化。

过渡时期总路线明确提出这一时期中国的国家建设和治理的目标是建立社会主义工业化。毛泽东最早在党的七届二中全会报告中提到建立社会主义工业化体系,使中国由落后的农业国变为先进的工业国的设想。③ 在接下来的《论人民民主专政》一文中,毛泽东再次强调在国家政权巩固之后,无产阶级与中共利用国家权力的力量实现中国由农业国家向工业国家的转型。④ 在早期的积累下,1953 年中国共产党提出过渡时期的总路线,总路线的中心任务便是实现中国的工业化转型。

在以城市推动国家建设和治理战略中,工业化转型的国家目标,要求国家塑造相应的城市来承载工业化转型;由此,工业化城市的建设在中国便提到日程上来。1949 年底,周恩来在论述新中国经济的几种关系的时候,着重提出了工商业之间的关系问题,他明确指出:"工业和商业比较,当然是以工业为主。那么,商业占多数的城市是不是要以商业为主呢? 不,也要以发展工业为主。国家方面主要是经营重工业。""解放前夕,城市的生产几乎被破

---

① 中央文献研究室编:《建国以来重要文献选编》(第二册),中央文献出版社,1992年,第 41 页。

② 《毛泽东选集》(第四卷),人民出版社,1991 年,第 1428 页。

③ 参见《毛泽东选集》(第四卷),人民出版社,1991 年,第 1433 页。

④ 同上,第 1476 页。

坏了,只剩下商业投机,这种情况要改变过来".① 中央的观点已经很明确,即发展以工业为主的工业化城市。

表 5.2　一五期间国民经济各部门投资分配

经济部门	工业	运输邮电	农林水利	科教文卫	城市公用事业	贸易银行物资储备	其他	总计
总额(亿)	248.5	82.1	32.69	30.8	16	12.8	4.6	427.4
百分比%	58.2	19.2	7.2	7.2	3.7	3	1.1	99.6

资料来源:中央文献研究室:《建国以来重要文献选编》(第六册),中央文献出版社,1993 年,第 410~411 页。

从表 5.2 中可知,工业投资在国民经济各部门的建设投资中占到 58.2%,一半以上的资本都在工业部门,可见工业是主导城市的最为重要的力量,是名副其实的工业城市。这种以发展工业而非商业的城市具有两个最为明显的区别于开埠城市的特征:一是由国家塑造的,二是以工业发展为主。

国家塑造的以工业发展为主的城市建设,在一五计划期间以 156 项工程为载体而实施。以承载国家建设和治理为重任,中华人民共和国的城市依"消费城市—生产城市—工业城市"的发展路径次第变迁,最终工业城市成为城市发展的形态。一五期间国家以 156 项工程为支点,在全国新建多个工业区,这些工业区"由相互联系,相互制约的诸工业枢纽、联合企业、联合组织、工业中心组成的一个完整的体系。这些区域性工业生产基地实质上就

①　中央文献研究室编:《建国以来重要文献选编》(第二册),中央文献出版社,1992 年,第 82 页。

是城市——以城市为中心进行布局和建设"①。城市与工业中心是合一的，城市以工业的规律为自身的规律，工业主导了城市的形成，而非城市在工业发展的过程中而自发生长、发展并成熟。

表 5.3　156 项工程的地区分布

地区	省份	省级项目（个）	地区项目（个）	百分比（%）
东北区	辽宁	25	56	37.3
	黑龙江	22		
	吉林	9		
西北区	陕西	23	32	21.3
	甘肃	8		
	新疆	1		
华北区	山西	16	30	20.0
	内蒙古	5		
	河北	5		
	北京	4		
中南区	河南	10	17	11.3
	湖南	4		
	湖北	3		
西南区	四川	6	10	6.7
	云南	4		
华东区	江西	4	5	3.4
	安徽	1		
总计		150	150	100.0

资料来源:董志凯、吴江:《新中国工业的奠基石:156 项建设研究(1950—2000)》,广东经济出版社,2004 年,第 420～493 页。

---

① 何一民:《革新与再造:新中国建立初期城市发展与社会转型相关问题纵横论》,《福建论坛》,2012 年第 1 期。

由表 5.3 中可知,在一五计划期间,以 156 项工程为支点的工业城市的建设比较分散且集中于中西部。虽然名义上称之为 156 项,但是实际上只有 150 项,它们分散于全国的六个大区,而且大多集中于大中城市,例如沈阳、北京、西安、成都等。从全国区位分布来看,这些项目大部分分布于中国的东北部(56 个)、中部(17 个)与西部(42 个),而东部只有 35 个。与晚清到民国的中国城市发展规律不同,以工业项目为基础而形成的工业城市在沿海分布较少,这些工业城市的建设是从沿海向内陆转移的。据统计"以当时的沿海和内地划分,150 项中沿海占 32 项,只占全部项目的 1/5;国内建设的 694 个项目,472 个在内地,占 68%。沿海只占 32%"[1]。"沿海经济基础与工业建设条件最好的地区,11 个省(区)市中,有 8 个一项也没有。"[2]这与晚清以来中国的城市沿海发展体系相反:内陆地区成为国家工业城市的重要布局地。国家以自身工业化转型的意志主导了城市自身发展的规律,将工业化城市在内陆地区进行战略布局,希冀以分布于东北部、中部与西部的工业城市承担起国家工业化转型的重任。

这 156 项以城市为中心的项目,名副其实的是指向"工业"的:

从图 5.2 可以看出,这一时期的工业投资明显地体现了优先发展重工业的方针。[3] 这 156 项工程中,除了化学、轻工医药外,其他都属于重工业的范畴,共 140 个,占到总体数量的 93.3%。以重工业为主体的工业城市发展,是为了"帮助我国建立比较完整的基础工业体系和国防体系的骨架,起到了奠定我国初步工业基础的作用"[4]。

---

① 从一五期间使用的沿海和内地概念指的区域范围是:沿海包括辽宁、河北、天津、北京、山东、江苏、上海、安徽、浙江、福建、广东、广西等 12 个省(区)市,其余为内地。参见陆大道:《中国工业布局的理论与实践》,科学出版社,1990 年,第 23 页。
② 陆大道:《中国工业布局的理论与实践》,科学出版社,1990 年,第 23 页。
③ 参见陆大道:《中国工业布局的理论与实践》,科学出版社,1990 年,第 23 页。
④ 王延中:《论中国工业技术的现代化问题》,《中国工业经济》,2004 年第 5 期。

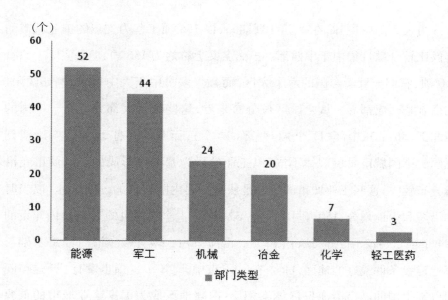

图 5.2　156 项工程部门类型

资料来源:薄一波:《若干重大决策与事件的回顾》(上卷),中共中央党校出版社,1991 年,第 297 页。

　　综上所述,以上战略是以工业化转型的国家意志,尤其是国家重工业体系以及国防工业体系的内在逻辑来设置城市。城市的发展并不是以自身的规律来进行,而是以国家工业化的转型目标为逻辑的。也就是说,这些工业城市的建立,并不是为了城市自身的发展,而是为了支撑国家工业化转型的。

　　同时,"城市支援城市"的平衡性战略,也在这个时期实施。因为大部分新建工业城市集中分布在中西部,这些城市与沿海城市相比,缺乏城市发展的各种要素,所以为支撑这些工业城市的发展,中央决定让沿海城市支援内陆工业城市的发展:"全国各城市要相互援助,本钱大的任务少的城市应挺身而出,支援本钱小的工业任务大的城市。东北自力更生以沈阳、哈尔滨支援东北其他城市;西南以重庆支援成都;华东支援西北,华东很慷慨,已经包下洛阳的任务，仍需包西安、兰州两个城市；中南区的武汉由广州支援；包头、太原由北京、天津支援。"①中央"从全国各个城市中抽调大批的技术力量来支援这些新工业城市，以加强这些最重要而又最薄弱的环节"②的"城市支援城市"战略，这看似是为了这些工业城市的发展着想，实质上是以国家的意志主导城市发展的意志，让城市支援城市，纯粹为了平衡性发展，让实力本不强的城市去支持更加弱小的城市，这样就导致了强城市的变弱，弱城市反而没有变强。例如东部沿海的一些城市自身缺乏资金、技术与人才，而导致设备利用率不高，例如"上海 40 种主要工业品的设备利用率有 35 种在 80% 以下，其中 16 种甚至在 40% 以下，天津 38 种主要工业品的设备利用率，在 40% 以下的有 15 种，60% 以下的有 17 种，70%—80% 的利用率只有 6 种"③。

这种工业城市的建立与发展，并不是自身规律的结果，而是国家意志的作用，从而导致工业是工业，城市是城市的两张皮现象。以工业项目为支点在中西部建立的大中工业城市，是被国家意志"嵌入"的，它与这些地区的发展条件无法达到有机融合。工业的建立与发展，与城市的发展之间没有契合性；工业无法从城市的运行中得到自身发展的资源、人才、资本、市场与技术，城市也无法从工业的建立与发展中得到城市市民生活所必需的生活用品、工业服务、经济实惠与社会效益；它们两者之间各自运行，只是靠着国家的自上而下的投资而得益且发展。这种现象以中西部军工性工业城市最为明显，朱德就曾经说过："最突出的问题，是兵工生产如何同民用生产相结合的问题。"工业与所在城市无法相互促进的问题是"一个全国性的问题。一

---

① 曹洪涛、储传亨：《当代中国的城市建设》，中国社会科学出版社，1990 年，第 56 页。

② 《大力加强新工业区的建设》，《人民日报》，1954 年 8 月 13 日，第 1 版。

③ 曾文经：《中国的社会主义工业化》，人民出版社，1957 年，第 264 页。

般说来,兵工厂的特点是投资大、厂房好、职工多、设备新、技术水平高,生产能力大。这些厂去年就吃不饱,今年情况较去年更加严重"①。虽然是以典型案例做说明,但是以国家工业化意志而建立的承载国家建设和治理的工业化城市,或多或少的都存在朱德所说的"工业"与"城市"互不相干的现象。

由此可见,以国家建设和治理的逻辑来布局工业城市的发展战略,使城市分布于本不适合于其发展的中西部地区,而降低了晚清以来一直承载国家转型重任的沿海商贸城市的发展。这种国家性工业城市布局的本意在于以工业城市的建设与发展推动国家工业化转型的顺利完成,然而事实却导致了工业城市发展与国家转型推进的不利局面,不仅工业城市没有得到较好的发展,沿海城市因支援策略也损害了自身的发展。

这种政党以自上而下的自身意志和国家行政强力布局重点项目带动的工业城市推动国家工业化转型的模式②,与晚清到民国的支撑中国国家建设和治理的城市具有本质的区别。晚清到民国的开埠城市是商业化的融入世界资本主义市场的现代城市,具有开放性的特点;开埠城市是殖民者建立的为宗主国服务的基地,它的发展与成长则是完全依照于世界资本主义体系,而非国家塑造、国家控制。由政党依据自身意志建立的国家性工业化城市,城市的发展逻辑是依照国家的逻辑来定性的,它虽然是在独立的民族国家内部被塑造形成,但是它的市场要素并非基于城市的自由开放而形成,而是被国家的计划经济力量所塑造;它的制度要素并非促进生产要素自由流动,以及城市市民与组织自由参与城市公共事务的制度,而是基于国家二元分割的城乡体系而形成的汲取型制度。虽然,国家主权得以独立,但是国家意志与权力在城市中主导了城市自我发展的逻辑。

---

① 中共中央文献编辑委员会:《朱德选集》,人民出版社,1983 年,第 352 页。
② 参见顾朝林:《中国城市地理》,商务印书馆,1999 年,第 125 ~ 130 页。

二、工业化城市推动的国家工业化转型挫折

依据国家工业化目的建设的工业化城市，不是依据城市自身发展规律而建立，而是根据国家工业转型的要求而建立。[①] 作为"社会主义城市的建设和发展，必然要从属于社会主义工业的建设和发展；社会主义城市的发展速度必然要由社会主义工业发展的速度来决定。这个客观规律是决定我国城市建设方针必须是重点建设、稳步前进的根本原因"[②]。城市的建设和发展，城市的建设与发展速度，都不是城市本身所能决定的，而是经由社会主义工业化所决定。社会主义的工业城市是支撑国家实现从传统农业国家向现代工业国家转型的最为重要的载体与实践空间。

根据国家工业化转型的要求，工业是城市中最重要的经济部门，整个城市围绕着工业而建设与发展。1954 年《人民日报》社论指出："目前城市建设工作必须保证国家的工业建设、为社会主义工业化服务的方针。具体地说，就是必须首先集中力量建设那些有重要工程的新工业城市。"发展工业是建设新工业城市的重中之重，也是首要之举，更是基础的基础。因为"任何一个城市都不可能凭空建设起来，它总是要依托于一定的物质基础。一般地说，在社会主义社会中，城市所赖以发展的物质基础可能是工业、运输业、卫生疗养事业、文化教育事业，也可能是行政管理机关的聚集以及其他

---

① 彭秀涛在其硕士论文中指出："中国现代新兴工业城市是国家工业化的产物，形成于特殊的重工业化背景之下，发展过程受到中国工业化模式的强烈影响。国家的计划投资指向是决定城市能否形成发育的根本原因，城市的形成不是一种内部推动的自发过程，而是以自上而下的国家计划为主的外力作用下被动发展的结果。"参见彭秀涛：《中国现代新兴工业城市规划的历史研究——以苏联援助的 156 项重点工程为中心》，武汉理工大学硕士学位论文，2006 年，第 23 页。

② 《贯彻重点建设城市的方针》，《人民日报》，1954 年 8 月 11 日，第 1 版。

等等。但是,其中最重要最基本的乃是工业。只有工业发展了,才能带动交通运输业、文化教育事业等等的发展,也才可能出现主要为这些事业服务的城市"①。

上海这样的远东航运枢纽和通信枢纽也是按照这种战略来发展的。②19世纪30年代中期,上海不仅是"近代中国对外贸易和对内埠际贸易的中心,也成为近代中国的金融中心,成为国内最大的轻纺工业基地和交通运输枢纽。后期上海成为世界航运中心、外贸中心与金融中心"③,"大上海"就是在这一时期形成,并跻身大都市行列,成为东亚乃至世界最为现代化的城市之一④;但是工业化目标使其开始由"国际经济中心城市向国内经济中心转变,由多功能经济中心转变为社会主义的'老工业基地'"⑤。

从"一五"计划到"五五"计划期间,中国的城市严格依据工业化目标建设并发展。从"一五"计划到"五五"计划的30年间,在国民经济各部门的投资比重中,除了"一五"期间与1963—1965年间工业部门的投资比重小于50%以外,其余各阶段工业部门投资比重占到全国总投资的一半以上,它在"二五"期间达到最高,占到总投资的60.4%,30年间工业投资比重的平均百分比为52.7%(表5.4)。这真正达到了围绕工业部门建立工业城市推动国家向工业化转型的数量上的比例。

---

① 《贯彻重点建设城市的方针》,《人民日报》,1954年8月11日,第1版。
② 参见赵德馨:《中华人民共和国经济史(1967—1984)》,河南人民出版社,1989年,第210页。
③ 熊月之:《上海通史:民国经济》(第8卷),上海人民出版社,1999年,第1页。
④ 参见樊卫国:《激活与生长——上海现代经济兴起之若干分析(1870—1941)》,上海人民出版社,2002年。
⑤ 袁雁:《全球化视角下的城市空间研究——以上海郊区为例》,中国建筑工业出版社,2008年,第107页。

表5.4　国民经济各部门基本建设投资比重(%)

经济部门	"一五"时期	"二五"时期	1963—1965年	"三五"时期	"四五"时期	"五五"时期
工业	42.5	60.4	49.8	55.5	55.4	52.6
运输邮电	15.3	13.5	12.7	15.4	18	12.9
农林水利气象	7.1	11.3	17.7	10.7	9.8	10.5
科学研究文教卫生和社会福利	7.6	3.8	5.7	2.8	3.1	5.4
商业饮食业服务业和物资供销	3.6	2	2.5	2.1	2.9	3.7
城市公用事业	2.5	2.3	2.9	1.8	1.9	4.1
其他	15.3	4.2	6.2	9.5	6.6	7.6

资料来源:武力:《1949—1978年中国劳动力供求与城市化关系研究》,《中国经济史研究》,1998年第3期。

工业化城市的建设虽然是为了实现国家的工业化转型,但是其最终目的是劳动人民的物质文化生活水平的提高。因此,《人民日报》社论指出:"我国的城市建设工作是遵循着社会主义城市建设的方向前进的。它与建立在对工人阶级残酷剥削基础上的资本主义城市有着本质的不同。在社会主义城市中,一切建设都是为劳动人民的利益服务的。保证劳动者物质文化生活水平的不断提高,是社会主义城市的基本特征。"[①]这是社会主义城市区别于资本主义城市的根本所在,也是从消费城市到生产城市再到工业城

_____

① 《贯彻重点建设城市的方针》,《人民日报》,1954年8月11日,第1版。

市的根本变化所在。

在一穷二白的情况下如何实现旨在提高人民生活水平的工业化城市建设呢？答案包括全社会四个方面。第一，从个人方面来讲，"我们必须从各方面厉行节约，使个人目前的物质文化需要服从于国家工业建设的长远利益。这个精神应该贯串在一切工作中，城市建设工作当然也不应该例外"①。第二，从非重点发展的城市来讲，"非重点城市中的同志就应该把自己的局部利益服从于国家的整体利益，不要再向国家要求过多的投资来进行城市的改建和扩建；而应该一方面把自己的技术力量尽量抽调出来去支援重点城市，一方面从积极发掘潜力、改进管理入手，在现有条件下积极满足人民的物质文化生活要求"②。第三，从重点发展的城市来讲，"在那些重点城市中工作的同志，更要进一步明确为工业建设服务的思想，一方面尽量缩减与撙节与生产没有直接关系的各种建设的费用，一方面努力克服困难，积极学习苏联先进经验，极力争取按时做好城市的规划设计和各项重要的市政建设工程，以保证苏联帮助我国设计的一百四十一项重点工程顺利地建设成功"③。第四，从广大民众生活来讲，"广大的城市劳动人民和新工业城市的郊区农民，也应该忍受某些暂时的困难，全力支持和支援国家的社会主义工业建设"④。从民众个体到全体民众，从非重点城市到重点城市，四个方面齐心协力，厉行节约，做好本职工作的同时，协助重点城市的建设，"只要我们努力这样做下去，幸福的美丽的社会主义城市一定会越来越多地在祖国的土地上成长起来"⑤。这种本质上提倡积累而抑制消费的政策，符合政党通过城市推动国家建设和治理战略的逻辑；虽然，它在主观上宣传城市发展的目的在于提高人民的生活水平，在于城市生活的社会性，然而事与愿违，这种类型的工业城市以重工业为主导的生产性压倒城市的社会性与生活性。

①②③④⑤ 《贯彻重点建设城市的方针》，《人民日报》，1954 年 8 月 11 日，第 1 版。

这种战略体现在国家发展的城市经济部门方面就是:重重工业,轻轻工业。

表5.5　重工业轻工业投资比重(%)

经济部门	"一五"时期	"二五"时期	1963—1965 年	"三五"时期	"四五"时期	"五五"时期
轻工业	6.4	6.4	3.9	4.4	5.8	6.7
重工业	36.1	54	45.9	51.1	49.6	45.9

资料来源:武力:《1949—1978 年中国劳动力供求与城市化关系研究》,《中国经济史研究》,1998 年第 3 期。

30 年间旨在实现国家工业化的城市重工业投资比重,除了"一五"期间低于 40% 以外,其他时间段都高于 45%,"二五"期间更高达 54%。30 年间重工业的平均投资比重达到 47.1%,国民经济中工业部门的 30 年平均投资比重为 52.7%;两者只相差 5.6 个百分点,也就是说这段时期工业投资中的将近 90%(实际是 89.4%)都在重工业领域,国家的工业化其实就是国家的重工业化,工业化城市其实是重工业化城市;相反,旨在提高人民物质文化水平的轻工业投资比重均低于 7%,最低达到 3.9%,30 年的平均投资比重为 5.6%(表5.5)。由此可知,旨在提高人民生活水平的举措,在短时期内无法达到,这一阶段大概持续了 30 年。

三、工业化城市推动的国家工业化转型挫折的分析

中共建政初期,在城市恢复之后,便开始了以重工业为导向的中央计划行为,以国有经济与中央再分配为基础,造就了社会主义生产城市的伟大壮举。但是中国共产党希望通过社会主义生产城市完成国家的工业化转型,

却由于各种原因遭受了一定的挫折。虽然国家以工业化的要求来设置城市,并通过城市推动国家建设和发展,城市带有很大的国家塑造特点,但是在"一五"计划期间,中国的城市体系总体发展是健康的。这个时期来讲,国家根据自身的目的,设置了许多工业化城市,城市的发展虽然还带有十分强烈的行政性特点,但是这个时期也"涌现了一大批矿业、矿工业新城市,成为我国城镇体系发展的一个重要组成部分"。同时,因应国家工业化转型,"新型交通枢纽城市也获得了相应发展"。[1]

总而言之,这些支撑国家工业化转型的新兴城市的建立,虽然带有政党和国家的意志性,它的规划与兴建标准在很大程度上还是符合工业城市与交通城市自身发展规律的,没有破坏城市自身的发展机理。由此,在"一五"计划期间,城市体系的发展相对健康,能够支撑国家工业化的顺利进行。但是1958年之后,中国的城市体系建设,却因为国家意志而发生巨大的扭曲,从而也导致国家工业化转型的挫折。

这一时期"工业与一、二、三产业之间,轻重工业之间,积累与消费之间的关系极不协调,资源配置和结构状况存在明显缺陷。工业化进程经常处在工业高速增长——结构关系失衡——调低工业发展速度——恢复比例关系——再提高工业发展速度的反复循环过程中"[2]。在这种战略中,国家干预城市和经济发展的力量太强,[3]严重挤压了城市自身发展的空间,[4]以国家的意志主导甚至替代了城市自身发展的意志。由此,无法实现国家所承诺

---

① 顾朝林:《中国城镇体系:历史·现状·展望》,商务印书馆,1992 年,第 182 ~ 183 页。

② 陈佳贵、黄群慧等:《工业化蓝皮书:中国工业化进程报告——1995—2005 年中国省域工业化水平评价与研究》,社会科学文献出版社,2007 年,第 4 页。

③ See Evans, Peter, *Embedded Autonomy*: *States and Industrial Transformation*, Princeton University Press, 1995.

④ 参见朱天飚:《工业发展战略的比较政治经济分析》,《国家行政学院学报》,2012 年第 1 期。

的人民物质与文化生活水平的不断提高，而是一味地要求人民用积累替代消费，由此造成了具有中国特色的低度城市化现象。这是"重重工业，轻轻工业"的国家工业化战略的必然。

第三节　国家现代化建设过程中的低度城市化

城市化率是城市推动国家建设和治理的表象，这种表象有两个表现方式。第一，在国家的工业化进程中，工业化水平进展迅速，城市化率很高，但是国家建设和治理却出现挫折，经济发展进入停滞状态。拉美在这方面是典型。[①] 第二，在国家的工业化进程中，工业化水平发展迅速，并取得一定的成效，但是城市化率却很低，出现低度城市化(under – urbanization)现象，同时，国家从传统农业国到现代工业国家的转型也出现挫折。改革开放前的中国属于这种类型。

一、大型国有企业的生产性替代城市社会的生活性

低城市化现象在微观方面体现为：重重工业、轻轻工业的国企力量成为城市发展的主体力量；支撑城市社会生活，提高居民物质文化生活水平的城市自身发展却受到抑制的低城市化现象。工业发展与城市发展的两张皮现象，最终表现为城市与代表单位的国企，或者工业企业形成依附性一体关系，城市的社会性萎缩，生产性得到张扬，城市的生活性与社会性依附于国企单位的生产性。国企是生产性的人的组合，城市是国企单位的组合，最终国家成为生产性工业城市的组合。

---

① 参见韩琦：《拉丁美洲的城市发展和城市化问题》，《拉丁美洲研究》，1999年第2期。

  "一五"计划到"五五"计划期间,国家的重点工业化项目计划是城市建设的起源,城市就是国家性工业项目的产物。作为城市起源的大型国家性工业项目的国企的建立,不是按照城市的内在发展逻辑使国企成为城市发展的有机环节,而是依据国家的平衡战略、国家军事安全战略,尤其是工业化战略,将依托工业化项目建立的国企硬性地嵌入中西部。国家以自己的意志塑造了城市并主导其发展,"中国大城市的发展被有意识地进行控制,控制的政策是前所未有的,这些政策限制了大城市的规模,使得产业投资流向原先偏远或者落后区域的新城市、小城市,或者乡村区域"①。由此,这些工业项目的原则便成为城市的原则:"在全国各地区适当地分布工业的生产力,国防的条件,来逐步改变这种不合理的状态,使工业接近原料、燃料的产区和消费地区,并适合于巩固提高落后地区的经济水平。"②

  从韦伯意义上的理想类型来讲,一个或几个国家性重点工业项目的落地,便是一个或几个城市以及一个城市某一个或几个中心的建立、形成与发展。单个或几个国家性工业项目,会形成一个大型国企或者几个国企的超级企业,因生产的需要便会形成一个甚至几个具有上百万人口的大企业单位。大企业单位的联合产生了生产性与生活性需求,一些基础设施便开始建立,这对原有城市的布局、规模、运行与发展造成了质的影响,这样就形成了一个具有几百万人口的生产性城市。鞍山市、本溪市、鸡西市都是这种典型的生产城市的代表。

  城市建设是国家工业化的一个重要部分,它承载着工业化目标的实现,是重要的国家性举措。因此,城市的建立、发展并不是城市所决定的,而是

  ① [美]布赖恩·贝利:《比较城市化——20世纪不同的道路》,顾朝林、汪侠、俞金国、赵玉宗、薛俊菲、张从果、彭羽中、杨兴柱、刘贤腾译,2010年,第120~121页。
  ② 中央文献研究室:《建国以来重要文献选编》(六),中央文献出版社,1993年,第423页。

由国家决定。国家以大型工业项目为支点，在工业项目的实施过程中，规划城市的经济发展、社会生活、文化需求，以及更加细致的市政管理、政府驻地、居民住宅、交通水电、邮电运输等方面的事项，将城市的建设完全嵌入工业化的过程中，成为工业化发展的一部分，从而撬动城市的生成与发展。

从微观细部上讲，工业城市与国有企业的生成是政党和国家意志在城市空间中的一体两面。一个国家性大型国有工业企业的建立，需要地址的选择，交通条件的配备，生产设施的建立，电力的供应，工作人员生活设施的建设，以及所在城市其他外围条件的支撑等一系列因素。在以 156 项工程为代表的"一五"计划期间，这些国家性企业建立因素的选择与实施，其实就是工业化城市的建立、发展所需要的因素；同苏联一样，"工业化的方法产生了几乎都是一样的标准化公寓楼。城市内的出行是通过公共交通。服务设施和市政设施只能满足最低需求。城市一般会拥有一个精心设计的、纪念碑式的政治 – 文化行政中心，围绕它的则是连续的自给自足而无社会差别的邻里单元"[1]。由此，国家性工业企业单位的建设与工业城市的建设合二为一，这些企业只是"一种听令行事的'单位'而已……市场机制至此已荡然无存"[2]，本该由市场所决定的企业生成，以及本该由市场要素、制度要素、权力要素与参与要素分化组合共同作用下形成的城市力量所主导的城市的产生，被城市空间中的国家权力所主导，成为国家发展的附庸。这种现象的主要体现是：工业投资比重占到一半以上，工业投资中重工业占到一半以上，工业的发展代替了城市的发展，企业单位的生产性代替了城市的社会生活性。

---

① 　[美]布赖恩·贝利：《比较城市化——20 世纪不同的道路》，顾朝林、汪侠、俞金国、赵玉宗、薛俊菲、张从果、彭翀、杨兴柱、刘贤腾译，商务印书馆，2010 年，第 179 页。

② 　张弘远、舒中兴：《中国大陆经贸发展：从计划经济体制到市场经济体制》，载于李英明：《中国大陆研究》，巨流图书股份有限公司，2007 年，第 159 页。

二、"单位 – 生产"与"城市 – 生活"的一体化

洛阳市涧西区便是企业单位的生产性代替了城市的社会生活性现象的典型体现。"一五"计划期间,洛阳市是国家的重点建设城市,156 项工程中的 7 项在洛阳落户。其中涧西区便是工业项目与城市建设合二为一的典型代表。涧西区是典型的国家性工业工程主导城市形成的体现。虽然洛阳是一个千年古城,但是涧西区的建立却是典型的"脱开旧城建新城"的模式。①因为旧城不适合工业项目的开展,无法承载国家工业化转型的目标,所以国家在另外的空间建立新的城市。本质上这是以工业的逻辑来选择城市的生成空间,而不是以城市生成的逻辑来建立城市,因为旧城更加适合城市性社会生活的生成,而新区(实质上是空旷的原野)却是更加适合工业化的国企的发展。由此,新的城市以国企的面目出现。

整个涧西区新城市的规划是以工业化项目为中心的,城市是工业项目的产物。城市规划的顺序是:"先确定工厂,规划就有依据,应当工厂在先,规划在后,规划应服从工业、满足工业的要求。"②由此,"在确定厂址和相应城市规划的基础上,各城市先后制定了以工业项目为中心的城市建设方案"③。城市建设以工厂选址为依归,"建厂不确定,就根本谈不到城市建设,

---

① 参见朱兆雄:《脱开旧城建新城——洛阳模式》,载于中国城市规划学会:《五十年回眸——新中国的城市规划》,商务印书馆,1999 年,第 344 ~ 348 页。

② 洛阳市第一档案馆:《关于城市建设问题》,全宗 67,卷 10,第 225 页。转引自丁一平:《1953—1966:工业移民与洛阳城市的社会变迁》,河北师范大学博士学位论文,2007 年,第 122 页。

③ 何一民:《革新与再造:新中国建立初期城市发展与社会转型》(上),四川大学出版社,2012 年,第 215 页。

建厂确定后,城市建设才能考虑"①。由此可知,涧西区新城市的建造是"以有利于工业发展为主要依据,城市建设为工业生产服务。因而涧西区是因厂而城的。这个城一开始就不打算按传统模式出牌,它不是营造一个城池,而是建设一个工业基地。因此,工厂的建设是城市建设的经济依据,并且决定了城市的性质与规模。表面看,工厂位置不居空间的中心,但这恰恰是因为考虑到工厂要沿河靠铁路,以方便运输与排放污水,并使城市的空间构成更有利于工人通勤"②。

涧西区作为一个不同于洛阳旧城的新城市而出现。企业的规划便是城市的规划,城市规划中,国企便是城市,城市便是国企。③ 国企的厂区作为最具主导性与主体性的部分,占据城市最为重要的空间区位,这是生产性城市在空间要素上的体现。居民的住宅区是国企工人的生活区,但是它本身不具有存在的前提,它是生产厂区的延伸。商业文化娱乐区只占很小的一部分城市空间,它同住宅区一样属于厂区的延伸。科研院所高等院校区占的城市空间也很狭小,它为生产性空间提供技术支持与人才支撑。剩下的空间便是纯粹的城市社会生活空间,它们只能处于边缘的城市领域,不是城市的主体部分。可以说,住宅区、商业文化娱乐区及科研院所高等院校区,还

---

①　洛阳市第一档案馆:《洛阳市城市规划修改计划》,全宗 67,卷 11,转引自丁一平:《1953—1966:工业移民与洛阳城市的社会变迁》,河北师范大学博士学位论文,2007年,第 122 页。

②　丁一平:《1953—1966:工业移民与洛阳城市的社会变迁》,河北师范大学博士学位论文,2007 年,第 122 页。

③　新中国成立后,受苏联规划思想的影响,在"一五"和"二五"期间,我国大城市规划建设了一批功能分区明确的新区和新城。而对于老城,在"变消费城市为生产性城市"的城市建设方针指导下,城市外围工业区的兴建以及城市内大量街道工厂的出现,加剧了工业与居住的混乱局面。同时,受"先生产,后生活"及"重生产,轻生活"方针的影响,城市的工业生产能力提升,而生活、服务和商业性功能逐步萎缩,工业用地不仅在城市用地比例上,而且在选址上都具有支配地位。参见付磊:《转型中的大都市空间结构及其演化:上海城市空间结构演变的研究》,中国建筑工业出版社,2012 年,第 76 页。

有处于边缘的生活性城市空间,都是作为企业单位的一部分而存在。这样"在城市结构上能够看到更多的统一性……与之相伴的是更加系统化的生活方式和建设模式。在一系列清晰的制度及相伴的程序条件下,行政命令比较容易发布"①。新城市的空间规划,形象地体现了国企的生产性替代城市的生活性的面貌,为我们提供了一幅政党和国家以自身意志创造城市并通过它推动国家建设和治理逻辑的直观图景。(图 5.3)

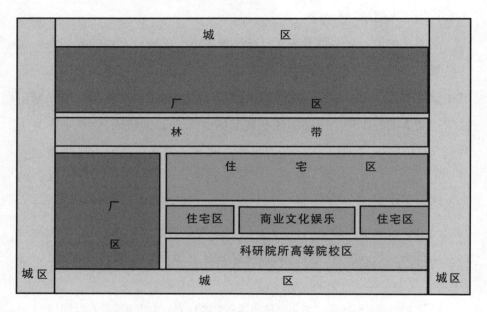

图 5.3　国家性工业城市空间的外部结构:国企与城市一体(以涧西区为例)

资料来源:丁一平:《1953—1966 工业移民与洛阳城市的社会变迁》,河北师范大学博士学位论文,2007 年,第 120 页。经过笔者修改。

————————————

① ［美］布赖恩·贝利:《比较城市化——20 世纪不同的道路》,顾朝林、汪侠、俞金国、赵玉宗、薛俊菲、张从果、彭羽中、杨兴柱、刘贤腾译,商务印书馆,2010 年,第 194 页。

　　国有企业,尤其是国有工业化企业"实际上是一个集经济、政治、社会和文化于一体的组织,或称'单位'。这种组织在动员国家资源,实现国家初步现代化方面起到了重要作用,但各方面的代价(资源、人力、生命等)是很高的。当然,最大的代价是人们后来所看到的普遍贫穷社会主义"[①]。在生产城市空间的内部,作为国企的单位将人们的生活空间与工作空间整合为一体,单位人与社区人重合。在生产性空间内部,工作空间与生活空间呈现高度的一致性,甚至重合性。人们生活在住宅区内,但是他们是因为在单位生产区的工作才具有了在社区生活的权力,社会生活性是单位工作性的投射。作为自下而上的城市的社会生活,被自上而下的国家性工业单位所主导,成为国家的一个支配部分。[②] 单位成为重组城市生产与生活的有效机制。在日常运行上,"常规性的召集单位成员召开处理他们各式各样事务的会议,成为社会控制的有效方式"[③]。这种机制通过国家权力的意志在全国推广,从而"把无数个单位作为社会纽结组织、用单位网络组织整个城市社会,建立了一个单位化的城市社会"[④]。

[①]　郑永年:《中国国有企业的命运》,《联合早报网》,2013 年 7 月 16 日。

[②]　"街居制是应保甲制度的空缺,非单位人口组织化的需要而产生的","单位化才是基层社会重新组织的唯一方向,至于街居制度作为一种城市社会控制和整合机制,却是经历了无数次探索与实践才做出的选择"。这种长期性与探索性说明,改革前的中国的单位制是主体,街居制是补充。参见杨丽萍:《从非单位到单位:上海非单位人群组织化研究(1949—1962)》,华东师范大学博士学位论文,2006 年,第 70~72 页。在这个时期,学校、医院、其他事业单位,相对国企而言,不是最重要的国家控制机制。因为居委会主要管理的是流动闲散人员;学校、医院其他事业单位的人员在整个 78 年以前的中国,比之于国企中的职工而言,都属于少数。参见郭圣莉:《城市社会重构与新生国家政权建设 1949—1955:上海国家政权建设分析》,天津人民出版社,2006 年。

[③]　Martin King Whyte, William L. Parish, *Urban Life in Contemporary China*, the University of Chicago Press, 1984, p.240.

[④]　毛丹:《村落变迁中的单位化:尝试农村研究的一种范式》,《浙江社会科学》,2000 年第 4 期。

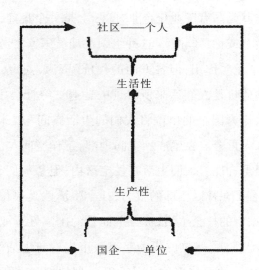

图5.4 国家性工业城市的内部结构：单位与社区一体（以洛阳一拖为例）

对于涧西区的洛阳第一拖拉机厂来讲，生产性单位与城市社会性社区的重合十分典型。这种两者合一的特点缘于国家的塑造，国家以工业化转型为目标建构大型国企，国企工人的生产性使其获得了城市社区的生活性；国企工人身份的单一性使单位社区具有了一致性，国企工人虽然不是来自同一个地区，但是同被"一拖"所塑造，由此成为"一拖"人。[1] 国企单位的生产性是其生活性的源泉，社区的生活性是国企单位生产性的延伸，生产性如果消失，那么国企社区的生活性也就无法存在。

这种单位与社区的一体结构，具有以下五个方面的特征：第一，承担国企生产性职能的单位人，都以个人的身份生活在与单位相对应的社区空间，交叉单位、社区空间、利益很少存在；[2]第二，国企的生产性决定着社区的生

---

[1] 参见殷照玲：《大型国有企业单位制社区空间变迁的个案研究》，华东师范大学硕士学位论文，2012年，第26页。

[2] 参见张静：《阶级政治与单位政治：城市社会的利益组织化结构和社会参与》，《开放时代》，2003年第2期。

活性，单位的国家性决定着个人的社会性；第三，国企与单位是一体的，社区与个人是一体的，但是社区中的个人生活离开国企的单位生产却无法生存，也无法获得其他单位的利益；第四，社区中个人的社会关系源自国企单位的生产关系，国企单位的生产关系决定着社区个人的社会关系，后者的变革与转型取决于前者。① 第五，国企单位的生产性是社区个人生活性，以及整个城市空间的决定性因素。总而言之，社区是国企单位的延伸，国企单位是社区的扩大，两者是一体的，一体的主体是具有生产性功能的国家性工业企业。

通过国家性工业项目建立的大型国有企业，是城市与国家之间的桥梁。改革开放之前，国家以政权的逻辑建立工业化城市，并以这种逻辑运行的城市承载国家建设和治理，而处在国家与城市之间的就是国企。国企是企业的同时，更是一种单位，②同时也是小型的工业化城市；国家靠工业化城市实现工业化转型，具体的机制就是建立国企，国企慢慢扩大为一个工业化城市，可以说工业化的城市就是国企，国企就是工业化的城市，工业化城市是国企的扩大。国企是工业化城市的缩小，工业化城市与国企融为一体，成为承载国家建设和治理的中心所在。

依托国有企业及单位制度的工业城市具有双重功能，即社会主义与工业化。国企是集生产、生活、政治、福利、娱乐等为一体的系统性单位，依据国企而生成的单位制度是国家治理社会的主要手段，国企单位是生产性的同时也具有生活性，但是附属于它的社区只是它的延伸，它的生产性决定了城市社区的社会生活性，社区人首先作为单位人而存在，因此具备了政治

---

① 参见刘建军：《权力、仪式与差异：人类学视野中的单位政治》，《中国社会科学辑刊》，2010 年第 33 期。

② 参见李汉林：《中国单位现象与城市社区的整合机制》，《社会学研究》，1993 年第 5 期。

意义上的统治或者说治理功能，从政治意义上保证了社会主义政权的巩固。[①] 同时，国企是经济性的，归国家所有，它是造就社会主义公有制的最为主导性的力量；在这个时期社会主义公有制的经济基础的建立与否，就是以公有制企业的数量为统计依据的，所以从经济意义上保证了社会主义政权的公有制性质。从一定意义上讲，工业城市只不过是国企的扩大，所以它在支撑国家向工业化转型的同时，也确保了国家的社会主义性质，由此，它具有双重功能。

在城市空间中国家以计划经济为杠杆，以大型工业项目建立的国有企业为单位制度，不仅达到了社会治理的目的，更重要的是以国企-单位为中心建构了工业化城市，并以此工业化城市为支撑点承载国家的工业化转型。国家不仅使整个城市的发展以工业的逻辑为逻辑，而且使生产性国企成为主导生活性社区的决定性因素，这是通过国家的"重重工业，轻轻工业"的发展战略实现的。同时，经由这种战略，政党与国家提倡积累而压制消费；提倡单位的生产性参与，而压制社区个人的生活性参与，民众以生产性的参与创造了社会主义优越性的奇迹，以参与政治运动和组织生活的方式支撑起了国家政权的合法存在。经过近 30 年的努力，由于国企单位与社区个人之间生产性与生活性张力的存在[②]，中国虽然取得了高速的工业化发展，但城市化进程却很缓慢，即出现了低度城市化现象。

---

① 参见刘建军：《单位中国：社会调控体系重构中的个人、组织与国家》，天津人民出版社，2000 年；李路路、李汉林：《中国的单位组织》，上海人民出版社，2000 年；李路路：《论"单位"研究》，《社会学研究》，2002 年第 5 期；李汉林：《中国的单位社会》，上海人民出版社，2004 年。

② 参见路风：《单位：一种特殊的社会组织形式》，《中国社会科学》，1989 年第 1 期。

三、低度城市化的替代性解释

改革开放前,中国城市化发展过程中的一个重要特征便是低城市化现象。中国的这种低城市化现象与"许多发展中国家的过度城市化(over-urbanization)现象正相反,它表现为高速的经济增长与工业发展,却没有与之相平行发生的城市人口增长"[1]。这就是我们所讲的工业发展与城市发展形成的两张皮现象。对于造成这种现象的理论解释有很多,[2]但是从政党通过城市推动国家建设和治理机制方面来解释的学术著作比较稀少。

随着现代化(工业化)的推进,城市化程度也随之提高,这几乎是无法避免的现象。[3] 发达国家的经验告诉我们,一般来讲城市化与工业化是相伴而

---

①　Li Zhang, *China's Limited Urbanization: Under Socialism and Beyond*, Nova Science Inc., 2003, pp.2-3.

②　Ofer 认为超赶型工业计划与降低工业化成本的资本密集型生产技术,以及劳动密集型的农业生产,是导致这种现象的主要因素。See Ofer, Gur, 1977. 'Economizing on urbanization in socialist countries: historical necessity orsocialist strategy?' in A. A. Brown and E. Neuberger (eds.), *Internal migration: acomparative perspective*, pp.287-304. Academic Press. He 认为社会主义的发展战略与历史遗产共同导致了这种低度城市化现象。Fallenbuchl 认为一个比较高水平的收入平等、完全就业与不同地区间统一的经济社会发展,造就了这种现象。See Fallenbuchl, Zbigniew, Internal migration and economic development undersocialism: the case of Poland', in A. A. Brown and E. Neuberger (eds.), *Internal migration: a comparative perspective*, Academic Press, 1977, pp.305-327. Sjoberg 认为投资方式与企业行为是导致这种现象的主要决定因素。See Sjoberg, Orjan, 1992. 'Underurbanization and the zero urban growth hypothesis: diverted migration in Albania', *Geografiska Annaler B*, 74B (1):3-19. Sjoberg, Orjan, 1999. 'Shortage, priority and urban growth: towards a theory of urbanization under central planning', *Urban Studies*, 36(13): 2217-2236.

③　See Davis, Kingsley, The Urbanization of the Human Population, Scientific American (1965), in Richard T. LeGates, Frederic Stout, *The City Reader*, 5th Edition, 2011, pp. 20-30.

生的,"在处于持续均衡的经济中,城市化可能是一系列事态发展的结果:开始是出现需求和贸易上的变化,这种变化导致工业化,并引起劳动力从农村向城市职业的不断流动"[1]。工业化发展的同时,会引起人口从农村到城市的转移,实现农民的非农业职业化,呈现金斯利口中的真正意义上的城市化。但是城市化作为一种结果,它不仅与工业化有着关系,而且与其他过程有着紧密的关系,"影响城市化过程的因素有预期的收入与就业、政府支出的分配、各种各样的社会因素、以及生产结构的变化"[2]。由此,工业化与城市化之间的关系并不是固定不变的,它们两者之间的关系在不同的历史时间段、不同的地域、不同的国家,甚至相同国家的不同历史时期,都会呈现复杂多样的关系形态。[3]

就中国来讲,它的城市化与工业化或者经济发展之间的关系就别具一格。中国通往城市化的道路被认为是独一无二的。[4] 虽然可以将它归类到发展中的社会主义国家(Developing Socialist Countries)的城市化行列,但是与它们相比也具有自身不同的特征和不同的特点。[5] 它既不同于发达国家

---

[1][2] [美]H. 钱纳里、M. 赛尔昆:《发展的型式:1950—1970》,李新华等译,经济科学出版社,1988年,第68页。

[3] "在城市化和工业化的不同阶段,城市化工业化的具体关系有所区别。具体而言,在工业化初期,工业发展所形成的聚集效应使工业化对城市化产生直接和较大的带动作用;而当工业化接近和进入中期阶段之后,产业结构变化和消费结构升乍用超过了聚集效应的作用,城市化的演进不再单纯表现为工业比重上非农产业比重上升的拉动。"参见易承志:《城市化、国家建设与当代中国农民工民权问题研究》,中央编译出版社,2013年,第53页。

[4] See Lardy, Nicholas R, *Agriculture in China's modern economic development*, 1983, Cambridge University Press. Yong, Denis and Deng, Honghai, *Urbanization, agriculture and industrialization in China*, 1952 – 91, Urban Studies, 1998, 35(9):1439 – 55. ong, Xiao – Yuan and Putterman, Louis, 2000. 'Preform industry and state monopsony inhina', *Journal of Comparative Economics*, 28:32 – 60.

[5] 参见陈金永:《试析社会主义国家城市化的特点》,《中国人口科学》,1990年第6期。

"平行城市化"（parallel - urbanization）经验，在发达经济体中城市化进程一般与经济发展水平，尤其是工业化水平紧密相连；又没有复制许多发展中国家的"虚假城市化"（pseudo - urbanization）形态，在这些发展中国家城市人口的增长远远超过经济发展的水平。[①]

Ebanks 与 Cheng 指出尽管中国的总体城市人口是很庞大的，但是直到20 世纪 80 年代中国的城市化率一直在较低水平浮动。Ran 与 Berry 同样认为在改革开放前 30 年中，如果说中国不是去城市化的话，那么中国也一直处于低城市化状态。[②]　这些学者的论点都被数据所证明。由图 5.5 可知，从

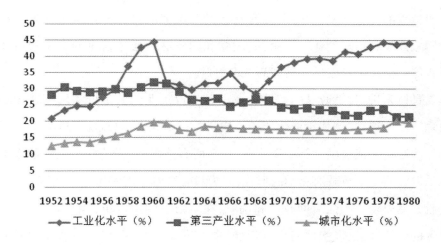

图5.5　中国工业化水平、第三产业水平、城市化水平比较（％）

资料来源：国家统计局

---

① 参见［美］H. 钱纳里、M. 赛尔昆：《发展的型式：1950—1970》，李新华等译，经济科学出版社，1988 年，第 70 ~ 137 页。

② See Ebanks, G. Edward and Cheng, Chaoze, 1990. 'China: a unique urbanization model', *Asian - Pacific Population Journal*, 3(5):29 - 50. Ran, Maoxing and Berry, Brian, *Underurbanization policies assessed: China, 1949—1986*, Urban Geography, 1989, 10 (2):111 - 120. In Li Zhang, *China's Limited Urbanization: Under Socialism and Beyond*, Nova Science Inc. , 2003, p.4.

1952 年到 1980 年,中国的城市化水平远远低于中国的工业化水平,甚至比第三产业水平还要低。中国的城市化水平一直处于较低水平,近 30 年的平均城市化率为 17%,出现低度城市化现象。同时,第三产业的水平也一直低于工业化水平。

低度城市化现象与政党通过城市推动国家建设和治理战略息息相关。中国作为后发展国家,要实现国家从传统农业国家到现代工业国家的转型,必须依赖国家的力量。加之,现代工业转型必然发生在城市空间,并以城市建设和发展为推动机制;但是对于后发展国家的中国来讲,城市并不是作为一股独立的力量在发挥作用,而是在政党和国家的塑造与控制之下发挥推动国家建设和治理的作用。由此,政党和国家必须通过自身的意志塑造并培育能够支撑国家建设和治理的城市力量。

具体来讲,就是通过国家性工业项目建设工业化城市推动国家建设和治理。然而这种"现代工业化所需要的资本过于庞大,以致非西欧社会现存的经济结构无法提供。其结果就是,几乎所有情况下,无论什么工业的发生都采取政府支配或政府资助的形式,因为只有政府才能安排必要的资本"①。这就必然要求一个强大的政党和国家,在城市空间中以单位的生产性控制社区的生活性,提倡积累而抑制消费;在城乡关系上,利用剪刀差使农村的资源支撑工业化城市的发展;在国际关系领域,出口原材料以换取技术、设备与外汇。这种政党和国家通过培育支撑国家建设和治理需要城市力量的战略,使"中国有了一个强大而现代化的政府,这个政府能调动资源和安排轻重缓急,它面对那些急于输出工业品和技术以换取市场和原料的发达国

---

① [美]贝拉:《德川宗教:现代日本的文化渊源》,王晓山、戴茸译,生活·读书·新知三联书店,1998 年,第 234 页。

家,这在历史上还算是第一次"①。

　　中国的这种政党通过城市推动国家建设和治理的战略与先发展国家不同。在先发展国家中,城市主要作为一股由市场为主体支撑独立发展的力量,城市所内含的工业化基因,自发地在城市空间中产生了生产体系、阶级体系与国家体系的转型,所以由它所拉动的农村人口的城市职业化是不受国家"调控"或者"计划"的,农业人口的城市职业化数量是以工业化进程为限度的,只要国家的工业化进程能够容纳农业人口的城市化,城市化水平便可以推进。由此,它们的城市化水平与工业化水平是相吻合的。然而中国的情况则是国家在资源极端短缺的情况下,塑造国家需要的城市类型以推动国家的工业化转型。城市人口的大量增长意味着积累的消耗和消费的增加,所以必须控制城市人口将更多的资源用于工业化建设。通过国家大型工业项目建立的国有企业既是经济发展体,以推动国家工业转型;同时又是一个单位控制体,严格控制城市人口的数量。另外,还有户口制度的配合,这就造成了一个综合性的局面:没有城市户口便不可能进入城市,更不可能进入单位。② 在城市制度要素中一系列制度:单位制度、户口制度、分配制度等的配合下,不可能发生自下而上、自农村到城市的自发城市化;只有在国家工业化生产需要的情况下才自上而下地允许农村人口的城市职业化。由此,国家首先塑造工业化城市,在这种城市中提倡积累而抑制消费。这就自然而然的要求国家"强调人口流动就象其它生产力因素的调配一样,要服从

---

　　①　［美］吉尔伯特·罗兹曼:《中国的现代化》,国家社会科学基金"比较现代化"课题组译,江苏人民出版社,2010 年,第 219 页。

　　②　See Chan, Kam Wing and Li Zhang, The Hukou System and Rural - urban Migration: Processes and Changes, *The China Quarterly*, Volume 160, Issue 1, 1999, pp. 818 - 855.

中央计划经济，人口迁移应'有计划'进行"①。由此，为了国家的工业化转型，城市化变成了辅助品，出现工业化与城市化之间的"差距"现象，即低城市化现象。

另外，分散的工业化不会产生高水平的城市化现象。"一五"计划到"五五"计划期间，国家性工业项目的建立大部分集中于中西部地区：一方面与第三产业相比，工业部门自身所创造的就业岗位少，它的城市化效应比较低；另一方面中西部地区人口较少，没有城市化发展的人口基础；由工业项目而建立的城市比较分散，分散的工业城市无法产生规模经济，也就无法产生集聚效应；那么因规模经济与集聚效应所引发的农村人口向城市的迁移也就不存在，高度城市化也就无从产生。

"近代以降，中国现代化主要体现为工业化，始于晚清的办厂热潮和孙中山等人提倡和实行的实业建国就是佐证。城市则是工业化的副产品。"②在这种战略的实施过程中，政党和国家通过自身的意志以计划经济的手段，以大型工业项目为依托，建立支撑国家工业化转型的工业化城市，配合单位制度、户籍制度、街居制度等，控制人口从农村向城市的迁移，从而形成长时段的城市化水平低于工业化水平的低度城市化现象。③

---

① K. J. Kansky, *Urbanization under socialism: the case of Czechoslovakia*, Praeger Publishers. Jiři Musil, Urbanization in Socialist Countries, M. E. Sharpe, 1980. 转引自陈金永：《试析社会主义国家城市化的特点》，《中国人口科学》，1990 年第 6 期。

② 叶国文：《农民、国家政权与现代化——当代中国土地问题的政治学研究》，复旦大学博士学位论文，2006 年，第 6 页。

③ 参见陆铭：《中国如何城市化?》，载于黄亚生、李华芳：《真实中国：中国模式与城市化变革的反思》，中信出版社，2013 年，第 68 页。

第六章
发展城市：社会主义市场经济下的城市化实践

改革开放之后的中国仍然遵循政党通过培育城市推动国家建设和治理的逻辑，只不过城市推动国家建设和治理的模式发生了变化。改革开放之前政党通过培育城市推动国家建设和治理战略，不仅导致城市发展的国家意志化，而且导致国家工业化转型的挫折；但是中国仍然遵循后发展国家通过城市推动政党，通过培育城市推动国家建设和治理的战略。1978 年以后的中国同样需要培育城市力量以推动政党通过培育城市推动国家建设和治理，只不过它必须转变城市力量推动政党通过培育城市推动国家建设和治理的模式，避免以前的弊端，而走向城市力量推动政党通过培育城市推动国家建设和治理的良性模式。

第一节　市场经济背景下的城市转型

改革开放后中国的城市发展向社会主义市场经济方向转变。"近 30 年来，中国处于社会主义计划经济向'社会主义市场经济'的转型中。尽管采用了市场逻辑，但国家仍视自己为指引规范经济的最终规划师。由此可见，社会主义市场经济中的'社会主义'意味着轻政治意识、重中国共产党领导和国家计划。……虽然，国家所用的路径并非总是一致，但毫无疑问的是国家转向了发展主义模式。"①中国城市的数量增多，城市的人口增长，城市的生活更加丰富多彩，这些变化只不过是城市变化中的一些表面现象，更深层次的变化在于政党与国家对城市化发展的判断和实践在城市空间的变迁，市场化改革、全球化等都是其中重要的过程。中国的城市发展开始呈现一幅更加依照城市自身规律发展的画面，它们在一定程度上从一味听命于中央指令过渡到主动融入地方自身的发展，成为城市自身发展的主导者。

一、工业城市推动国家现代化建设模式的稳固性

改革开放前30年的城市化战略基于先积累后消费的原则，使一系列系统性制度形态在城市空间形成，并支撑国家政权的巩固与国家工业化转型。优先发展重工业的国家工业化战略，使国家依靠工业城市推动工业化转型模式，形成了"城乡之间相互隔离和相互封闭的城乡二元经济结构和'二元社会'。这里所说的'二元社会'结构，是指政府对城市和市民实行'统包'，而对农村和农民则实行'统制'，即由财产制度、户籍制度、住宅制度、粮食供给制度、副食品和燃料供给制度、教育制度、医疗制度、就业制度、养老制度、劳动保险制度、劳动保护制度、甚至婚姻制度等具体制度所造成的城乡之间的巨大差异，构成了城乡之间的壁垒，阻止了农村人口向城市的自由流动"②。农村成为城市的依附，城市成为国家政权巩固与工业化转型的支撑。

以国有企业为代表的工作单位成为国家政权巩固与工业化转型的重要

---

① ［美］范芝芬：《流动中国：迁移、国家和家庭》，邱幼云、黄河译，社会科学文献出版社，2013年，第3～4页。

② 周蜀秦：《中国城市化六十年：过程、特征与展望》，《中国名城》，2009年第10期。

支撑机制。国家通过国有制工作单位来组织城市,计划生产与调配消费,单位制度不仅是生产性的,而且是国家与社会的总调配实体,它"实施着服务规定、房屋开发和分配,以及社会管理的职能"①。这个时期中国的生产性资源与消费性资源不是通过市场机制配置与社会机制分配来实现,而是通过生产性单位来实现的,"在一个城市社区中,社会成员总是隶属于一定的单位,一旦社会成员进入某一个工作单位,那么他的基本需求的满足与实现以及在社会上行为的权利、身份和地位就有了最根本的保障"。国家对生产性资源的分配,"对社会的整合与控制,不是直接面对一个一个单独的社会成员,更多的是在这种独特的单位现象的基础上,通过单位来实现的"②。由此,作为个体的国家成员在国有企业单位中并不是契约雇佣关系,而是包含生产、政治、生活、分配与福利等所有方面的整体性全民关系。

　　单位是工业化城市的缩小,它是集生产性、生活性与政治性于一身的制度形态与现实实体,是支撑国家建设和治理的完整系统。作为直接承载国家工业化转型的生产性特征是生活性与政治性的基础,生活性特征是生产性的延伸,政治性特征则是单位生产性与生活性的保障。国家以单位制度为触媒,在生产性、生活性、政治性与再分配方面发挥着绝对的主导作用。③国有企业单位将生产、再生产、消费、生活、分配、政治,甚至文化关系都一一囊括在内,成为自洽的整体性系统。由此,吴缚龙先生才有了这样的判断:

---

　　① 吴缚龙:《退离全能社会:建设中的中国城市化》,载于[美]理查德·T. 勒盖茨、[美]弗雷德里克·斯托特:《城市读本中文版》,张庭伟、田莉译,中国建筑工业出版社,2013 年,第 611 页。

　　② 李汉林:《中国单位现象与城市社区的整合机制》,《社会学研究》,1993 年第 5 期。

　　③ See Nee , Victor. 1991. Social Inequality in *Reforming State Socialism* :*between Redistribution and Markets in China* American Sociological Review,1991,56:267–82.

"过去在中国'单位'才是最重要的积累单元,城市并不重要。"①其实并不是城市不重要了,只不过城市是一个个国企单位的组合,城市是单位的扩大,单位是城市的缩小,"城市社区的每一个单位组织都在不同程度上形成为一个功能多元化的综合体。国家通过单位为个人提供各种各样的社会服务,满足个人最基本的社会经济需求。单位在提供社会服务的过程中,同时给予了单位成员在单位内外行为的身份、权力(利)和地位。对于每一个单位成员来说,这同时也意味着,他必须全方位地依赖于单位才能够满足自己的基本需要,实现自己的行为目标,进而同时也取得在社会上行为的身份、地位和资格"②。这一机制甚至在改革开放之后还继续发挥着作用,是导致城市间发展不平等的重要因素。③

"单位—城市—社区"结构,支撑着整个国家政权与转型过程。以单位为中心形成的自洽的系统性统一体,只要以国家意志主导城市发展意志的追赶型工业化转型目标不变,即使国家工业化转型的挫折达到改革这一系统性统一体的临界点,想从这一系统性结构的内部进行改革是十分困难的。同时,如果以国家的强制性力量强制解体这一系统性结构,因为没有替代性结构的递补,那么国家政权巩固与现代化转型则缺失了基础性治理体系的支撑,国家治理可能会存在崩解的危险。所以只能从外部进行倒逼式改革,这个外部因子便是乡镇企业。

---

① 吴缚龙:《退离全能社会:建设中的中国城市化》,载于[美]理查德·T.勒盖茨、[美]弗雷德里克·斯托特:《城市读本中文版》,张庭伟、田莉译,中国建筑工业出版社,2013年,第611页。

② 李汉林:《中国单位现象与城市社区的整合机制》,《社会学研究》,1993年第5期。

③ 参见王丰:《分割与分层:改革时期中国城市的不平等》,浙江人民出版社,2013年,第8~9页。

二、乡镇企业与小城镇发展

城市空间中国家权力要素主动有限度地退却，与市场经济代表的市场要素的发展，给城市带来了更加自主性的力量。全能型国家权力要素主动退却，使城市开始按照社会主义市场经济的逻辑生长、发展，治理制度中的单位制度开始变迁，社区制度成为新的支撑性要素，各类社会组织产生并参与城市公共事务，这推进了城市力量向更加发展型的方向演进。在城市空间的呈现上，与"1950—1976 年的中国城市都被设计成能够扩展自给自足的工业单位"相比，这些演进在"90 年代之后的城市中则出现了很多商业中心、金融中心、贸易中心等"①。据《解放日报》报道，1994 年中国城市的总数已经达到 570 个，是 1978 年前的 3 倍，是 1949 年中国共产党刚建立新政权的时候的近 9 倍，新兴城市在全国城市总数中约占 87.9%，随着消费城市向生产城市的转变，撤县建市的城市有 300 个之多，约占全国城市总数的半数以上。②

然而这一系列的变化并不是首先从城市开始的，因为支撑中国工业化转型的系统性结构无法轻易从内部被改革。以"一五"计划的 156 项工业工程为起点，中国建立了一整套支撑国家工业化转型的城市体系，这种城市体系以工业企业为中心，是工业企业的扩大，而工业企业是缩小的城市，整个城市被虚化，单位成为支撑城市的生产性实体，企业－单位的生产性决定了城市－社会的生活性，从而建构了以社会主义为价值取向的一系列国家制度。所以要改变上述战略的弊端，走的是"农村包围城市"的道路，即只能采

---

①　Deborah Davis，*Urban Spaces in Contemporary China：The Potential for Autonomy and Community in Post－Mao China*，Cambridge University Press，1995，p.2.

②　参见《解放日报》，1994 年 7 月 2 日。

取外围突破的方法。此种方法借以发挥作用的要素来自乡镇企业。

乡镇企业激活了社会主义市场经济的要素。80年代的改革是从农村开始的,家庭联产承包责任制解放了农村的剩余劳动力,"在十一届三中全会政策改变后,农村繁荣起来了,农村搞多种经营了,由单一性的自给自足经济进入一个商品化经济"①。市场要素首先在农村复活,它的复活在政府的预料之外撬动了乡镇企业的产生。② 同时,20世纪80年代,国务院《全国城市规划工作会议纪要》指出"控制大城市规模,合理发展中等城市,积极发展小城市"的方针,为小城镇的发展提供了政治合法性。以此为政策指引,在牢不可破的城市边缘——农村——出现了乡镇企业。

乡镇企业的出现以苏南地区最为先导。费孝通先生在《小城镇大问题》中指出:"由于以粮为纲,搞单一经济,取消商品生产,农民不再有商品到镇上销售,小城镇自然也就失去了作为农副产品集散中心的经济基础。从小城镇方面看,由于提出变消费城为生产城,搞商业国营化,集体和个人的经商受到限制和打击,居民无以为业,不得不到处找活路,小城镇留不住居民,人口下降。"③同时他也强调指出:"如果我们的国家只有大城市、中等城市,没有小城镇,农村里的政治中心、经济中心、文化中心,就没有腿……要把小城镇建设成为农村的政治、经济和文化中心,小城镇建设是发展农村经济、解决人口出路的一个大问题。"④加之,"文化大革命"期间大中城市工业企业无法有序生产,"现在所谓离土不离乡的遍地开花的社队小工业,根植于农

---

① 费孝通:《小城镇在四化建设中的地位和作用》,载于《论小城镇及其他》,天津人民出版社,1986年,第8页。
② 参见陈永发:《共产革命七十年》(下),联经出版事业公司,1998年,第880~881页。
③ 费孝通:《小城镇大问题》,载于《论小城镇及其他》,天津人民出版社,1986年,第27~28页。
④ 同上,第18页。

工相辅的历史传统,地少人多,农工相辅是社队工业发展的内因"①。然而由于工业的发展需要"一个集中的地方。这个地点一要交通便利,二是对来自各个村庄的务工社员来说地理位置适中,这两个要求使社队工业找到了处于衰落的原有小城镇"②。基于此,乡镇企业(社队工业)狭处逢生。

社队工业(乡镇企业)所代表的工业化进程,与小城镇的结合,首次为改革开放的中国呈现了一条工业化与城市化相辅相成的道路。"自1980年中国经改以来,沿海农村的乡镇企业扮演了关键性的角色,带动了农村的工业化和所得增长。"③20世纪80年代以后,乡镇企业产值以平均每年30%以上的速度发展,上缴国家的税收和利润也以平均每年25.7%与33.2%的速度增长。乡镇企业在全国的经济地位迅速上升。同时,乡镇企业也吸纳了大量的农村剩余劳动力(图6.1),"中国的城市化首先表现为农村人口向小城镇转移而非传统意义上的大中城市吸纳农村人口的过程"④。

由乡镇企业就业结构分布可知,这个时期的乡镇企业仍然受到工业化城市发展战略的影响,工业就业人口所占比重仍然超过70%,最高甚至达到80.1%,占到所有乡镇企业总就业人口的4/5,呈现一枝独大的局面;然而能够大量吸纳农村剩余劳动力的第三产业的就业人口吸纳能力,则仍然在较低水平徘徊,近20年间的年平均人口吸纳率只有15.1%(图6.1)。由于乡

---

① 费孝通:《小城镇大问题》,载于《论小城镇及其他》,天津人民出版社,1986年,第33~34页。

② 同上,第35~36页。

③ 陈志柔:《当代中国农村制度转型的地方差异》,《"中央"研究院周报》,2005年第1032期。

④ 周蜀秦:《中国城市化六十年:过程、特征与展望》,《中国名城》,2009年第10期。

镇企业本身就业结构的局限,它无法吸纳所有的农村剩余劳动力①,所以自由劳动力只能涌向大、中城市。

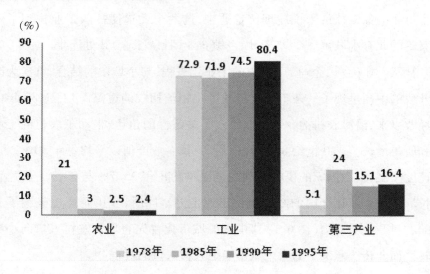

图6.1 乡镇企业就业结构(%)

资料来源:国家统计局:《中国统计年鉴1996》,中国统计出版社,1997年,第388页。

同时,1988年到1991年的三年治理整顿,限制了乡镇企业的发展。这一措施表现在控制乡镇企业贷款数额,压缩基础建设规模,关闭了一批经济效益差、浪费能源材料、污染严重的企业。② 这一时期乡镇企业对就业人口的吸纳减少了300万人次,到1991年乡镇企业的就业人数只有9609万人。③乡镇企业的这种变化,促使自由劳动力向城市流动,开始慢慢撬动城市市场

——————————

① 农村剩余劳动力应是在农产品供给满足社会需要的条件下,其劳动边际产量等于零的那部分劳动力;或者说,农村剩余劳动力是农业稳定增长,并且满足社会需要条件下的农业闲置劳动力。只有这部分农村劳动力才可以向非农产业转移。参见周振华:《现代经济增长中的结构效应》,上海人民出版社,1995年。

② 参见胡必亮、郑红亮:《中国的乡镇企业与乡村发展》,山西经济出版社,1996年,第42页。

③ 参见国家统计局:《中国统计年鉴1992》,中国统计出版社,1993年,第389~391页。

要素的复活和城市化进程的打开。

三、社会主义市场经济与生活性城市

乡镇企业引发的连锁反应,激活了城市市场要素,启动了中国的城市化进程,使中国的国家转型从以工业化推动走向以市场机制为主导的城市化推动转向。[①] 农村的自由劳动力开始进入大中城市,成为城市化发展的重要触媒。"随着'短缺经济'时代的告别,乡镇企业在 20 世纪 90 年代中期发展到顶峰后开始衰落。"[②]乡镇企业所释放的农村自由劳动力进入城市,城市市场化改革由农村的自由劳动力激发,自由劳动力要素、资本要素,以及土地要素开始聚集,并在城市中运作。1984 年党的十二届三中全会《中共中央关于经济体制改革的决定》指出:"要充分发挥城市的中心作用,逐步形成以城市特别是大、中城市为依托的,不同规模的,开放式、网络型的经济区。"这推动了以大中城市为中心的社会主义市场经济体制的全面改革,逐渐推进了城乡商品经济的发展。[③] 与 20 世纪 80 年代以工业化推动经济增长的方式不同,20 世纪 90 年代开始,中国告别"消费品需求拉动的经济增长阶段,进入一个城市化推动的经济增长新阶段"[④]。也就是说,工业化的逻辑让位于城市化的逻辑,国家意志的逻辑让位于城市自身发展的逻辑。这说明中国

---

① 参见盛广耀:《中国城市化进程与展望》,载于牛凤瑞、潘家华:《中国城市发展30年(1978—2008)》,社会科学文献出版社,2009 年,第 65 页。

② 周蜀秦:《中国城市化六十年:过程、特征与展望》,《中国名城》,2009 年第 10 期。

③ 参见刘石吉:《小城镇经济与资本主义萌芽:综论近年来大陆学界有关明清市镇的研究》,《人文及社会科学辑刊》,1988 年第 1 卷第 1 期。

④ 周振华:《增长轴心转移:中国进入城市化推动型经济增长阶段》,《经济研究》,1995 年第 1 期。

已经开始将城市化视为现代化的主要实现形式,①只不过这种城市化体现的是城市自身发展的逻辑。

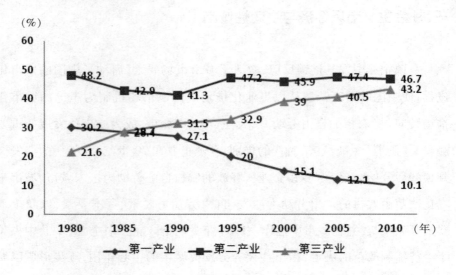

图 6.2　中国三大产业发展水平

资料来源:国家统计局

　　改革开放以后,中国开始告别生产城市主导的国家建设和治理,迈向生活化城市主导的国家转型。"城市各行各业都获得了巨大的发展,市场作用日益扩大,城市经济也逐渐由封闭走向开放。城市经济活动不再局限于自身,而是成为周边区域的生产、贸易和服务中心。三大产业结构发生重大调整,生产部门不再是城市尤其是那些非经济中心城市最重要的部门,贸易和服务部门的重要性迅速上升,城市功能也由单一的生产基地转变为生产、贸

---

　　①　参见文贯中:《政府主导城市化恶化了城乡收入差》,载于黄亚生、李华芳:《真实中国:中国模式与城市化变革的反思》,中信出版社,2013 年,第 71 页。

易、金融、科教文卫等综合功能的集合。"①虽然工业化发展水平从 1980 年的 48.2% 到 2010 年的 46.7%，其平均水平仍然高达 45.7%，没有多大的降低。但是与掠夺型城市力量推动国家转型模式不同的是，这一时期的第三产业得到巨大发展，从 1980 年的 21.6% 到 2010 年的 43.2%，增长速度达到了 100%。（图 6.2）这明显体现出城市生产性的消退，生活性的提升。城市封闭性的打破，城市第三产业的发展，城市功能的多样化，都表明城市的发展开始摆脱先积累后消费的模式。②

第二节　市场化的"市"与快速城市化

"十二五"规划纲要提出要积极稳妥地推进城市化，城市化被看作经济、社会发展的最为重要的引擎。但是对于领导人来讲，"任何关于城市化的决策对于具有巨型领土与人口、有限的资源，与城乡二元分化的国家来讲，都是一个痛苦、巨大的挑战。很明显，如果中国最大部分地区的劳动力仍在从事农业活动，它的经济仍然是农业经济的话，那么，我们将不能说中国变得现代化了。面对这些人口与经济的压力，如何使中国走向现代化与城市化，将是一个越来越重要的学术与政策研究课题"③。

---

① 牛凤瑞、潘家华等：《城市蓝皮书——中国城市发展报告 No. 1》，社会科学文献出版社，2007 年，第 2 页。

② 参见张军：《市场、经济转型与国家能力：中国的经验》，载于张军：《市场、政府治理与中国的经济转型》，格致出版社，2014 年，第 14 页。

③ Li Zhang, *China's Limited Urbanization: Under Socialism and Beyond*, Nova Science Inc. , 2003 , p. 1.

一、市场要素在渐进中生成

从实然方面讲，从国际大背景看，市场配置资源已经成为世界上大部分国家配置资源的基本方式，并且被证明是有效的资源配置方式；1978年中国也开始了市场化改革，1992年明确提出建立社会主义市场经济体制。从应然方面讲，在市场化推动城市发展的大背景下，中国还需要"遏制地方政府搞城市行政升级的冲动。不仅不能再继续搞城市行政界别升级，而且要走相反的道路，就是要通过城市行政体制改革，大大缩短城市的行政层级和政府规模"①。依照城市的内在发展规律建设城市，只有这样才能驱使市场要素开始生成。

市场要素生成是渐进的。② 中国在保证基本的社会主义制度不变的情况下，走上了以增量改革为路径的市场化改革道路。③ 这就是科斯所谓的"边缘革命"。中国的市场化改革从"承包制、乡镇企业、个体户和经济特区"四个重要的"边缘力量"开始，由非国营经济引导，逐步倒逼处于中心地位的城市社会主义公有制发生变革。④ 在历经将近30年的努力后，从20世纪80年代到21世纪初，虽然有反复起伏，但是中国的市场要素已初步建立。"在1979—1993年间，增量改革在全国范围内得到了全面推行。但是，国有部门改革的滞后和各种寻租行为的出现，迫使改革向以国有部门为攻坚重点的纵深方向推进。1993年的十四届三中全会确定了建立社会主义市场经济的

---

① 郑永年：《中国如何避免城市化陷阱?》，《联合早报网》，2013年8月6日。
② 参见盛洪：《从计划均衡到市场均衡》，《管理世界》，1991年第6期；林毅夫、蔡昉、李周：《论中国经济改革的渐进式道路》，《经济研究》，1993年第9期。
③ 参见樊纲：《两种改革成本与两种改革方式》，《经济研究》，1993年第1期。
④ 参见[英]罗纳德·哈里·科斯，《变革中国：市场经济的中国之路》，王宁译，中信出版社，2013年。

改革目标，并已开始涉及财税、金融、企业体制等核心领域，标志着改革的整体推进。1997年党的十五大，进一步将改革重点转向国有企业和政府机构改革。至今，社会主义市场经济体制在中国已经基本建立。"①

二、从工业化的"城"到市场化的"市"

随着市场要素的生成，中国的城市也在由以工业化为主导向以市场化与生活性为主导转变。随着社会主义市场经济的建立，"市场改革下中国城市，呈现出一个前所未有的多样和异质水平"②。"'重生产，轻生活'，以工业生产为城市核心职能的片面发展观得到了根本扭转，第三产业发展迅速，城市产业结构得到了逐步改善；随着市场化进程的逐步深入，各类企业单位和城乡居民逐渐成为国民经济的活动主体，城市建设活动由单一的国家计划投资转化为计划内和计划外，（形成）国家、集体和个人，内资、外资与合资等多元化的投资格局。"③

这说明中国共产党在追求现代化的道路上，"从以刚性教义为信仰系统的社会主义社会，向以柔性发展为普世理论的现代化社会主义社会转进的倾向，这包括经济改革、科技发展社会所有制改革、政治改革、思想解放和现代性价值的建立，从而将一个神圣集体主义社会向多元社会变迁"④。以上海为首的超大城市为例，它们由"'工业生产型城市'向多职能的中心城市

---

① 付磊：《转型中的大都市空间结构及其演化：上海城市空间结构演变的研究》，中国建筑工业出版社，2012年，第72页。

② 吴缚龙：《退离全能社会：建设中的中国城市化》，载于［美］理查德·T.勒盖茨、弗雷德里克·斯托特：《城市读本中文版》，张庭伟、田莉译，中国建筑工业出版社，2013年，第615页。

③ 付磊：《转型中的大都市空间结构及其演化：上海城市空间结构演变的研究》，中国建筑工业出版社，2012年，第311～312页。

④ 姜新立：《后社会主义中国发展转型论》，《东亚季刊》，1999年第2期。

转变,城市的商业服务、商务办公和文化娱乐等功能不断强化。另一方面,城市规模的扩大与城市内部用地结构的重组同步展开,城市用地扩展迅速,大批成片居住区、工业园区和各类开发区相继崛起;与此同时,大规模的城市中心区改造使工业用地向城市外围迁移,工业用地在城市用地结构中的主导地位得到了明显改观,城市的综合服务功能不断强化,城市空间结构趋向多元化。因此,从发展的总体趋势来看,市场化进程中宏观经济政策的调整和城市建设指导思想的转变,共同推动城市空间结构的'市场有序'化"①。

中国城市从生产性向生活性的一系列变化,说明以"提高人民的物质文化水平,为人民服务"为目的的城市开始成为国家建设和治理的推动力量。这种类型的城市与工业化城市不同,其根本特征在于:让所有的城市市场获得发育,让所有的城市居民获得生活的可能性与现实性;前者发育的是"市",后者发育的是"城"。单位解体,社区出现,整个城市开始转型。在这样的城市转型当中,国家的现代要素开始成长起来,现代的国家性制度要素——城市组织与市民的参与制度、经济契约制度、社会保障制度、文化创新发展制度等等,在城市空间中形成并发展。"把市场发展作为社会进步的驱动,国家有必要去管理新出现的社会复杂性、分工和流动性。这将驱使国家本身与社会脱离,使其成为现代意义上的国家机器,其后果是社会管理的专业化,以及社会开支的增加。在中国城市里,我们将看到的是国家和社会的现代化,随之而来的是更多的社会生活官僚化。因此,国家不能像在全能社会中那样嵌入社会中,而是要站在社会的对面,调解各种社会的争论和冲

---

① 付磊:《转型中的大都市空间结构及其演化:上海城市空间结构演变的研究》,中国建筑工业出版社,2012 年,第 312 页。

突,而不是作为一种直接的资源分配工具。"①也就是说,城市现代制度的出现开始带动中国走向"多层次、多阶段的历史过程"②,即现代化转型。

三、低城市化现象的隐退

低城市化现象一直持续到改革开放之后的一段时期。"将中国的经验与世界其他国家在一个更加广泛的途径上进行对比,我们会发现,虽然后改革时期中国的城市化过程几近于与经济发展水平相连接,但是,除了一些较短暂的时期以外,一般来说中国仍然处于低城市化现象阶段。"③

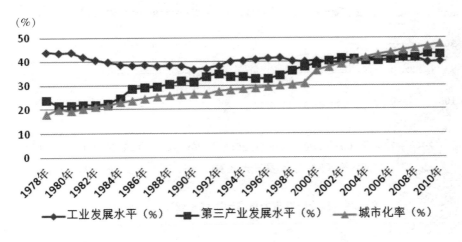

图 6.3　改革开放以后中国的低城市化现象 1978—2010 年

资料来源:国家统计局历年数据

---

① 吴缚龙:《退离全能社会:建设中的中国城市化》,载于[美]理查德·T. 勒盖茨、弗雷德里克·斯托特:《城市读本中文版》,张庭伟、田莉译,中国建筑工业出版社,2013年,第 615 页。

② 罗荣渠:《现代化新论:世界与中国的现代化进程》,北京大学出版社,1993 年,第17 页。

③ Li Zhang, *China's Limited Urbanization：Under Socialism and Beyond*, Nova Science Inc., 2003, p.3.

　　由图6.3可知,虽然从1978年到2002年,中国工业化发展水平与城市化发展水平之间的差距越来越小,但是直到2002年之前,中国的城市化水平一直低于中国的工业发展水平,甚至低于中国的第三产业发展水平,明显的体现为低城市化现象。第三产业的发展水平是城市社会生活提高的一个指向标,从图中可知第三产业的发展水平低于工业发展水平,城市化水平在相当长的时间内仍然低于前两者,这说明从生产性/工业化城市向生活性城市的过渡是一个漫长的过程。

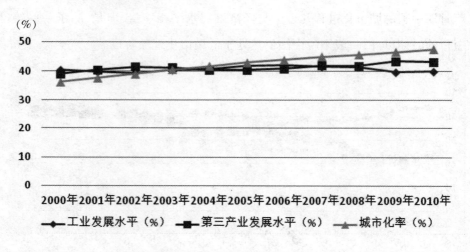

图6.4　发展型城市力量推动国家转型 2003—2010 年

资料来源:国家统计局历年数据

　　这种现象至少经过25年的时间:1978—2003年,2002年中国的城市化发展水平是39.09%,工业化发展水平是39.4%;到2003年城市化发展水平才以微弱优势超过工业化发展水平,两者分别为40.53%与40.5%。此后,才逐渐被高速城市化进程取代(图6.4)。

　　从1952年到2010年中国的工业化发展水平基本上维持在40%左右(平均值为37.46%),工业发展代表的国家工业化转型仍然是国家的中心关注点,工业发展在中国的国家战略中始终处于主导地位。与之相对,虽然第三产业和与之紧密相关的城市化发展水平,从 1978 年之后开始呈增长趋势,但是它们的平均值为 30.4% 与 24.61%,远远低于工业发展平均值。其中城市化发展水平不仅远远低于工业化发展水平,甚至比第三产业的发展水平还低;直到 2003 年,前者才逐渐超越后两者(表6.1)。

表6.1 中国工业发展——掠夺性城力量的持续性(%) 1952—2010 年

年份	工业化发展水平	第三产业发展水平	城市化发展水平	年份	工业化发展水平	第三产业发展水平	城市化发展水平
1952 年	20.88	28.16	12.46	1981 年	41.9	22	20.16
1953 年	23.36	30.37	13.31	1982 年	40.6	21.8	21.13
1954 年	24.63	29.34	13.69	1983 年	39.8	22.4	21.62
1955 年	24.4	28.96	13.48	1984 年	38.7	24.8	23.01
1956 年	27.28	29.19	14.62	1985 年	38.3	28.7	23.71
1957 年	29.65	29.78	15.39	1986 年	38.6	29.1	24.52
1958 年	36.96	28.65	16.25	1987 年	38	29.6	25.32
1959 年	42.73	30.38	18.41	1988 年	38.4	30.5	25.81
1960 年	44.47	31.94	19.75	1989 年	38.2	32.1	26.21
1961 年	31.85	31.7	19.29	1990 年	36.7	31.5	26.41
1962 年	31.21	29.08	17.33	1991 年	37.1	33.7	26.37
1963 年	29.6	26.6	16.84	1992 年	38.2	34.8	27.63
1964 年	31.7	26.2	18.37	1993 年	40.2	33.7	28.14
1965 年	31.8	27	17.98	1994 年	40.4	33.6	28.62
1966 年	34.7	24.4	17.86	1995 年	41	32.9	29.04
1967 年	30.7	25.8	17.74	1996 年	41.4	32.8	29.37
1968 年	28.5	26.7	17.62	1997 年	41.7	34.2	29.92
1969 年	32.3	26.5	17.5	1998 年	40.3	36.2	30.4
1970 年	36.8	24.3	17.38	1999 年	40	37.8	30.89

续表

年份	工业化发展水平	第三产业发展水平	城市化发展水平	年份	工业化发展水平	第三产业发展水平	城市化发展水平
1971 年	38.2	23.8	17.26	2000 年	40.4	39	36.22
1972 年	39.3	24.1	17.13	2001 年	39.7	40.5	37.66
1973 年	39.4	23.5	17.2	2002 年	39.4	41.5	39.09
1974 年	38.8	23.4	17.16	2003 年	40.5	41.5	40.53
1975 年	41.5	21.9	17.34	2004 年	40.8	40.4	41.76
1976 年	40.9	21.7	17.44	2005 年	41.8	40.5	42.99
1977 年	42.9	23.4	17.55	2006 年	42.2	40.9	43.9
1978 年	44.3	23.7	17.92	2007 年	41.6	41.9	44.94
1978 年	44.1	23.9	17.92	2008 年	41.5	41.8	45.68
1979 年	43.6	21.6	19.99	2009 年	39.7	43.4	46.59
1980 年	43.9	21.6	19.39	2010 年	40	43.2	47.5

资料来源:中国国家统计局历年数据

也就是说,2003 年之后中国城市化率提升并不是因为城市的生产性降低,而是因为城市的生活性提升;因为工业化水平的持续性表明城市的生产性一直存在并维持与以前相当的水平。即使城市化发展水平在国内开始超越工业化与第三产业的发展水平,但是直到 2009 年中国的城市化发展,仍然以 46% 的水平低于世界平均值(55%)9 个百分点。[①] 这说明工业化城市战略并没有立即"消退",而是城市化与第三产业发展水平的提高将三者之间的巨大发展差距逐渐消除,而呈现不那么突兀的隐而不退的"隐退"现象。从 2003 年开始,中国才真正开始进入高速城市化发展时期。然而高速增长

---

① 参见李力行:《中国的城市化水平:现状、挑战和应对》,《浙江社会科学》,2010年第 12 期。

的城市化率并不能反映中国城市化发展质量的真实水平①,工业发展的高速性与持续性表明工业化城市发展战略仍然影响着中国,因为从传统农业社会到现代工业社会的转型至今是中国的国家任务。

第三节 中国快速推进的城市化实践

一、快速推进的城市化

改革开放之后,中国进入了城市化快速推进的阶段,党的十九大报告在回顾过去 5 年工作和历史性变革时指出:"城镇化率年均提高一点二个百分点,八千多万农业转移人口成为城镇居民。"②根据国家统计局的数据,2016年我国城镇常住人口比重为 57.35% ,与 2012 年相比,常住人口城镇化率提高 4.78 个百分点,年均提高 1.2 个百分点;城镇常住人口增加 8116 万人,年均增加 2029 万人。③ 而根据 2021 年第七次人口普查的数据,中国城镇常住人口比重为 63.89% ,与 2010 年相比,城镇人口增加 23642 万人,乡村人口减少 16436 万人,城镇人口比重上升 14.21 个百分点,④年均提高 1.4 个百分点,这反映出 2016—2021 年这五年间中国的城镇化速度比上一个五年进一步提升,中国的城市化进程进入了"快车道"。

① 参见王德利、方创琳等:《基于城市化质量的中国城市化发展速度判定分析》,《地理科学》,2010 年第 5 期。

② 习近平:《决胜全面建成小康社会 夺取新时代中国特色社会主义伟大胜利》,人民出版社,2017 年,第 12 页。

③ 参见国家统计局:《国家数据》,https://data.stats.gov.cn/easyquery.htm? cn = C01&zb = A0305&sj = 2020,2021 年 10 月 11 日。

④ 参见国家统计局:《第七次全国人口普查主要数据情况》,http://www.stats.gov.cn/tjsj/zxfb/202105/t20210510_1817176.html,2021 年 5 月 11 日。

改革开放以来,中国的经济成绩举世瞩目,人均收入迈入上中等收入国家水平,中国从低收入国家发展为世界第二大经济体。这一过程中,中国经历了人类历史上规模最大的人口城市化进程,正从乡土中国迈向城市中国。数以亿计的农民从乡村进入都市,从农业转入非农产业,人口结构和就业结构的变化提升了劳动力资源的市场化配置效率,并成为经济发展的全新动力,也不断实现着中国人民的脱贫致富梦想。随着城市化的发展,进城农村人口不断增多,传统城乡二元体制开始受到挑战,由此助推了中国的结构性改革进程,商品和要素的市场化步伐稳中有进,这也使得资源要素的配置得到优化,经济发展的效率得到提升。

在 20 世纪 40 年代,中国只有 69 个城市,城市人口只占 13% 。目前,中国的城市数量是原来的十倍左右,容纳了国家60% 以上的人口。① 中国快速的城市化进程给国家带来了巨大的经济效益和社会效益。1987 年,中国和印度的国内生产总值(GDP)几乎持平,但到 2019 年,中国的 GDP 是印度的 4. 78 倍。城市的发展改善了居民的生活环境,让大量生活在乡村中的民众走入城市,获得享受各类现代化技术与服务的权利。因此,从经济增长和社会发展的角度来看,城市是经济增长的重要组成部分,也是提升一个国家公民生活水平所需要依托的重要平台,在经济和社会的发展中具有重要地位。

印度观察家基金会发文称,在过去几十年里,无与伦比的发展速度是中国城市化最引人注目的特点。中国的人口结构从以农村人口为主向以城市人口为主的转变,正以前所未有的速度推进。通过中国与美印两国的比较,可以更好地理解上述现象。美国花了大约两个世纪,即从 19 世纪到 21 世纪将其人口比例从 2∶8 的城乡人口比转变为 8∶2 的城乡人口比。而在中国,

① 参见国家统计局:《国家数据》,https://data. stats. gov. cn/easyquery. htm? cn = C01&zb = A0305&sj = 2020,2021 年 10 月 11 日。

1950 年才仅有 13% 的人口居住在城市;1951 年,印度的城市化率则为 17.3% 。到 2019 年,根据世界银行估计的数据,中国的城镇化率已超过 60%,而印度的城镇化率仅为 35% 左右。如果考虑这样一个事实:美国用了两个世纪的时间从 20% 的基础达到 80% 的城市化,印度很可能需要两个半世纪,而中国只需要一个世纪。[①] 诚然,中国的城市化速度达到了一个较为快速的阶段,将对中国的社会发展产生一系列深远影响。

二、中国城市与城市中国

党中央在我国"十四五"规划和 2035 年远景目标中提出,要以高质量发展为主题、构建国内大循环为主体、国内国际双循环相互促进的新发展格局,到 2035 年实现经济总量或人均收入翻一番,达到现行高收入国家标准。[②] 作为经济发展的最重要的空间载体,2035 年中国的城市格局将发生巨变。陈玉宇及其研究团队发布的《2035 城市发展新格局》指出,到 2035 年,我国城市化率将提升至 74% , 城市人口将增加至 10.6 亿,增长近 2 亿人。而农村人口将减少至 3.7 亿人。同时,我国头部城市将进入世界一线城市序列,大城市的数量和规模都将增加。根据发达国家城市化发展进程的历史经验,我国人口会持续向都市圈集聚。全球现有 34 个千万级城市,未来 15 年内将会新增 14 个,其中中国现有 6 个,未来 15 年新增 3 个,即武汉、成都、南京。全球现有 51 个五百万级城市,未来 15 年新增 22 个,其中中国现有 11 个,未来 15 年新增 7 个,如长沙、苏州等。全球现有 494 个百万级城市,未来

---

① 参见《同一件事,美国用了 200 年,印度可能要用 250 年,中国只需 100 年》,http://www.xinhuanet.com/mil/2021 - 05/27/c_1211174535.htm,2021 年 10 月 11 日。

② 参见第十三届全国人民代表大会:《中华人民共和国国民经济和社会发展第十四个五年规划和二〇三五年远景目标纲要》,人民出版社,2021 年。

15 年新增 145 个,其中中国现有 114 个,未来 15 年新增 41 个。①

城市群成为拉动经济社会发展的重要动能,其形成也是城市化发展进入成熟阶段的重要特征。城市群的建设有赖于城市间的一体化发展,这一方面依靠多城市间的交通骨干网络建设来促进城市群城镇体系的职能分工与协作。另一方面还依靠国家政策对部门条块、组织机制、资源分配的统一调度和共同协调,让各个城市之间突破行政壁垒的阻拦,用技术和市场的力量让各城市间互联互通,城市群才会具有内生的动力。

中国城市化快速发展所积累的大量社会矛盾和社会问题,逐渐在城市化中后期显露出来,如城区布局、生态破坏、环境污染等方面的新问题。因此,未来城市进入高质量发展阶段,必须从外延式扩张向内涵式提升方向转型,并将提高城市化质量作为发展重点。让城市居民能够在城市里幼有所育、学有所教、劳有所得、病有所医、老有所养、住有所居、弱有所扶,同时让城市公民享受到现代化的设施、技术与服务。与此同时,国民的传统观念也开始受到冲击与挑战。伴随着城市化飞速推进的是各类社会思潮的涌现和各类思想的碰撞,在全球化、市场化进一步深入推进的今日,中国的城市化过程中也出现越来越多的存在于思想观念层面的问题,需要进行深入的分析和回应。在解决各类城市治理问题的过程,就是助推城市发展进入新常态的过程,这需要政府进一步关切民生诉求、做好顶层设计,把新时期的城市治理新理念落到实处。

中国的发展伴随着城市的发展,中国的崛起伴随着城市发展的成熟。从乡土中国到城市中国的转变阶段中,如何在推进城市化的过程中治理好城市,在城市中更好地满足最广大人民的美好生活需求,成为一个亟待回答的时代命题。

---

① 参见《2035 城市发展新格局》(上),https://www.gsm.pku.edu.cn/thought_leadership/info/1007/2474.htm,2021 年 10 月 11 日。

三、全球化与中国城市发展

"21世纪影响人类进程的有两件大事,一是以美国为首的新技术革命,一是中国的城市化。"[1]2001年,世界银行前副行长斯蒂格利茨做出了这样的判断,也是在这一年,斯蒂格利茨被授予诺贝尔经济学奖的殊荣。在很大程度上,国家的竞争就是城市的竞争,城市既是全球化的载体,也是全球化最强有力的推动者,中国的发展既是全球化的产物,也处处接收着全球化的影响。[2] 在从乡土中国走向城市中国的过程中,中国城市的发展与世界的发展息息相关,存在深层次的关联机制。中国在19世纪被卷入世界体系之中,从此开启了一段漫长而艰难的探索之路,在与西方文化不断碰撞、交流、吸收的过程中,逐渐形成了具有全新特色的中国现代文化,这成为中国近现代城市发展的理论基础。

在现实的经济领域,全球化促进资源和资本的聚集,推动中国的工业化和商品化进程,使之成为促进中国城市化发展的重要动力。农村剩余人口进入城市,客观上带来大量劳动力和市场需求,这促进了城市生产力的增长。一方面,在全球化过程中,中国参与国际竞争,有利于产业结构调整。资金、技术、信息向大城市聚集的过程中,城市群的竞争力也得到了提升。另一方面,外资推动中国的产业升级,让先进的产业、技术、管理理念进入中国本土,这也拔高了中国城市的功能定位。以近代的上海为例,上海从传统走向现代,与中国这个古老的农业古国走向近代的时间是一致的。在融入全球体系以前,开埠以前的上海只是"中国十八行省之一的江苏省所属八府

---

① 《诺贝尔经济学奖得主:中国城镇化对世界是一大机遇》,http://country.cnr.cn/gundong/201403/t20140321_515129307.shtml,2014年3月21日。

② 参见郑永年:《全球化与中国国家转型》,浙江人民出版社,2014年,第6~10页。

三州之一的松江府所属七县之一"的上海县。然而开埠后的上海,却一跃为"江海之通津,东南之都会",并在后期成为中国近现代以来最大的城市,这离不开全球化所带来的各类要素在上海的集聚。再以现代的深圳为例,深圳从中国南方的一个小渔村,跃升为中国南方的国际大都市,一方面要归功于国内的改革开放政策,另一方面也体现了全球化的力量。深圳是我国最早引进外资银行的城市,也是全国首个没有农村建制的行政区,这都得益于全球化对城市化的重要拉动作用,深圳是一座名副其实的"因改革而诞生,因开放而繁荣"的城市。

同时也必须注意到,全球化的推进让中国在享受发展红利的同时,也正面临着许多挑战。一是目标错位。由于存在国际化的发展期许,导致"国际化"成为中国很多城市的"发展定位",使得"国际化大都市"的政治目标"遍地开花"。然而不是所有城市都适合进行国际化的发展,不切实际的城市规划会耗损一个地区的比较优势,从长远看不利于城市的可持续发展。二是思想错乱。由于外来思想的涌入和社会转轨的推进,使得城市内出现许多亟待回应的思潮。例如,当代城市青年群体产生的更多悦己消费、情绪消费、颜值消费等消费新需求,考虑到中国未来将继续深入推进的城市化和消费下沉,这一领域尚有庞大的发展空间。然而悦己、情绪、颜值都是关注个体的,这样的思潮在城市中出现,极可能成为动力也可能成为阻力,如何对其进行回应成为城市发展的一个重要任务。三是治理乏力。全球化客观上是一个流动的过程,变动的社会更容易出现各类社会问题。进入城市发展的新阶段,群众的生活需求、生活方式、生活态度都发生了巨大变化,同时也在被全球化的思想、信息和技术不断塑造着。例如,在建设智慧城市的过程中,群众开始关心起自己的信息权力和隐私安全,这是在过去的城市建设中很少涉及的问题,但未来却是需要十分重视的问题。

综合来看,全球化为中国的城市发展带来充足的资金、技术和信息流通平台,但也在民众、组织和思想层面给城市的规划、运营和治理都带来了新的挑战。从近代到现代,全球化与城市化如影随形,深刻改变着中国人民的生活方式和思想特征。当下,全球化持续铺开、市场化深入拓展、城市化不断演进,中国正面临百年未有之大变局。站在新的历史交汇点上,中国的城市发展具备着愈加深远的历史意义和现实意义,能否治理好本国的城市,会成为一个国家是否具备充足的全球核心竞争力的重要内在因素考量。为提升中国的全球竞争力,中国在城市治理领域的探索已然起步。

第七章
十八大以来党的城市工作与城市发展战略

第一节　党的城市工作

一、城市工作的地位：在党和国家工作全局中举足轻重

　　中国共产党与中国城市之间的内在关联，揭示了城市工作在中国共产党全局工作中具有重要地位。中国的城市孕育了中国共产党，中国共产党发展了中国的城市，二者在历史与实践中不断深化交融，中国共产党的领导成为中国特色社会主义城市化道路的最大特征。城市工作的重要性体现在政治、经济、文化、社会等各个方面。

　　城市是政治的空间，治理城市是空间的政治。列斐伏尔指出，"有关城市与城市现实的问题并没有被很好了解或认识，因为不论它是存在于思想还是实践中，均没有认识到政治的重要性"①，这句话凸显了城市重要的政治

① ［法］列斐伏尔：《空间与政治》，李春译，上海人民出版社，2015 年，第 13～22 页。

作用。城市起源于社会分工,在聚集各类生产要素的过程中会演化出各种权力关系。从城市政治学的角度来说,治理城市的过程就是处理城市中各类权力关系的过程。因此,城市本身就具有很强的政治特性,建设和治理城市也成为规范社会关系的重要途径,对国家发展和稳定具有重要意义。

城市和经济发展相辅相成、相互促进。城市经济功能的大小和主导性优势,不仅反映一个城市在一定区域范围内的地位和作用,并且还反映出该城市的经济性质。社会经济是在不断变化发展的,城市功能也在不断变化发展,主导城市经济功能的因素也在不断地变化发展。城市发展是一个自然历史过程,有其自身规律。城市发展是农村人口向城市集聚、农业用地按相应规模转化为城市建设用地的过程,这就要求城市发展必须遵循人口和用地相匹配、城市规模同资源环境承载能力相适应的规律。只有认识、尊重、顺应城市发展规律,端正城市发展指导思想,我们才能沿着科学发展的轨道把城市工作向前推进。

城市是文化的天然载体,城市的繁荣带来文化的繁荣。习近平总书记在视察上海时指出,城市历史文化遗存是前人智慧的积淀,是城市内涵、品质、特色的重要标志。要妥善处理好保护和发展的关系,注重延续城市历史文脉,像对待"老人"一样尊重和善待城市中的老建筑,保留城市历史文化记忆,让人们记得住历史、记得住乡愁,坚定文化自信,增强家国情怀。[①] 这体现了城市对于保存人类文明记忆、延续中华历史文脉、坚定中华文化自信的重要作用,保护城市文脉、弘扬城市文化成为新时期增强文化自信的重要途径。

城市承载着人类对美好生活的向往,也检验着经济社会发展的质量和水平。随着城市化潮流在全世界的推广和普及,城市竞争力越发成为国家

---

① 参见《习近平谈治国理政》(第三卷),外文出版社,2020 年,第 371 页。

竞争力的重要组成部分。城市的社会功能是多方面的,如改善贫困状态、提供医疗设施、提供教育和就业机会、提高工资、追求社会公平等。城市的发展旨在改善居民生活质量,让城市中的公民在追求物质文明的同时,极大地提高精神文明,提升社会和人的整体素质。2011 年上海世博会的主题是"城市,让生活更美好",这表明和谐社会离不开和谐城市,城市居民对美好生活的向往需要由城市的管理者和建设者来满足,这一历史的重担将由代表最广大人民根本利益的中国共产党来承担。

二、城市工作的理念:坚持以人民为中心

城市归根结底是人民的城市,人民对美好生活的向往,就是城市建设与治理的方向。党的十八大以来,以习近平同志为核心的党中央顺应人民对美好生活的向往,把实现人民幸福作为一切工作的出发点和归宿,不断增强人民群众的获得感、幸福感、安全感,形成坚持以人民为中心的城市工作宗旨和方针。2019 年 11 月,习近平总书记在考察上海杨浦滨江时,首次提出"人民城市人民建,人民城市为人民"[1]的重要论断和城市治理理念,深刻阐明中国特色社会主义城市治理的价值取向、治理主体、目标导向、战略格局和方法路径,为推动新时代中国城市的建设发展治理、提高社会主义现代化国际大都市的治理能力提供了根本遵循。在中国共产党人治理城市的新时代实践中,有许多案例都彰显着党的人民立场。中国共产党与人民的血肉联系,正是在城市治理的土壤中不断生发成长,最终汇聚成推动社会主义现代化强国建设的磅礴伟力。

以整治城市飞线充电现象为例。新时代孕育新需求,新需求创造新产

---

① 《习近平谈治国理政》(第三卷),外文出版社,2020 年,第 371 页。

品,新产品带来新问题。在城市基层治理中,电瓶车逐渐走向千家万户,然而由于居民安全意识淡薄、相关设施不完善、管理不到位等因素,所以居民区"飞线充电"导致的电瓶车充电事故时有发生,严重威胁居民的人身和财产安全。当前,引导城市居民规范使用电瓶车、安全地为电瓶车充电,正成为城市基层治理的一项重要议题。现代城市治理在回应和解决居民急难愁盼的问题中不断推进。以上海为例,2021 年 2 月 26 日上午,《上海市非机动车安全管理条例》在市十五届人大常委会二十九次会议上表决通过,并于 5 月 1 日起施行。成都"5·10"事件以后,上海市民持续关注本市的电瓶车安全使用问题,有不少市民拨打"12345"热线电话进行询问,希望在上海市能够避免这类事故的发生。针对人民群众的要求与呼声,上海市委市政府高度重视,各级领导进行专项批示,责成每个区开展专项治理,要求"建章立制形成长效"。最终,上海针对城市社区电瓶车充电总结出自身的经验并推广应用,这就是对人民急难愁盼问题的一种及时回应,彰显了中国共产党人坚定的人民立场。

人民城市理念与马克思主义城市理论具有内在的传承关系,人民城市理念是马克思主义城市理论的最新成果。正是由于人民城市理论批判继承了马克思主义城市理论,才使得人民城市理论具有科学性和时代性。综合来看,马克思和恩格斯的城市理论具有三方面的特征。第一,马克思和恩格斯研究和观察的城市是资本主义城市,马克思和恩格斯肯定了资产阶级创造城市的作用,同时也对其根植于资本主义制度的弊病进行了尖锐的批判。第二,马克思和恩格斯将城市视为劳动分工的产物,其诞生与发展有深厚的历史唯物主义基础。第三,重视对城市起源、功能及城乡关系的反思,而对城市治理的阐述较为稀缺,这是因为马克思、恩格斯身处资本主义的上升时期,城市发展初具规模,而城市内部的部分治理难题尚未明显出现。并且,即使出现问题,也被笼统地归因于资本主义制度的缺陷而没有进行细致地考察,这也为后世的理论和实践留下了探索空间。苏联开启了社会主义城市发展与建设的实践,在继承马克思与恩格斯城市理论的基础上,列宁与斯大林结合苏联城乡发展和城市建设的实践进一步丰富了马克思主义的城市理论。基于经济发展和社会主义建设的需要,列宁与斯大林在城市理论方面论及最多的是城乡关系问题,这为后世开展城镇化工作提供了一定的理论参考。列宁和斯大林的城市理论继承了马克思、恩格斯在城乡关系方面的思想,并结合苏联的集体农庄和大工业城市的实践进行了探索。同时,列宁创造性地提出了城市人民主权理论,是对马克思主义城市理论的发展与升华。

总的来看,人民城市理论脱胎于马克思主义城市理论,这赋予其科学性;人民城市理论受益于中国共产党人城市治理的经验,根植于中国特色社会主义城市治理的实践,这赋予其实践性;人民城市理论内含于习近平新时代中国特色社会思想的体系,这赋予其时代性。总的来看,人民城市理论是共产党人城市治理思想的最新成果,也是共产党人新时代开展城市治理的根本准则,具有深刻的理论逻辑、历史逻辑和实践逻辑。

三、城市工作的依据:认识尊重顺应城市发展规律

新时代的城市更新体现了中国共产党人尊重顺应城市发展规律的工作原则。"做好城市工作,首先要认识、尊重、顺应城市发展规律,端正城市发展指导思想。"11 月 10 日,习近平主持召开中央财经委员会第十一次会议研究经济结构性改革和城市工作时曾指出,要改革完善城市规划,改革规划管理体制。[1] 城市更新尤其需要尊重城市发展规律,首先要有科学的总体规

---

[1] 参见《习近平明确中国城市工作总体思路:尊重、顺应城市发展规律》,http://cpc. people. com. cn/xuexi/n1/2015/1223/c385474 – 27966984. html,2015 年 12 月 23 日。

划。每一个城市在长期的发展演变过程中,都有其客观的规律。这个规律既包括城市里物质的特性、存在与发展的自然规律,也包括生活在其中的人的特性及其生存、生活和发展的规律,还包括人与城市环境之间相互作用、彼此影响形成的规律。一旦违背这些规律,轻则导致资源浪费,重则可能遭到规律的报复。城市的决策者首要重视、尊重发展的客观规律,编制城市规划的相关机构和从业人员更应当掌握城市发展的客观规律,在充分研究的基础上,提出有说服力的、可操作的规划方案。

走出一条中国特色城市发展道路,前提是尊重城市发展规律。城市发展是一个自然历史过程,有其自身规律。例如,城市和经济发展两者是相辅相成、相互促进的,不能脱离经济发展而人为大搞"造城运动";城市发展是农村人口向城市集聚、农业用地按相应规模转化为城市建设用地的过程,不能只要地不要人;城市规模要同资源环境承载能力相适应,不能为了城市空间而牺牲环境保护。只有充分认识、尊重、顺应城市发展规律,端正城市发展指导思想,才能做好城市工作。以城市更新为例,城市更新是城市系统全面的升级,目的是要迈上一个大台阶,而不是简单地旧楼改造、修修补补。因此,城市更新要着眼于转变城市发展方式,统筹规划,比如城市楼宇、公共空间、地下管网如何协调运行,新建设施开发和存量建筑改造如何统筹推进等。城市更新是一件久久为功的事情,不可能一蹴而就,要有长远规划。①比如,地下综合管廊的建设和更新,要符合城市长远规划要求,不能只图一时的方便而不顾及长远的规划。一方面,城市建筑和设施逐步自然老化,一些原有建筑标准已经落后,需要改造调整增强安全性;另一方面,一些城市原来的功能布局、建筑设施、空间环境不再适应居民更高的生活需求,需要通过城市更新提升人民群众的获得感、幸福感和安全感,城市更新成为切实

---

① 参见《城市更新,让生活更美好》,http://www.xinhuanet.com/local/2021-04/14/c_1127326840.htm,2021年4月14日。

回应居民需求,尊重城市发展规律的重要体现。2021 年 8 月,住建部发布《关于在实施城市更新行动中防止大拆大建问题的通知(征求意见稿)》,意见指出"不脱离地方实际,不头痛医头、脚痛医脚,杜绝运动式、盲目实施城市更新。加强工作统筹,坚持城市体检评估先行,因地制宜、分类施策,合理确定城市更新重点、划定城市更新单元。与相关规划充分衔接,科学编制城市更新规划和计划,建立项目库,明确实施时序,量力而行、久久为功。探索适用于城市更新的规划、土地、财政、金融等政策,完善审批流程和标准规范,拓宽融资渠道,有效防范地方政府债务风险,坚决遏制新增隐性债务。严格执行棚户区改造政策,不得以棚户区改造名义开展城市更新"①。这是新时期开展城市工作尊重客观规律、统筹城市发展的最新体现。

四、城市工作的组织基础:城市基层党建

加强和改进城市基层党建,是夯实党在城市执政基础、推进城市治理体系和治理能力现代化的核心要义。城市基层党组织是党在城市全部工作和战斗力的基础,是城市基层各类组织、各项工作的"主心骨"。党的十九大指出:"党的基层组织是确保党的路线方针政策和决策部署贯彻落实的基础。要以提升组织力为重点,突出政治功能,把企业、农村、机关、学校、科研院所、街道社区、社会组织等基层党组织建设成为宣传党的主张、贯彻党的决定、领导基层治理、团结动员群众、推动改革发展的坚强战斗堡垒。"②

超复杂城乡融合进程,超复杂城市基层党建。中国作为一个幅员辽阔

---

① 《住房和城乡建设部关于在实施城市更新行动中防止大拆大建问题的通知》,http://www. gov. cn/zhengce/zhengceku/2021 – 08/31/content_5634560. htm,2021 年 8 月 31 日。

② 习近平:《决胜全面建成小康社会 夺取新时代中国特色社会主义伟大胜利》,人民出版社,2017 年,第 65 页。

的大国,具有多阶段、多层次的城市化进程。不同城乡地区之间的资源禀赋、文化氛围、地理区位都存在巨大差异。因此,这对城市基层党组织的判断力、领悟力和执行力提出了更高的要求。党的力量来自组织,组织能使力量倍增。然而由于社会环境的迅速变化、城市化进程的迅速推进和外来人口的大规模导入,城市基层党组织出现了"碎片化"困境,即对城市居民的整合失效、组织失效、服务失效。针对此,加强城市基层党组织的凝聚力和战斗力成为新时代城市治理的题中之义。

要加强城市基层党组织建设,一是强化政治建设。城市基层党组织作为党的基层政治组织,必须把讲政治放在首要、突出位置,以政治建设为根本贯穿组织建设全过程。要深化习近平新时代中国特色社会主义思想学习教育,大力开展城市治理主题培训,提升党员干部和群众的思想认识和实践本领,努力把城市基层党组织建设成为全面宣传党的主张、贯彻党的决定、领导基层治理、团结动员群众、推动改革发展的坚强战斗堡垒。二是严密组织体系。按照"哪里有党员,哪里就有党的组织"的原则,以实现基层党组织全覆盖为目标,优化城市基层党组织设置,加大党在新型经济组织、社会组织中的组织覆盖和工作覆盖。深化社区网格党建,突出"组织建在网格上、党员融入群众中",通过构建街道到社区、社区到小区、小区到楼道的党建网格体系,以党建网格引领管理、服务、治理"三网融合",把党的力量、党的主张、党的工作触角延伸到基层的每个角落。三是推动职能下沉。党的十九大报告指出,要加强社区治理体系建设,推动社会治理重心向基层下移,把更多资源、服务、管理放到社区,更好地为社区居民提供精准化、精细化服务。① 做好民生治理是加强党建引领城市治理的"点睛之笔",在满足居民需求、动员居民参与治理的过程中,要尊重不同类型、不同阶段社区的发展规

① 参见习近平:《决胜全面建成小康社会 夺取新时代中国特色社会主义伟大胜利》,人民出版社,2017年,第9~14页。

律,因地制宜地做好精细化管理。

第二节　中央城镇化工作会议与中央城市工作会议

中央城镇化工作会议与中央城市工作会议,乍听起来比较相近,其实二者的历史背景、核心观点、政策影响存在巨大的差异。对中国共产党在两类城市工作方面的重要会议进行对比分析,将有助于深刻理解中国共产党城市工作的历史逻辑、理论逻辑和实践逻辑。

一、历史中的中央城市工作会议

中央城市工作是一系列会议,指我国于 1962 年 9 月、1963 年 10 月和 2015 年 12 月召开的关于城市工作的一系列会议。当然,在中国共产党管理城市的相关会议中,1949 年 3 月召开的西柏坡会议同样具有重要地位,因为它标志着中国共产党工作重心由农村转向城市,是中国共产党探索管理城市和建设城市的开端。基于此,按照历史发展顺序对中国共产党历次中央级别的有关城市工作的会议进行梳理,以展现中国共产党城市工作的开展路径。

(一)西柏坡会议

在中国人民解放战争即将取得全国胜利的前夕,1949 年 3 月 5 日至 13 日,中共中央在河北省平山县西柏坡村召开了七届二中全会。在本次会议决定"从现在起,党的工作重心,应该由乡村转向城市,实行由城市领导乡村的工作方式。当然城乡必须兼顾,必须使城市工作和乡村工作、工业和农业、工人和农民紧密地结合起来,巩固工农联盟,绝不可只顾城市而丢掉乡村的工作"①。毛泽东在报告中指出："二中全会是城市工作会议，是历史转变点。"林伯渠在讲话中也指出："这次会议是历史上转变点，也可以说是'城市工作会议'。"②可见，党的七届二中全会确实是一场"城市工作会议"。

党的七届二中全会确立了党的工作重心从乡村转移到城市后的若干政策规划。首先，恢复和发展生产被视为城市工作的第一任务，并且这一任务主要靠工人阶级完成。其次，强调城乡统筹的重要性，指出了乡村地区对发展城市经济可以起到的重要作用。最后，以城市工作为撬动点，从政治、思想和理论方面为新中国的建立和建设做了充足的准备。西柏坡会议最为著名的"两个务必"论断，即"务必使同志们继续地保持谦虚、谨慎、不骄、不躁的作风，务必使同志们继续地保持艰苦奋斗的作风"，成为中国共产党在夺取全国政权后经受住执政考验的重要指导精神，也是中国共产党在接管城市和建设城市的重要思想依据。习近平总书记2013年在河北省调研指导党的群众路线教育实践活动时指出，全党同志要不断学习领会"两个务必"的深邃思想，始终做到谦虚谨慎、艰苦奋斗、实事求是、一心为民，继续把人民对我们党的"考试"、把我们党正在经受和将要经受各种考验的"考试"考好，使我们的党永远不变质、我们的红色江山永远不变色。③谦虚谨慎、艰苦奋斗、实事求是、一心为民也成为中国共产党开展城市工作的重要精神。

综合来看，西柏坡会议是名副其实的"城市工作会议"，为中国共产党接管和建设城市在思想上、理论上、组织上都做好了充足的准备。同时，"两个务必"的谦虚务实精神，更是中国共产党在探索城市工作中的宝贵精神

---

① 《中共第七届历次中央全会》，http://cpc. people. com. cn/GB/64162/64168/64559/4527011. html，2021年10月26日。

② 《中国共产党历史上召开的历次城市工作会议》，http://dangshi. people. cn/n1/2016/0801/c85037 - 28600430. html，2016年8月1日。

③ 参见《习近平在河北调研指导党的群众路线教育实践活动》，http://www. gov. cn/ldhd/2013 - 07/12/content_2446501. htm，2013年7月12日。

财富。

（二）第一次中央城市会议

1962 年 7 月 25 日至 8 月 24 日，中共中央政治局在北戴河召开中共中央工作会议，会议主要讨论农业、财贸、城市等方面的问题。7 月 30 日，根据中共中央政治局常委的决定，周恩来开始召集有 25 人参加的城市工作会议。8 月 1 日，周恩来在城市工作会议上讲话，分析城市工作中存在的问题，提出解决的办法"首先是恢复正常生产"。只有工业劳动生产率提高了，有效地支援了农业和市场以后，生活才会改善。至 8 月 24 日，周恩来共主持召开十七次会议，并代中央起草了《关于当前城市工作若干问题的指示》。[①] 这就是新中国成立以后的第一次中央城市会议。

召开本次会议的历史背景在于，自新中国成立发展重工业以来，工业化建设使大批农民流入城市，我国出现了"过度城市化"现象。过高的城市化率和我国当时尚未成熟发展的社会生产严重脱节，为减轻城市供给负担，统筹城乡经济发展，国家召开本次城市工作会议，目的在于压缩城镇人口，缓解"过度城市化"现象，以厘清新中国建设过程中的城乡关系。10 月 6 日，《关于当前城市工作若干问题的指示》正式出台，该文件认为，全国城市的经济形势，正在一步一步地好起来。这一方面是由于农村的形势去年比前年好，今年又比去年好；另一方面是由于我们贯彻执行了国民经济以调整为中心的"调整、巩固、充实、提高"的方针。为了今后能够更好地实现上述调整国民经济和调整工业的根本目的，必须首先迅速处理过去在执行调整方针过程中所出现的新问题，争取城市经济形势在农村形势好转的基础上进一

---

① 参见《中共中央、国务院关于当前城市工作若干问题的指示》，http：//data. people. com. cn/pd/zywx/detail. html？id = a55b500ad23242b09c211bdbf78c32bf，1962 年 10 月 6 日。

步好转。①

总的来看,中央第一次城市工作会议是一次"城乡关系协调会",围绕经济建设的核心目标,合理界定城乡各自的范围和职能。在这一时期,城市的经济作用较为明显,城市被视作承接工业建设、拉动生产发展的重要堡垒。

(三)第二次中央城市工作会议

为加强对城市的集中统一管理和解决城市经济生活的突出矛盾,1963年9月16日到10月12日,中共中央、国务院召开第二次城市工作会议。会议认为,虽然当前城市形势很好,但存在"五反"运动没有全面展开,增产节约运动有好有差,工业调整还没有完成,粮、油、布等主要生活必需品的供应仍很不足,市政建设落后于生产发展和人民生活的需要,城市人口出生率太高、人口过多,需要安置就学、就业的人逐年增加,如何管理城市还没有很好解决等问题。

10月22日,中共中央、国务院批准下发《〈第二次城市工作会议纪要〉的指示》(以下简称"《指示》")。《指示》指出,全国大中城市是现代工业的基地,也是商业和文化教育等事业最集中的地方。只有认真地做好城市工作,才能保证社会主义建设事业的顺利进行。各级党委和人民委员会,在继续努力做好农村工作的同时,必须进一步地加强对城市工作的领导,不断改进工作,把城市管理好,充分发挥城市在社会主义建设中的作用。在大中城市建设中,必须认真贯彻执行勤俭建国、勤俭办企业、勤俭办一切事业的方针。《第二次城市工作会议纪要》认为,从1962年8月的第一次城市工作会议以来,城市的工业生产稳步上升,支援农业的工作继续加强,市场景况日趋繁

① 参见《中共中央、国务院关于当前城市工作若干问题的指示》,http://data.people.com.cn/pd/zywx/detail.html? id = a55b500ad23242b09c211bdbf78c32bf,1962 年 10 月 6 日。

荣,人民生活有所改善,城乡关系逐步协调,资本主义势力的猖狂进攻已经开始被打下去,广大劳动群众的社会主义觉悟有了很大提高,当前城市的形势,同农村的形势一样,也是很好的。通过控制城市人口、调整市镇建制等举措,1961 年至 1963 年,全国城镇人口减少了 2600 万,城市数量从 208 座降至 174 座,城市化率也由 19.29% 回落至 16.84%。[①]

从这里可以看出,中国共产党对城市已经逐渐从"接管""建设"转变为"管理",从原先以经济生产为主的功能向兼顾就业、就学等社会保障要素转变,这一过程中城市的社会属性开始逐渐凸显。

(四)第三次中央城市工作会议

1978 年 3 月,国务院在北京召开第三次全国城市工作会议。4 月,党中央批转了这次会议制定的《关于加强城市建设工作的意见》。《意见》强调了城市在国民经济发展中的重要地位和作用,要求城市适应国民经济发展的需要,提出了城市整顿工作的一系列方针、政策。这次会议是城市建设历史性转折的一个新起点。

党的十一届三中全会以来,我国城市进入了一个新的发展阶段。随着改革开放和城乡经济的迅速发展,城镇数量大幅度增加,开始进入依照城市规划进行建设的科学轨道,城市建设出现了新中国成立以来从未有过的良好形势。各级政府加强了对城市建设工作的领导,建成了一大批住宅和城市基础设施骨干工程,不同程度地改善了投资环境和生活环境,城市面貌有

---

① 参见《中共中央、国务院批准〈第二次城市工作会议纪要〉的指示》,https://zh.wikisource. org/wiki/% E4% B8% AD% E5% 85% B1% E4% B8% AD% E5% A4% AE% E3% 80% 81% E5% 9B% BD% E5% 8A% A1% E9% 99% A2% E6% 89% B9% E5% 87% 86% E3% 80% 8A% E7% AC% AC% E4% BA% 8C% E6% AC% A1% E5% 9F% 8E% E5% B8% 82% E5% B7% A5% E4% BD% 9C% E4% BC% 9A% E8% AE% AE% E7% BA% AA% E8% A6% 81% E3% 80% 8B% E7% 9A% 84% E6% 8C% 87% E7% A4% BA,2021 年 10 月 26 日。

了较大改善。同时也必须看到，目前城市建设中仍然存在着很多突出问题，与发展经济和不断改善人民生活的要求不相适应。城市建设工作必须按照建设具有中国特色社会主义的要求和对内搞活经济、对外实行开放的方针，努力同我国经济、社会发展和整个经济体制改革的进程相适应，保持一个稳定、合理的发展速度。

《意见》提出了控制大城市规模、发展中小城镇的城市工作基本思路，首次明确了应"提高对城市和城市建设重要性的认识"，指出"城市是我国经济、政治、科学、技术、文化、教育的中心，在社会主义现代化建设中起着主导作用。城市建设是形成和完善城市多种功能、发挥城市中心作用的基础性工作"。《意见》首次将城市发展规划定义为刚性规划，规定"城市规划一经批准，必须认真执行，不得随意改变"，基本建立了此后 30 多年时间中城市规划的基本架构。《意见》明确了城市建设的七项任务：提高对城市和城市建设重要性的认识，坚持城市建设与经济协调发展；建立合理的城镇体系，走有计划发展的道路；搞好城市规划，加强规划管理；改革城市建设体制，增强活力，提高效益；加强城市基础设施建设，创造良好的投资环境和生活环境；管好用好城市建设资金，充分发挥投资效益；城市政府要集中力量搞好城市的规划、建设和管理。

综合来看，第三次中央城市工作会议是党的十一届三中全会以来召开的首次城市工作会议。党对城市的功能、定位、规划、建设等各方面都有了更为全面深刻的认知，城市的各方面功能和各方面问题都被认真地分析和论述了，显示出了中国共产党不断自我革新、自我学习以建设现代化国家的决心。

二、党的十八大以来的中央城市工作会议与城镇化工作会议

党的十八大以来，在习近平新时代中国特色社会主义思想的指导下，中

国共产党对城市工作的认知不断加深、对城市工作的方法不断完善,产生了一系列的集体智慧结晶。其中最具有代表性的,一是时隔 37 年后重启的中央城市工作会议,二是中央城镇化工作会议。

(一)重启:中央城市工作会议

2015 年 12 月 20 日至 21 日,中央城市工作会议在北京举行。中共中央总书记、国家主席、中央军委主席习近平在会上发表重要讲话,分析城市发展面临的形势,明确做好城市工作的指导思想、总体思路、重点任务。中共中央政治局常委、国务院总理李克强在讲话中论述了当前城市工作的重点,提出了做好城市工作的具体部署,并作总结讲话。这次城市工作会议是时隔 37 年后首次以中央的名义召开,城市工作上升到中央层面进行专门研究部署,体现了中央对城市工作的高度重视。

召开全国性的城市工作会议,是城市建设进入一个新阶段的标志。改革开放以来,我国经历了世界历史上规模最大、速度最快的城镇化进程,城市发展波澜壮阔,取得了举世瞩目的成就。城市发展带动了整个经济社会发展,城市建设成为现代化建设的重要引擎。城市是我国经济、政治、文化、社会等方面活动的中心,在党和国家工作全局中具有举足轻重的地位。一组数字见证了我国城市的快速发展:常住人口城镇化率从 1978 年的近 18% 上升到 2014 年的近 55%;城市人口从 1.7 亿人增至 7.5 亿人;城市数量从 193 个增加到 653 个。每年城镇新增人口 2100 万人,相当于欧洲一个中等收入国家的人口。今天的中国,正处在从乡村社会向城市社会转型的关键时期。城镇化率从 30% 到 70% 是城镇化快速发展的阶段,其中超过 50% 就意味着从农业社会向城市社会转型。① 因此,会议从中央层面为城市建设搭

---

① 参见《时隔 37 年中央缘何重启城市工作会议?》,http://www.gov.cn/zhengce/2015-12/23/content_5026897.htm,2015 年 12 月 23 日。

建顶层设计,为今后一段时期的城市工作制定了规划蓝图,指明了解决城市发展问题的方法和路径。

本次会议有以下亮点值得关注:一是提出贯彻"创新、协调、绿色、开放、共享"的发展理念,坚持"以人为本、科学发展、改革创新、依法治市,转变城市发展方式,完善城市治理体系,提高城市治理能力",这是思想上的极大进步;二是提出"坚持以人民为中心的发展思想",将城市发展和建设的落脚点放在最广大人民的根本利益之上;三是提出"必须加强和改善党的领导",将城市视为全面建成小康社会、加快实现现代化的"火车头",将党作为城市发展与治理的一个核心要素,凸显了执政党的重要领导作用。[1]

进入新时代,党中央重启中央城市工作会议,体现了党在新时期对城市工作的高度重视,也体现了城市工作在新时代在国家发展全局中的重要作用。在中国城镇化水平不断提升、城市化水平不断增高的背景下,更新城市发展理念、充实城市治理理论也成为回应民众需求、顺应历史潮流的题中之义。

(二)中央城镇化工作会议

中央城镇化工作会议于 2013 年 12 月 12 日至 13 日在北京举行。会议指出,城镇化是现代化的必由之路。推进城镇化是解决农业、农村、农民问题的重要途径,是推动区域协调发展的有力支撑,是扩大内需和促进产业升级的重要抓手,对全面建成小康社会、加快推进社会主义现代化具有重大现实意义和深远历史意义。改革开放以来,我国城镇化进程明显加快,取得显

---

① 参见《中央城市工作会议在北京举行》,http://www.xinhuanet.com//politics/2015-12/22/c_1117545528.htm,2015 年 12 月 22 日。

著进展。2012 年,城镇人口达到 7.1 亿,城镇化率基本达到世界平均水平。①
这次会议,是首次以"城镇化"为主题的中央会议。从"城市工作"到"城镇化"的表述转变,也揭示了新时期城市工作的主要方向,即以高质量的城镇化带动高质量的城市化。

本次会议主要有以下几个方面的亮点,一是指出城镇化要"遵循规律、因势利导",这体现了中国共产党人实事求是的务实作风;二是要"紧紧围绕提高城镇化发展质量",在城区规划、生态保护和绿色发展方面下功夫,这体现了共产党人与时俱进的城市工作理念;三是再次强调"以人为本",将人民的美好生活向往作为城市建设和治理的根本遵循;四是强调"处理好政府与市场的关系",用系统的观点来看待城市的运行和建设,坚持城市建设"全国一盘棋"的思想。这些思想既是新时期共产党人探索城市建设和治理的集体智慧结晶,也是共产党人顺应时代需求、回应时代问题,开展城市治理的最新成果。

综合来看,城镇化工作会议具有更大的覆盖面,不仅涉及城市本身的建设和管理问题,还涉及非农人口市民化、农村地区城镇化的问题。城市工作会议聚焦对现有城市区域的建设、发展和治理工作,不涉及农村区域。概而言之,城镇化工作会议关注中国高速城镇化发展及其规划,城市工作会议关注已经城市化区域的城市工作、城市协调发展和城市治理。由此可见,新时代中国的城市发展与城市工作体现出更加复杂多元的特性,更加任重道远。

两个时期、两类会议、两种表述,中央城市工作会议和中央城镇化工作会议都围绕着中国共产党的城市工作展开。那么二者之间存在哪些内在关联?

---

① 参见《中央城镇化工作会议举行》,http://www.gov.cn/ldhd/2013 - 12/14/content_2547880.htm,2013 年 12 月 14 日。

从历史的角度看,城镇化工作和城市工作会议说明党对城市建设、发展和治理的认识不断深化。中国共产党在刚刚成为执政党的时候,面对百废待兴的新中国,将城市建设与发展作为一个重要任务来抓,城市建设是国家发展的重要"火车头"。在计划经济调整时期,城市是国家想方设法保有和维护的重要战略要地。在改革开放以后,城市工作成为带动四个现代化建设的重要增长极,党和国家对城市建设的认识也进一步深化。在十八大以后,中国共产党对历史上的城市工作进行不断探索,并深刻反思新时代城镇建设所面临的各项问题,发现城镇化成为发展社会主义现代化强国、做好新时期城市工作的重要抓手,因此将会议的主题聚焦在城镇化这一现象,这是一个层层深入、不断探索、螺旋上升的过程。

从理论的角度看,"城镇化"与"城市化"在中国的不同表述,说明党对中国城市化特殊实际的深刻把握。从内涵上讲,城市化就是人口从农村向城市集中,从第一产业向第二、三产业转换的过程。① 城镇化在中国的实践主要指新型城镇化,新型城镇化与城市化概念具有共通性,特别在人的城市(镇)化方面,二者的价值取向是一致的,但新型城镇化与城市化之间仍存在重大区别,城市化强调人口与经济社会活动在城市的集聚;新型城镇化,则强调人口与经济社会活动在地理空间上的均衡分布,它虽然摆脱了过去对小城镇的片面依赖,但仍强调小城镇扮演的重要角色。② 因此,这两个概念之间存在的内在关联,也在一定程度上说明了两类城市会议之间的密切联系。

从实践的角度看,对比梳理中央城市工作会议和中央城镇化工作会

---

① 参见樊纲等:《城市化:一系列公共政策的集合》,中国经济出版社,2009 年,第 4~7 页。

② 参见《概念辨析:城市化、城镇化与新型城镇化》,http://www.cssn.cn/xk/xk_tp/201405/t20140530_1192371.shtml,2014 年 5 月 30 日。

议,会发现中国共产党对城市工作的人民理念不断深化、城市工作方法越发多元、城市管理工具越发丰富。比如,对于城市建设过程中的环境污染和生态破坏问题,经历了一个被不断认识和逐步强调的过程。又如,对于城市内居民的就业、医疗、教育等社会权利的保障,也经历了一个从无到有、从宏大到精细的过程。这是党和人民在接管城市、建设城市、管理城市、治理城市的历史实践中不断探索而衍生出的实践法则和理论精神,为党在新时代开展高质量的城市治理和城市建设提供了源源不断的先进经验和有效原则。

三、"两大阵地":农村工作与城市工作

(一)党的农村工作阵地

农村是党开展工作的重要阵地,农业农村农民问题是关系国计民生的根本性问题。党的十九届五中全会把解决好"三农"问题作为全党工作的重中之重,体现了中国共产党始终把人民利益摆在至高无上的地位,不断满足人民日益增长的美好生活需要,让改革发展成果更多更公平地惠及全体人民的奋斗目标。1921 年中国共产党应运而生,百年来中国共产党在农村充分发挥其领导核心作用,农村民生得到极大改善,发生了历史性变革,取得了历史性成就。

做好农村工作,首先是土地问题。中国民主革命的中心问题就是农民问题,而农民问题的核心就是土地问题,这也是旧中国的最大的民生问题。自中国共产党成立以来,之所以能够由小变大,由弱变强,关键在于获得了广泛而又牢固的群众基础,始终同广大农民群众保持密切联系。"土地问题不解决,经济落后的国家不能增加生产力,不能解决农民的生活痛苦,……

土地问题不解决,农民无力改良土地,生产必至日减"①,因此"土地所有权关系着农民的生计问题,要实行耕地农有的办法,才能解决农民生活的困苦"②。基于此,还处于成立初期的共产党依托农会的形式建立了早期的党组织,致力于领导农民运动,开展土地革命,通过不断调整政策来解决土地分配问题,满足农民对土地的要求。抗日战争时期,从没收地主土地归农民所有的政策转而实行减租减息的政策。解放战争时期,为了从根本上改变封建土地制度,又从减租减息政策再一次调整为没收地主土地分配给农民的政策,废除封建土地所有制,推翻地主阶级统治,建立农民政权和武装。同时,制定、颁布并实施了一系列的土地相关法律来保障农民土地事业的推进,构建"耕者有其田"的制度,大大激发了农民群众投身革命的热情。

做好农村工作,其次是民生问题。新中国成立,给广大的农民群众带来了新的希望,同时也给党和国家带来了新的挑战。共产党坚信"改善群众生活才能发动群众"③,首先,坚持土地改革总路线,废除封建土地所有制,保证了所有农民的土地拥有权,实现农民当家作主,稳定农村基层党群关系。其次,对个体农业实行社会主义改造,走互助合作的道路,实现农业生产集体化,解放了农村生产力,促进农业的发展。同时,对农村手工业实行社会主义改造,建立合作社模式,实现规模生产及兴修水利,保障农产品的供给,调动了农民们的生产积极性,实现农民生活变得更加富有的目标。中国共产党大力发展农村文化教育事业,实施"双百"方针,建立公共图书馆、体育馆、文化宫等一系列文化需求场所,同时重视农村医疗卫生事业、为农村老人建立敬老院、解决农村妇女工作问题等,取得了阶段性的农村民生建设成果。

---

① 《毛泽东文集》(第一卷),人民出版社,1993年,第43页。

② 中共中央文献研究室:《建党以来重要文献选编》(第2卷),中央文献出版社,2011年,第504~514页。

③ 《陈云文选》(第一卷),人民出版社,1995年,第166~167页。

做好农村工作,还要坚持不断创新。"保障和改善民生是一项长期工作,没有终点站,只有连续不断的新起点。"①中国共产党始终以服务群众、做好群众工作为主要任务,选好、用好农村基层党组织的带头人,发挥"第一书记"作用,解决"最后一公里"的问题,为农村民生建设提供坚实的政治保障。党的十八大以来,着眼于农村民生建设的新目标,农村基层党组织始终贯彻落实"为民、务实、清廉"精神,直面"四种考验",克服"四种危险",立足"四个全面"的战略部署,全面提升农村基层党组织建设的科学化水平,回应农民新时代更美好的生活向往。首先,深化了农村教育改革,奋力推进农村教育公平。其次,实现了更高质量的就业,保障农民就业,提高农民收入水平,使农民共享发展成果。此外,深化医疗体制改革,补齐医疗服务短板,完善医疗保障制度,推动了健康农村建设。同时,积极推进"美丽乡村"建设,让农民有了更优美的生活环境。

总的来看,农村作为党开展工作的重要阵地,经历了一个不断探索、不断深化的过程,为夯实党的执政基础作出了巨大的贡献。

(二)党的城市工作阵地

城市工作在党和国家工作全局中举足轻重,是各级党委工作的重要阵地。加强和改进城市基层党建是贯彻落实习近平总书记关于加强基层党建基层治理的重要指示要求、坚持党对城市工作全面领导的重要基础性工作,是推进城市高质量发展的重要保证。"城市是人民的城市,人民城市为人民。"②习近平总书记在视察上海时将人民城市理念进行了深刻阐述,为新时代建设城市和治理城市提供了根本遵循,是新时期党在城市治理理论方面

---

① 《习近平在天津考察时强调:稳中求进推动经济发展持续努力保障改善民生》,《人民日报》,2013年5月16日。

② 《习近平谈治国理政》(第三卷),外文出版社,2020年,第371页。

的一次重大创新。党的一切工作的出发点和落脚点,都是为了实现最广大人民群众的根本利益。只有以让人民过上更加美好的生活为城市工作的根本目标,才能找到新型城市化的正确方向和有效途径,才能找准化解各种"城市病"的突破口,才能成功抵御城市化、工业化可能带来的人的主体性迷失,走出一条中国特色的城市发展道路。

党的城市工作阵地,经历了一个不断拓展深化的过程。1949 年 3 月在西柏坡召开的党的七届二中全会讨论了党的工作重心由乡村转移到城市的问题,指出用乡村包围城市的时期已经完结,从现在起开始了由城市到乡村并由城市领导乡村的时期。党的十一届三中全会后,在借鉴农村改革中扩大生产和经营自主权经验的基础上,以扩大企业自主权为主要内容的城市经济体制改革逐步在全国推开。扩大企业自主权改革,在传统的计划经济体制上打开一个缺口,初步改变了过去只按国家指令性计划生产,不了解市场需要,不关心产品销路,不关心盈利亏损的状况,增强了企业的自主经营意识和市场意识。2013 年 12 月,中央城镇化工作会议召开,明确了推进新型城镇化的指导思想、主要目标、基本原则、重点任务。2014 年 3 月,中共中央、国务院印发实施《国家新型城镇化规划(2014—2020 年)》。2015 年 12 月,中央城市工作会议召开,明确了城市工作总体思路和重点任务。党的十八大后,针对关系全局、事关长远的问题,党中央提出、实施了一系列重大发展战略,主要包括:以疏解北京非首都功能为重点的京津冀协同发展战略,以共抓大保护、不搞大开发为导向的长江经济带建设,以促进合作共赢为落脚点的"一带一路"建设、粤港澳大湾区建设,以促进人的城镇化为核心、提高质量为导向的新型城镇化战略。

进入新时代,党在城市的工作阵地出现了新的特征。2019 年,中共中央办公厅印发了《关于加强和改进城市基层党的建设工作的意见》,对党在城市基础的工作进行了规范。《意见》中有以下几个新特点:一是强调提升街道党（工）委统筹协调能力，把党组织进一步下沉到了街道一级。二是凸显党组织在社区治理中的重要作用，表现为党对社区资源和社区工作的统一领导。三是强调扩大新兴领域的党建工作覆盖，这是中国共产党在治理城市过程中与时俱进的体现。四是广泛应用现代信息技术，这体现了技术在新时期城市治理中越发重要的作用。①

另外，城市的基层党员阵地正发生从"党建阵地"到"党群阵地"的变化，党群服务中心逐步替代党建服务中心成为党建引领社区服务的重要桥头堡，伴随着各部门的职能下沉和功能合并，党群服务中心正在成为城市基层党建的一个新生增长极。从"党建"到"党群"，一字之差的背后实质上是一个不断调试和发展的过程，根植于社会结构变迁、治理理念转变和公共价值升级。之所以会有这样的变化，在于居民由"单位人"向"社会人"转变，让基层的党建目标逐渐由"政治性统合"走向"社会性统合"转变。

旧有的党建服务中心日渐暴露出以下问题：一是服务内容定位局限。党建服务中心提供的服务组织内的活动较多，与群众的关心关切结合不紧。有的重点是为基础党务服务，有的集中于满足区域内党员的要求，而区域内的党员党组织的数量是限定的，相比群众的数量来说是少数。二是服务群众形式单一。在服务群众上，较多局限于运动式，采用党内动员、党组织冲在一线的集中服务。比如，主题服务、服务日、服务月等集中性活动，在一定程度上满足了群众的一些需求，但缺少常态化、稳定、可预期的制度性安排，活动结束之后又往往回到工作的原点。三是资源整合能力不足。面对多元化的社会、多样化的需求，仅仅靠行政资源、组织资源难以解决满足群众需求"最后一公里"的问题。中心较多依靠行政资源、组织资源来做服务群众工作，离开这些就难以拓展服务。四是条块工作的碎片化。在社区党建服

---

① 参见《中共中央办公厅印发关于加强和改进城市基层党的建设工作的意见》，http://politics.people.com.cn/n1/2019/0509/c1001-31075096.html，2019年5月9日。

务中心时期,普遍存在"功能发挥不足""人气不足"的突出问题,"重展示轻功能""沿着墙走看不到人头",并且这类问题目前还继续存在。功能升级是一个需求提取、创新创造的过程,在将党的城市工作阵地由党建阵地转向党群阵地的过程中,需要建立在弄清楚"社区党群服务中心是什么、社区需求是什么、高价值高频次的服务是什么"等一系列的问题,然后才能考虑定位、策划、规划、设计等一系列问题。

在党群服务中心体的探索打造上,城市治理者需要关注以下几点:一是加强运行机制的探索。探索多中心、不同条线在党群服务中心的有机融合,避免空间和服务的"碎片化"。二是加强项目开发。注重发现区域内群众的需求,在政府供给的空白地带,用好区域化党建资源,用好社会的力量,科学设计、培育群众性的社区服务项目、社区活动项目。三是用好党员志愿者。党群服务中心应当是党员发挥作用的主阵地。在开展群众性的文体、教育、卫生等活动中,要注重挖掘区域内党员志愿者的优秀人员,团结培养成为服务的组织引导者和骨干力量。四是用好两代表一委员的资源。目前在上海等城市,"两代表一委员"都已经在党群服务中心里面建立了阵地,这属于有形的阵地。除以上几点外,更要注重无形阵地的建设,真正让党群服务中心成为党代表联系党员群众,人大代表联系选民,政协委员联系"界别群众"的"政治桥梁"。

从党建中心到党群中心的转变,反映出基层社会治理的两大变化:一是条块统合策略的变化,即从非正式的策略变通向正式的组织变革转变;二是基层党建策略的变化,即从政治性统合向社会性统合转变。

第三节　中国的城市发展战略

城镇化是一个国家走向现代化进程中不可逾越的阶段,是人类文明发展进步的重要推动力。改革开放以来,我国城镇化的推进速度高歌猛进,城镇化建设取得了历史性成就,与世界其他国家相比,在规模上具有无可比拟性,与发达国家相比,在时间上具有压缩性。

一、新型城镇化战略与城市集约发展之路

(一)新型城镇化战略

根据第七次全国人口普查的数据,我国居住在城镇的人口已达 90199 万人,占全国人口总数的 63.89%,与 2010 年相比,城镇人口增加了 23642 万人,城镇人口比重上升了 14.21 个百分点。[①] 改革开放之初,我国的城镇化率仅为 17.9%,而如今已经提高了 40 多个百分点,中国从完成了农业人口占主体的国家到城镇人口占主体的国家的重大历史性转变,城镇的面貌已然发生天翻地覆的改变。在这一时期,中国的城镇化主要是靠提高劳动生产率实现的,农村家庭联产承包责任制的实施使得大量农村剩余劳动人口得以解放,大规模城乡人口流动和迁移由此开始,资源配置效率也实现了大幅增长,为改革开放成果得到广泛地分享和农村逐步变成城市奠定了坚实的基础,一大批在国际上享有盛誉的大都市崛起,大批富有生机和活力的中小城市也为国民经济的快速增长做出了贡献。我国作为占世界近五分之一

---

① 参见《国务院新闻办就第七次全国人口普查主要数据结果举行发布会》,http://www.gov.cn/xinwen/2021-05/11/content_5605842.htm,2021 年 5 月 11 日。

人口的大国,在改革开放春风下发生的这场城镇化变革,也意味着人类社会的发展水平和整体速度因为中国城市的崛起而得到了显著提升。

随着城镇化率历史性地突破了 60%,城镇成为承载人口和高质量发展的主要载体,我国的城镇化也进入了一个全新的时期,即以城市型社会为主体的"新城市时代"。从官方表述来看,党的十八大报告中提到要"坚持走中国特色新型工业化、信息化、城镇化、农业现代化道路",即"四化",自此以后,中国开启了以人为核心的城镇化探索,中国特色新型城镇化建设不断向纵深挺进。

"以人为核心的新型城镇化"命题的提出是以习近平同志为核心的党中央坚持"以人民为中心"的发展思想在新型城镇化实践中的运用和发展,是实现城市治理体系和治理能力现代化的必由之路。① 在 2013 年召开的中央城镇化工作会议上,习近平总书记明确推进了城镇化的指导思想、主要目标、基本原则、重点任务,本次会议强调了"城镇化是现代化的必由之路",并首次提出了要以人为本,推进以人为核心的城镇化。2014 年 3 月发布的《国家新型城镇化规划(2014—2020 年)》明确要求新型城镇化要"以人的城镇化为核心",确定了"以人为本、四化同步、优化布局、生态文明、文化传承"的新型城镇化道路。党的十九大报告里,习近平总书记也指出,要"推动新型工业化、信息化、城镇化、农业现代化同步发展",要坚持"以人民为中心"的发展思想。党的十九届五中全会通过的《中共中央关于制定国民经济和社会发展第十四个五年规划和二〇三五年远景目标的建议》也提出要"推进以人为核心的新型城镇化",并从城市更新、城市治理、城市协调发展等方面作出整体部署。2021 年出台的《中华人民共和国国民经济和社会发展第十四个五年规划和 2035 年远景目标纲要》中,"人民"更是出现了 46 次,从目标

---

①　参见张蔚文、孙思琪:《坚定不移地推进以人为核心的新型城镇化》,《清研智库系列研究报告》,2020 年第 6 期。

任务和政策举措上谋篇布局,为如何使得新型城镇化建设的实效满足人民群众对幸福生活的追求指明了前进方向、提供了基本遵循。

上述一系列政策措施,体现了以习近平同志为核心的党中央牢牢把握住了"以人为本"这一新型城镇化的核心所在,对人本价值不断发掘,"以人为核心"无疑已经成为"十四五"时期及未来新型城镇化的战略指引,为如何在新的历史起点上共创人民群众的高品质生活提供了基本遵循,擘画了宏伟蓝图。我们党根基在人民、血脉在人民,因而,如何让城镇化进程中的"乘数效应"被放大,如何让所有人民共享发展成果,如何满足人民对美好生活的多层次多样化需求发展,如何促进产、城、人深度融合,建设人民满意的现代化城市,至关重要。要让各行各业的建设者安居乐业,让城市外来人口宾至如归,让更多人"留得下""过得好",让人民的生命健康安全有所保障,居住环境与品质有所改善,社会保障与公共服务体系不断健全,就业机会与收入水平稳步提升,休闲娱乐生活愈加丰富。

城镇化绝不是一个可以自我推动、独自完成的孤立过程。根据新发展理念推动的新型工业化、信息化、城镇化、农业现代化同步发展是中国特色的社会主义现代化道路。"四化同步"的本质是一种国家现代化路径,它是中国特色社会主义道路的有机组成部分,也是一种经济发展方式,意味着工业化、信息化、城镇化、农业现代化的全面、协调、可持续发展,其互为条件、互为动力,以实现系统发力、创造合力。我国的"四化同步"是并发式和叠加式的,工业化对应的是供给的创造,为其他"三化"提供原材料,信息化提供的是其他"三化"的推进器,城镇化与农业现代化互相促进、互相带动,它们关系到产业结构、技术结构与城乡结构的优化与演进。

目前,"四化同步"发展基础不断夯实,成效较为显著:从工业化来看,我国已进入工业化后期阶段,工业总量快速增长。根据工信部最新发布的数据显示,我国工业增加值由 23.5 万亿元增加到 31.3 万亿元,连续 11 年成为世界最大的制造业国家,①主要工业产品产量位居世界前列,离基本实现工业化的目标已非常接近。从信息化来看,2016 年发布的《国家信息化发展评价报告(2016)》显示,我国的信息产业规模、信息化应用效益等显著增长,信息化发展指数的全球排名从 2012 年的第 36 位上升至 2016 年的第 25 位,信息化发展指数首次超过 G20 国家的平均水平。② 从城镇化来看,我国目前的城镇人口比重已超过世界平均水平,城镇化率与同等收入类型国家的差距在不断缩小,处于 30% 至 70% 的区间,城镇化发展蕴含着巨大的空间与经济发展潜力。从农业现代化看,我国推进农业现代化的有利条件不断积蓄,发展共识更加凝聚,现代农业设施、先进农业装备支撑农业发展的格局初步形成,农业科技进步贡献率达到 59.2%,全国农作物耕种收综合机械化率超过 70%,主要农作物自主选育品种提高到 95% 以上。2019 年我国农业科技论文总体竞争力和专利总体竞争力均居全球第二。③

　　但与此同时,也要看到"四化"互动发展过程中仍存在许多问题,必须始终坚持系统思维,保证"四个轮子一起转",不断聚焦现实,紧跟时代步伐,稳步推进与"四化"相关的顶层设计与重大战略部署,在深度融合、互相促进、协调发展上发力,在"四化同步"的进程中推动实现更高水平的现代化。

(二)城市集约发展之路

　　根据现代汉语词典的解释,"城市"是所在地区的政治、经济、文化中心,其特征是区域内人口相对集中、居民主要从事非农业生产、工商业高度发

---

　　①　参见《我国连续 11 年成为世界最大制造业国家》,https://baijiahao.baidu.com/s? id = 1693078599316013209&wfr = spider&for = pc,2021 年 3 月 2 日。

　　②　参见《国家信息化发展评价报告(2016)》发布》,https://www.sohu.com/a/119469038_500643,2016 年 11 月 21 日。

　　③　参见《我国农业科技进步贡献率达到 59.2%》,https://baijiahao.baidu.com/s?id = 1655263442383270662&wfr = spider&for = pc,2020 年 1 月 9 日。

达。从乡村中脱胎而成的城市,是人类社会发展到一个新阶段的产物,是社会文明进步的重大标志,它意味着高密度与多样性,作为经济社会发展的重要载体以及人民生产生活的重要场所,城市是各类要素资源和经济社会活动最集中的地方,有着远超乡村的区域辐射力,因而在全面建成小康社会的进程中,发挥好城市"领头羊"的作用是极为关键的。

综观我国快速发展的城市化进程,乘着"快车道"发展起来的城市正面临着一系列随之而来的新问题。从城市发展的重心来看,其历经了从"规模扩张"到"形象塑造"的转移:在第一波浪潮中,中心城市盲目扩张,新城新区建设如火如荼,城市规模愈发壮大,这种"摊大饼"式的城市建设思路轻"质"重"量",表面上城市不断蔓延,实际上产业和人口极为分散,生活成本也随之增加,土地利用方式也较为粗放,造成了一定的土地浪费。而在第二波浪潮中,城市的"靓化工程"数不胜数,城市扩张中对宏大叙事与象征意义的强调过度,导致城市地标建筑竞相被打造出来,大规模的高层建筑与裙楼拔地而起,城市名片不断更新,城市发展中极为重要价值取向被忽视,高效性与舒适性不能被满足,城市空间未能得到有机整合,空间配置效率有待提升,空间结构急需优化。在城市功能不断融合、产业迅速叠加的今天,越来越多的"城市病"也涌现出来,传统、粗放的城市化模式有悖于可持续发展的原则。

然而城市绝不是矛盾的丛集。根据国家统计局 2021 年发布的《经济社会发展统计图表:第七次全国人口普查超大、特大城市人口基本情况》可知,我国超大、特大城市数量已达到 21 个。① 超大、特大城市背后是人口和要素愈发向较大空间范围内的聚集。如何在第三波城市化浪潮的到来中深刻认

① 参见《经济社会发展统计图表:第七次全国人口普查超大、特大城市人口基本情况》,http://www. qstheory. cn/dukan/qs/2021 – 09/16/c_1127863567. htm,2021 年 9 月 16 日。

识城市在我国经济社会发展、民生改善中的重要作用,需要把握城市发展的规律、提升城市规划的水平,需要科学谋划城市的"成长坐标",对症下药,解决城市产业和人口过于分散的问题,抓住"集约发展"这一重心,提升城市的集聚效应,在优化城市结构、升级城市品质、打造特色产业等方面下功夫,让城市的规模、功能、空间达到动态均衡,将城市建设这一现代化建设的重要引擎把握好。

2015 年的中央城市工作会议中,对城市集约发展之路做了如下规划:一是要统筹空间、规模、产业三大结构,提高城市工作全局性,以城市群为主体形态,科学规划城市空间布局,实现紧凑集约、高效绿色发展;二是要统筹生产、生活、生态三大布局,提高城市发展的宜居性,坚持集约发展,树立"精明增长""紧凑城市"理念,科学划定城市开发边界,推动城市发展由外延扩张式向内涵提升式转变。① 这意味着要在城市化进程中加强对城市存量空间的谋划,告别"摊大饼"式的城市发展模式,系统分析城市的承载能力、辐射能力、主要需求与支柱产业,加强对城市生产、生活、生态的统筹,打造更宜居的城市、更可持续发展的城市,打造高质量、高密度、资源节约型的城市,用集约增长领航城市朝着内涵式、绿色化方向精明发展。

2016 年出台的《中共中央国务院关于进一步加强城市规划建设管理工作的若干意见》(中发〔2016〕6 号)提出,城市规划在城市发展中起着战略引领和刚性控制的重要作用,并强调在未来的城市工作中要注意以下几点:第一,实现一张蓝图干到底,以规划的前瞻性、严肃性和连续性作为城市走集约发展之路的基础与前提;第二,根据资源禀赋和环境承载能力,引导调控城市规模,优化城市空间布局和形态功能,确定城市建设约束性指标;第三,按照严控增量、盘活存量、优化结构的思路,逐步调整城市用地结构,合理安

---

① 参见《中央城市工作会议在北京举行》,http://www.xinhuanet.com//politics/2015 - 12/22/c_1117545528.htm,2015 年 12 月 22 日。

排建设用地,推动城市集约发展。① 该文件针对当前我国城市规划建设管理中存在的突出问题,为治理城市化进程中的"顽疾"谋篇布局,创新了规划理念,改进了规划方法,着眼人民群众对美好生活的现实需求,促进各类生产要素合理流动和高效集聚,积极稳妥扎实有序推进城市化,以此引领城市建设的新思路从"外延式扩张"转为"内聚式发展",建设有更高资源生态承载力、更高区域服务能力的集约型城市。

集约发展的城市应当具备以下特点:一是重内涵,秉持高质量发展理念,在人口和要素向较大空间范围内聚集的同时,破解城市发展"表里不一"的问题,关注城市品质的提升、关注结构的优化,结合城市的自然风貌、文化底蕴,把握好城市发展的"表"与"里",推进产城融合发展;二是重规划,把握城市设计的持久性、科学性、前瞻性、约束性,对城市功能与定位做好"加法"与"减法",以"舍"求"得",打好疏解城市功能与协调城市区域发展的组合拳,立足国家发展规划,在不同的阶段细化目标任务,释放城市化的活力,促进城市新增长极的形成,规划长远,延伸未来;三是重服务,要坚持人民城市为人民,树立以人为核心的城市观,提升城市治理水平,客观、系统性地分析城市的供应能力与人民的需求,在数字经济时代打造信息集约、高度智能的城市。

二、城市群战略:三大城市群

随着城市不断做大做强,我国在外部力量主导下发展起来的粗放型城市化已经在实践中难以适应社会发展的潮流,作为区域经济发展到较高阶段的产物以及国家参与全球竞争与国际分工的全新地域单元,"城市群"在

---

① 参见《中共中央国务院关于进一步加强城市规划建设管理工作的若干意见》,http://www.gov.cn/zhengce/2016－02/21/content_5044367.htm,2016 年 2 月 21 日。

国家"十一五"规划中被首次提出,并被定位为"推进城镇化的主体形态"。这一现代化的空间载体作为地理格局的表达,有着较强的聚合效应、规模效应、分工效应、辐射效应,能够通过交通网络形成新的拉力,促进空间关系重构,从而实现城市功能的融合与互补,并借助公共基础设施、区域资源与信息的共通、共用、共享,在分工整合中实现要素在空间上的自由流动,提高资源利用的效率,最大限度形成竞争优势,孕育出能够在全球的区域竞争中与世界级城市齐头并进的中国城市,并利用中心区域城市的增长极优势,促进区域一体化均衡发展。

此后,在中央政府的重要文件以及报告中,城市群的战略作用被不断提及,定位也不断深化推进,党的十八大、十九大报告与历次中央城镇化工作会议、中央工作会议中均有提及。"十四五"规划纲要中,更是将"区域协调"单独成章,进一步明确"以城市群、都市圈为依托促进大中小城市和小城镇协调联动、特色化发展"。从"一群城市"转变为"城市群",形成的将是在空间上更为紧凑、联系上更为密切、发展上更为一体化的城市群体,因而在国家主体功能区划中,城市群对于构建高效、协调、可持续的城镇化空间格局意义至关重大,已然成为新时期中国解决城市发展中出现的各大问题的重要着力点,发挥着国家经济社会发展的增长极作用。

在庞大的中国城市群版图上,"两横三纵"的城镇化战略格局已经形成,19 个大小、规模、发展水平各异的城市群经济发展步伐不一,定位大相径庭,既有发展较为成熟的城市群,也有初具雏形的城市群,有的属于优化提升之列,有的还需培育发展,但总体都呈现出人口和经济不断向主要城市群集聚的重要趋势。在这些城市群里,一共包括我国 422 个大中小城市,在中国城市总数中占比已超过60%,疏密有致、分工协作、功能完善的城市群成为推动区域协调发展、缩小城乡差距的重要驱动力,贡献了全国 80% 以上的国内生产总值。① 其中,长江三角洲城市群、珠江三角洲城市群和京津冀城市群3个城市群属于第一梯队,其内部中心城市和周边城市同城化进程较快,叠加效应发挥较好,一体化发展体制机制较为完善,在"十一五"规划这一思路转变的关键节点中,已经对这三大城市群的功能和定位进行了界定,即"发挥对内地经济发展的带动和辐射作用"。十多年来,三大城市群建设已初具规模,指标规模与发展质量不断提升,在中国的城市战略中,正发挥着带动引领作用,使其向世界级城市群不断迈进,发展再上一个新的台阶。

三大城市群作为未来最具发展活力和潜力的区域,在发展节奏与定位上不同,前景也各异。作为"一带一路"与长江经济带的重要交汇地带,长江三角洲城市群以上海为核心,规划范围从1982年的上海经济区逐步扩大到了上海及周围的浙江、江苏、安徽省全域,在这个空间范围动态演变的过程中,它逐渐跻身为六大世界级城市群。从2018年习近平总书记在首届中国国际进口博览会上宣布,支持长江三角洲区域一体化发展并上升为国家战略,到2019年12月1日,《长江三角洲区域一体化发展规划纲要》由中共中央、国务院正式印发,长江三角洲被赋予了作为"中国经济发展最活跃、开放程度最高、创新能力最强的区域之一"的重要定位,长三角一体化发展也正式上升为国家战略。目前,长江三角洲城市群的发展主要围绕"开放""创新"两条主线展开,创造了对外开放的新高度、制度创新的新标准与国际竞争的新优势。未来,长江三角洲城市群将努力对标逆全球化思潮下新一轮的"改革开放示范高地",作为中国经济新增长极、中西部新型城镇化先行区、内陆开放合作示范区、"两型"社会建设引领区,蓄力发展。

作为独一无二的"首都城市群",京津冀城市群在促进公平、高效与可持续上发挥着引领示范作用,是成为世界性的"资金流""信息流""物流""人

---

① 参见《长三角议事厅|中国城市群战略变迁逻辑》,https://baijiahao.baidu.com/s?id=1701440938251558222&wfr=spider&for=pc,2021年6月2日。

才流"等"流"的重要节点。① 京津冀城市群由首都经济圈发展而来,是我国北方经济规模最大、最具活力的地区。《京津冀协同发展规划纲要》将京津冀城市群定位为"以首都为核心的世界级城市群、区域整体协同发展改革引领区、全国创新驱动经济增长新引擎、生态修复环境改善示范区"。"协同发展"是京津冀城市群的重要特征,其着眼于有序疏解北京非首都功能、高标准高质量推进雄安新区建设、大力推进重点领域协同发展,根据京津冀协同发展统计监测协调领导小组办公室对外发布的数据,从 2010 年到 2017 年,京津冀区域发展指数平均每年提高 7.71 个百分点,特别是 2015 年以来,指数出现较大幅度提高,反映出协同发展战略对京津冀城市群发挥了积极的带动作用。② 未来,京津冀城市群将继续秉持"功能互补、区域联动、轴向集聚、节点支撑"的布局思路稳步迈进,成为"中国脊梁"。

"开放"是珠江三角洲城市群这一南方地区对外开放的重要特征,其范围最初包括广州、深圳、珠海、佛山、东莞、肇庆、江门、中山、惠州 9 个城市。"珠三角城市群"概念最早出现在 1994 年的《珠江三角洲经济区城市群规划》中,而正式上升为国家战略规划是在 2008 年,随着《粤港澳大湾区发展规划纲要》的发布,香港和澳门也被纳入一体化发展的进程中。总的来看,它是中国经济最活跃的地区之一,珠三角城市群凭借优越的地理位置、广袤的发展腹地、极高的人口吸纳度,在特色金融业、现代物流业、先进制造业等方面表现得可圈可点,经济实力雄厚、创新要素集聚、国际化水平领先,被誉为"中国硅谷"和"世界工厂"。未来,结合习近平总书记对广东工作所作出的重要批示与《粤港澳大湾区发展规划纲要》,珠江三角洲城市群作为落实

---

① 参见陆大道:《京津冀城市群功能定位及协同发展》,《地理科学进展》,2015 年第 34 期。

② 参见《京津冀区域发展指数稳步提升》,http://www.gov.cn/xinwen/2018 - 08/03/content_5311404.htm,2018 年 8 月 3 日。

"四个坚持、三个支撑、两个走在前列"的排头兵,未来定位应当是充满活力的世界级城市群、具有全球影响力的国际科技创新中心、"一带一路"建设的重要支撑、内地与港澳深度合作示范区、宜居宜业宜游的优质生活圈。①

三、社会主义现代化城市建设的三大类型:雄安新区、深圳、上海

(一)社会主义现代化城市样板:雄安新区建设

坐落在广袤的河北平原上的雄安新区包括河北省雄县、容城县、安新县等3县行政辖区(含白洋淀水域),地处北京、天津附近,是北京非首都功能疏解的集中承载地,它首次出现在汇报稿的标题中是2016年5月27日,习近平总书记在主持召开中共中央政治局会议时。直至2017年,雄安新区正式设立,并被赋予探索人口经济密集地区优化开发新模式的重大使命。党的十九大报告更是指出要高起点规划、高标准建设雄安新区,这座承载着"千年大计、国家大事"的社会主义现代化新城建设自此以后进入了热火朝天的快车道。

作为以习近平同志为核心的党中央作出的一项重大历史性战略选择,雄安新区的设立起点高、环境新,其在时代特征与历史意义上均有别于深圳经济特区与普通新区的设立。此时的中国,正迈进经济高质量发展的阶段,国富民强,因此它可以说是我国社会主义现代化城市的样板,正朝着绿色生态宜居新城区、创新驱动引领区、协调发展示范区、开放发展先行区一步步迈进。

从城市面貌看,雄安新区展现了中国建筑艺术的精髓,没有千篇一律的

---

① 参见《中共中央国务院印发〈粤港澳大湾区发展规划纲要〉》,http://www.gov.cn/gongbao/content/2019/content_5370836.htm,2019年2月18日。

水泥森林和玻璃幕墙。作为生态典范之城,雄安新区秉持着"先植绿、后建城"的理念,在打好蓝绿底色上不遗余力,于 2017 年启动了雄安新区千年秀林这一生态缓冲区的建设,打通"两山"转化通道,在其建设中处处体现出回归人的本源的积极探索,展现对生态价值的鲜明追求,"一方城、两轴线、五组团、十景苑、百花田、千年林、万顷波"的空间意象已逐渐显现。① 城市,是百姓幸福生活的载体;宜居,也被写进了雄安新区规划建设的重要章节;百姓的就业、医疗、教育、交通、养老等问题均被纳入长远规划中,承载着人民对美好生活的向往。雄安新区紧紧围绕"人"谋篇布局,在建设中将幸福之城、和谐之城、乐业之城的使命牢牢把握,让百姓愿意留下来、能够留下来、满意留下来,是服务群众需求、包容多元文化、极具城市活力的人民城市。

从城市规划看,雄安新区严格遵循《河北雄安新区规划纲要》进行建设,保持历史耐心和战略定力,从"一张白纸"为起点,雄安画卷正徐徐铺展、徐徐"落地",编制完成"1 + 4 + 26"规划体系,基本完成顶层设计,一张蓝图绘到底,在规划的深度、远度上有所考量,在规划、建设理念上体现出前瞻性、引领性、严肃性、约束性,呈现了社会主义现代化城市建设从理念到行动的务实范本。河北雄安新区工作委员会、河北雄安新区管理委员会依次成立,雄安新区从以农田村庄为主的经济不发达地区开始起步,认真吸取了"摊大饼"思路下的城市建设弊端与苦果,从起步区开始规划,采取组团式格局建设好北京所疏解出的非首都功能的单位,高标准、高质量配备好交通、绿化等基础设施与公共服务设施,并规划了战略留白空间,为城市发展预留了无限的可能性,极具弹性。

从城市优势看,先行先试、率先突破的创新能力是雄安新区的重要竞争力所在。自成立以来,雄安新区承载着成为全球创新中心的使命,在创新发

---

① 参见《雄安画卷徐徐铺展 "未来之城"蓄势待发——雄安新区设立三周年巡礼》,http://www.gov.cn/xinwen/2020 - 03/31/content_5497671.htm,2020 年 3 月 31 日。

展、城市治理、公共服务等方面力求筑高、做实、做细、做精,依靠创新驱动发展,走出一条新路。雄安新区以行政审批制度改革为突破口,通过建立健全新区管理体制,构建服务疏解组织保障体系,探索创新经济社会管理权限下放模式,完善新区项目建设推进机制、投融资体制、城市建设体制,推进司法体制机制创新等一系列措施,努力打造体制机制新高地。与此同时,作为开放发展的重要试点区域,雄安聚焦全面深化改革和扩大开放,建设一流营商环境,扮演好京津冀城市群中新的经济增长极的角色。它是数字人民币、金融科技创新监管的重要试点区,为全国提供了经验、创造了模板;它是高质量发展道路的重要践行区域,为打造具有深度学习能力、全球领先的城市,将产业发展定位为高技术产业引进和高技术供给型,包括百度、阿里巴巴、腾讯、京东等企业纷纷落地。雄安新区作为北京、天津两个大都市的"反磁力中心",作为带动河北各城市功能提升的"增长极",正在以"功成不必在我"的精神境界,一步步努力建成贸易投资自由便利、高端高新产业集聚、金融服务开放创新、政府治理包容审慎、区域发展高度协同的高标准高质量自由贸易园区。①

（二）社会主义现代化强国的城市范例：深圳的建设

习近平总书记在出席深圳经济特区建立 40 周年庆祝大会时强调,深圳是改革开放后党和人民一手缔造的崭新城市,是中国特色社会主义在一张白纸上的精彩演绎。② 整个"十三五"期间,深圳地区生产总值从 2015 年的 1.84 万亿元提高到 2020 年的 2.77 万亿元,年均增长 7.1% ,高于全国和全

---

① 参见《中国(河北)自由贸易试验区条例》,https://m. gmw. cn/baijia/2020 – 10/ 19/1301689431. html,2020 年 10 月 19 日。

② 参见《深圳经济特区建立 40 周年庆祝大会隆重举行 习近平发表重要讲话》,ht- tp://www. gov. cn/xinwen/2020 – 10/14/content_5551298. htm,2020 年 10 月 14 日。

省同期增速 1 个百分点以上①，不愧为改革开放的排头兵。40 年来，深圳已经从一个落后的小渔村发展为我国重要的经济、科技、金融重镇，并被誉为"中国打开国门的第一把钥匙"②，城市发展可谓蝶变，在由"跟跑"走向"领跑"过程中所展现出的"深圳速度"与"深圳效益"，所成就的"深圳质量"与"深圳品牌"，在全国范围内都具有很强的引领和示范作用。2019 年发布的《中共中央国务院关于支持深圳建设中国特色社会主义先行示范区的意见》赋予了深圳"建设中国特色社会主义先行示范区"的全新历史使命，致力于将深圳打造为高质量发展高地、法治城市示范、城市文明典范、民生幸福标杆、可持续发展先锋。2020 年习近平总书记亲临广东视察时提出了支持深圳建设中国特色社会主义先行示范区的战略意图。

　　综观深圳发展的"时间表"和"路线图"，可以将深圳这一社会主义现代化强国的城市范例波澜壮阔的四十余年分为三个阶段：第一个阶段是特区初创期（1980 年到 1992 年），作为新建立的经济特区，深圳依靠中央在重点领域和关键环节改革上所给予的一系列优惠政策和更多自主权，以及毗邻香港的显著区位优势，通过大量发展"三来一补"（来料加工、来样加工、来件装配和补偿贸易）企业，在利用外资和探索外向型经济模式的过程中杀出了一条血路，从"敢闯"到"善创"，积累了大量的初创资金，城市发展突飞猛进，逐步开启了工业化与城市化的进程。

　　而进入第二个阶段即特区转型期（1992 年至 2012 年），中国全面对外开放以后，政策红利大不如前的深圳开始转变发展方向，进行产业转移，从"深圳加工"走向了"深圳制造"，而后又抓住选择机遇，将以电子信息为主的高

---

　　①　参见《"十三五"期间深圳地区生产总值年均增长 7.1%》，https：//m.gmw.cn/baijia/2021－02/03/1302089683.html，2021 年 2 月 3 日。

　　②　［美］莫里斯·迈斯纳：《深圳经济特区：中国打开国门的第一把钥匙》，李惠斌译，《马克思主义与现实》，2000 年第 1 期。

新技术产业作为经济发展的主要增长点,不再靠劳动密集型产业,而发展起技术与知识密集型产业,并大力支持现代物流业和现代金融业。在这个时期,城市发展中出现了"四个难以为继"的问题,于是,深圳开始了从"速度深圳"向"效益深圳"、从"深圳制造"到"深圳创造"的转型升级,多元产业体系逐步形成,并逐渐在科技创新的"无人区"大胆探索,将"步子要稳"和"胆子要大"相结合,诸如华为、腾讯、比亚迪等知名企业在深圳"破土而出","多点推动、齐头并进"的发展格局逐步完善起来。在这个时期,深圳经济平稳较快增长,GDP 年均增长 16.8%,高于同期全国 10.2% 和全省 13.0% 的平均水平。

党的十八大召开以后,深圳的城市发展进入了第三个阶段:全面开拓期。这个时期,深圳再次担当"开路先锋",勇蹚"深水区",敢闯"无人区"。2019 年,《粤港澳大湾区发展规划纲要》的印发,标志着深圳在国家战略中被赋予了"核心引擎"的重要位置;而《关于支持深圳建设中国特色社会主义先行示范区的意见》的通过也意味着深圳将在"双区驱动"的引领下继续前进;2020 年发布的《深圳建设中国特色社会主义先行示范区综合改革试点实施方案(2020—2025 年)》更是指出,要增强深圳在粤港澳大湾区建设中的核心引擎功能,努力创建社会主义现代化强国的城市范例,并坚持解放思想、守正创新,坚持市场化、法治化、国际化,坚持系统集成、协同高效,坚持先行先试、引领示范,坚持底线思维、稳步实施,逐步为全国制度建设作出重要示范;①2021 年,国家发展和改革委员会发布《关于推广借鉴深圳经济特区创新举措和经验做法的通知》,意在通过大力推广深圳生动、精彩的实践中 47 条创新举措和经验做法,展现中国特色社会主义优越性和生命力,打造好社会主义现代化强国的城市"样板"。从一系列重大利好背后,可以看到国家

---

① 参见《中共中央办公厅 国务院办公厅印发〈深圳建设中国特色社会主义先行示范区综合改革试点实施方案(2020—2025 年)〉》,http://www.gov.cn/xinwen/2020 – 10/11/content_5550408.htm,2020 年 10 月 11 日。

对深圳发展所寄予的殷切希望。

站在新的历史起点上,深圳将继续破冰试水,在打造社会主义现代化强国示范区的建设上进入全面铺开、纵深推进的新阶段,对标国际先进城市发展,在基础研究、原始创新和关键核心技术等"卡脖子"问题上持续发力,成为竞争力、创新力、影响力卓著的全球标杆城市,勇当驶向中华民族伟大复兴光辉彼岸的第一艘"冲锋舟",为我国实现社会主义现代化作出新的更大贡献,续写更多"春天的故事"。①

(三)社会主义现代化国际大都市:上海

上海是中国共产党的诞生地,马克思主义是其鲜明的城市底色,这座承载着中央厚望和人民重托的城市,人口总量十分庞大,生命体征相当复杂。与此同时,它也是新时代我国改革开放的前沿阵地,作为长江三角洲地区和长江流域的核心城市、龙头城市,20 世纪 90 年代初,上海被历史所选择,浦东的开发开放为我国的全方位对外开放格局添上了"点睛"之笔,上海也紧紧抓住这一历史机遇,展现出不一般的担当、实现不一般的作为,掀起了城市建设的新高潮,并率先与国际接轨,成了中国与世界对话的重要门户。

为了建设成为具有世界影响力的社会主义现代化国际大都市,三十余年来,在党的领导下,上海的城市规划不断更新,朝着建设国家中心城市与全球门户城市的方向不断迈进。2001 年 5 月,国务院在《上海市城市总体规划(1999—2020 年)》批复中明确提出要把上海建设成为现代化国际大都

---

① 参见《中共深圳市委关于制定深圳市国民经济和社会发展第十四个五年规划和二○三五年远景目标的建议》,http://www.sz.gov.cn/cn/xxgk/zfxxgj/zwdt/content/post_8386242.html,2020 年 12 月 31 日。

市和国际经济、金融、贸易、航运中心之一,翻开了上海城市建设发展新的一页,①而 2017 年发布的《上海市城市总体规划(2017—2035 年)》中,进一步明确要将上海打造成"国际经济、金融、贸易、航运、科技创新中心",打造成"卓越的全球城市""令人向往的创新之城、人文之城、生态之城"。② 从"四个中心"的确立到加快建设"五个中心",上海也实现了从工业化到城市化的重要转型。在这一演进过程中,也形成了一套与时俱进的、具有中国特色的城市治理体制机制,展现出了上海当好"新时代的排头兵、先行者"的坚定决心,这也正是上海这座城市的自我认同与当仁不让的使命。

一直以来,以习近平同志为核心的党中央对筑牢上海这座超大城市治理的"稳固底盘"高度关注。2017 年全国两会上,参加上海代表团审议的习近平总书记向上海提出要求:"解放思想,勇于担当,敢为人先,坚定践行新发展理念,深化改革开放,引领创新驱动,不断增强吸引力、创造力、竞争力,加快建成社会主义现代化国际大都市。"③作为国际大都市的上海是全中国人民的上海,它具备着"海纳百川、追求卓越、开明睿智、大气谦和"的城市精神和"开放、创新、包容"的城市品格。2018 年,习近平总书记亲临在上海举行的首届中国国际进口博览会开幕式,他在主旨演讲中指出,"开放、创新、包容已成为上海最鲜明的品格",并强调"这种品格是新时代中国发展进步的生动写照",进博会也逐渐成为上海扩大对外开放的新载体,这背后意味着"开放"的基因已经融入这座城市的血液,上海也依靠"内外兼修",在国际

---

① 参见《上海市人民政府关于印发上海市城市总体规划(1999—2020 年)中、近期建设行动计划的通知》,https://www.shanghai.gov.cn/nw12941/20200815/0001 – 12941_1100.html,2020 年 8 月 15 日。

② 《上海市城市总体规划(2017—2035 年)文本》,https://www.shanghai.gov.cn/newshanghai/xxgkfj/2035002.pdf,2018 年 1 月 4 日。

③ 《习近平:践行新发展理念深化改革开放 加快建设现代化国际大都市》,http://www.xinhuanet.com//politics/2017lh/2017 – 03/05/c_1120572151.htm,2017 年 3 月 5 日。

交往中展现出了中国特色社会主义的独特魅力,让世界各国人民都能享受到我国改革开放所带来的重大福利。2019 年 11 月,习近平总书记在上海考察时再次强调,上海要勇挑最重的担子、敢啃最难啃的骨头,不断提高社会主义现代化国际大都市治理能力和治理水平。[①] 2021 年,在建党百年之际,上海更是肩负起"打造国内大循环的中心节点和国际国内双循环的战略链接"的新使命。[②] 从这一系列政策变迁中,可以发现上海作为社会主义现代化国际大都市这一领军角色所应当具备的示范、引领、带动作用。

可以说,上海作为世界观察中国的一个重要窗口,其城市建设的目标、方向、定位都意味着它必须强调社会主义本质属性,它的城市建设工作是在社会主义旗帜下一步步完成的,这是它鲜明区别于其他类型的国际大都市的优势所在,其发展历程充分展示了社会主义的优越性、中国特色社会主义的制度优势和旺盛生命力。近年来,上海也通过浦东新区与自由贸易区的建立、世博会与进博会的举办上交了一份份社会主义国家中超大城市建设的满意答卷,彰显了中国共筑人类命运共同体的大国责任担当。因而从国家战略上来说,中央之所以对上海的城市发展寄予厚望,追求的绝非是在数量上新增一个国际大都市,而是希望能够以上海为蓝本,以中国特色社会主义为底色,在世界国际大都市的版图上增添能够体现中国特色、中国智慧和"中国之治"的时代样本,能站在全球城市的第一梯队,从而在城市建设的世界舞台拥有更大的话语权和影响力,展现出建设社会主义现代化国家的新气象。

---

① 参见《习近平:提高社会主义现代化国际大都市治理能力和水平》,https://baijiahao. baidu. com/s? id = 1649182817142775303&wfr = spider&for = pc,2019 年 11 月 3 日。

② 参见《上海要成为国内大循环中心节点和国内国际双循环战略链接》,http://www. scio. gov. cn/xwfbh/xwbfbh/wqfbh/44687/45333/zy45337/Document/1702615/1702615. htm,2021 年 4 月 22 日。

第八章

城市与文化：城市文化治理的空间谱系

第一节　城市文化治理与城市空间：一个亟待重视的命题

　　城市与文化密不可分。用芒福德的名言来讲，城市是文化的贮存器。芒福德认为城市"从其起源时代开始便是一种特殊的构造""脱离以饮食和生育为宗旨的轨道，去追求一种比生存更高的目的"，亦即"用来贮存人类文明的成果"，"城市的主要功能就是化力为形，化权能为文化，化朽物为活灵灵的艺术造型，化生物繁衍为社会创新"，城市的至高功能是"贮存文化、流传文化和创造文化"。①城市体现了"自然环境人化以及人文遗产自然化的最大限度的可能性；城市赋予前者以人文形态，而又以永恒的、集体形态使得后者物化或者外化"②。

　　城市文化虽然包罗万象并复杂多元，但至少可用广义和狭义两种标准

---

　　① ［美］刘易斯·芒福德：《城市发展史：起源、演变和前景》，宋俊岭、倪文彦译，中国建筑工业出版社，2005 年，第 14、31、33、41 页。

　　② ［美］刘易斯·芒福德：《城市文化》，中国建筑工业出版社，宋俊岭等译，2009年，第 5 页。

来划分。广义的城市文化涉及从艺术到建筑,从潮流时尚到街角景观,从影像符号到习俗习惯,从生活方式到历史记忆等物质空间、象征符号和历史积淀等多个面向和内容。① 从这个意义上讲,城市文化即是城市本身,它包含了城市从物质到精神到行为的所有层面。狭义的城市文化则指向纯粹的以艺术为载体的精神领域的内容创造和形态呈现。艺术与城市一旦相遇便相互嵌入并关联在一起,②艺术家的艺术行为从而成为构筑城市空间的一种文化手段。③ 这也是为什么城市艺术博物馆之类的文化机构,日益成为提高城市形象的重要因素之一。④

在城市文化治理的现实实践中,城市文化治理与城市空间紧密相关。与纯粹的文化学、哲学对城市文化治理的界定和研究不同,我们对城市文化治理这一关键性概念的界定和研究,既没有依据城市文化的广义标准,也没有依据其狭义标准,而是依据城市文化在城市空间治理过程中所展现的主体特性、实践特征、过程和形态进行界定。换言之,我们以社会科学的视角,从中观和更为操作化的层面界定和研究城市文化及其治理的空间谱系。我们借鉴社会科学家对治理这一概念的界定及其实践的研究,即治理(governance)是各种公共的或私域的个人和机构管理其共同事务的诸多方式的总和⑤,是政府、社会、市场和个体之间横向的协商和合作,不是统治(government)和管控。⑥ 由此,我们认为城市文化治理不是广义的无所不包的物质

---

① 参见马杰伟:《中国城市研究探索》,香港中文大学香港亚太研究所,2009 年,第 10 页。

② See Nicolas Whybrow, *Art and the City*, I. B. Tauris & Co Ltd, 2011, p. 8.

③ See Sharon Zukin, *The Cultures of Cities*, Blackwell Publishers, 1995, p. 23.

④ Ibid, p. 8.

⑤ 参见全球治理委员会:《我们的全球伙伴关系》,转引自潘小娟、张辰龙主编:《当代西方政治学新词典》,吉林人民出版社,2001 年,第 223 页。

⑥ See Ostrom, E., *Governing the Commons*:*The Evolution on Institutions of Collective Action*, Cambridge University Press, 1990.

和精神的集合体,也不是狭义的纯粹艺术,而是在一定范围的城市空间内政府、社会和市民个体在价值观、生活实践和物质实体等层面多元合作、协商共治的过程。① 这种对城市文化治理的界定具有"主体"规定性,而非仅关注文化呈现的"客体"形态,它强调的是城市政府加诸城市空间的意识形态及其物质性体现,城市社会日常运行所产生的运行规范和历史积淀,城市市民在物质空间中的个体行动和生活记忆。

大多数研究城市文化及其治理的学者,基本是从宏观层面对作为整体的城市文化进行抽象理论研究。② 近年来全国各大城市流行的对自身城市精神(城市文化)的总结和宣传,便是该学术现象在城市文化治理实践中的映照。然而现实的城市文化治理实践中的城市文化并不是整体一块而不可分割的,它被物理空间分隔、承载并连缀成马赛克式拼图文化,貌似无机却有着内在的空间连续性。从这个意义上讲,本书聚焦的城市文化治理的空间谱系研究是从中观甚至微观层面,将城市文化治理看作空间上的连续系统(continuity),挖掘其在不同层级但又相互关联的城市空间中的开展过程。

基于此,城市文化治理的空间属性亟待研究。城市文化治理有主体性和空间性之别。城市文化治理的主体性指向其阶层属性,最典型的是精英城市文化治理与大众城市文化治理的区别,"这两种文化形式表现了不同类型的价值,代表不同的审美标准",这种从阶层主体性的角度考察城市文化治理的研究仍然是占主导地位的主题。③ 然而城市不仅是社会的而且是空间的,空间是城市文化治理最直观的承载者。在空间转向(spatial turn)背景

---

① See Giddens, *Sociology* (5*th ed.*), Polity Press, 2006.

② 参见吕晓东:《城市文化治理:让文化成为城市发展的灵魂》,《青年学报》,2017年第4期;于礼:《公共管理视域下城市文化治理的问题及对策》,《经营与管理》,2019年第5期;仇立平:《城市文化:特大城市社会治理的基础》,《青年学报》,2020年第1期。

③ 参见[美]戴安娜·克兰:《文化生产:媒体与都市艺术》,赵国新译,译林出版社,2012年,第1~2页。

下,城市文化治理的空间性命题日显重要。①本书关注的是城市文化治理的
空间谱系研究,注重城市文化治理在不同层级但又相互关联的城市空间中
的意义、实践和呈现,这类似于列斐伏尔意义上的空间表征(representations
of space)、表征空间(representational space)和空间实践(spatial practices)。②

　　从治理的意义上讲,城市文化治理聚焦于基层街区、社区和楼道空间的
谱系学研究。著名的城市学家雅各布斯说伟大的街道造就伟大的城市,我
们也可以说伟大的城市空间孕育伟大的城市文化。由此,城市文化治理的
空间谱系着重关注:在既定的城市空间范畴内,政府、社会和市民个体是如
何促进特定文化内容呈现、文化话语传播、文化意义确立和文化生活开展,
同时城市空间又如何为这些主体的生活行为、文化行为及其治理行为划定
界限。③ 从这个意义上讲,城市文化治理的空间谱系与城市文化空间治理既
有联系又有本质性区别。后者仅仅关注对于纯粹文化空间,如博物馆、图书
馆、画廊和文化广场等狭义文化场所的治理,④而前者的研究对象与城市空
间的连续谱系紧密结合在一起,其研究对象超越了纯粹文化意义上的物理
空间的单一文化治理,或者说空间中的文化事务的生产,而是面向更加具有
符号性、象征性和生活性的广义上城市治理、生活治理与权力/权利实践的
列氏意义上的城市空间本身的生产过程转向。⑤ 具体来讲,城市文化治理的
空间谱系指向城市治理中的街区、社区和楼道三类既有层级界限又有空间
连续的文化治理空间,这些城市文化治理空间包含前者但又超越前者,实质

---

　　① 参见邹诗鹏:《空间转向与激进社会理论的复兴》,《天津社会科学》,2013 年第
3 期。

　　② See Henri Lefebvre, *The Production of Space*, Blackwell Press, 1991, p.33.

　　③ See Nicolas Whybrow, *Art and the City*, I. B. Tauris & Co Ltd, 2011, p.8.

　　④ 参见王子琪、付昭伟:《弹性、活性、黏性:再论城市文化空间的治理》,《中国行政
管理》,2020 年第 8 期。

　　⑤ See Merrifield, A., *Henry Lefebvre: A Socialist in Space*, In Crang, M. & Thrift, N.
J. Eds. *Thinking Space*, London, Routledge, 2000.

上是政府、社会和市民等多元治理主体,基于文化互动和文化治理而产生的价值观、生活实践、物质实体和城市议题解决的呈现空间。

列斐伏尔的空间生产理论为城市文化治理的空间谱系研究提供了理论视角。在列斐伏尔看来,城市空间不仅是物理意义上的钢筋混凝土结构,更是权力、行动者和表征之间互动产生的关系结构。[①] 借鉴列斐伏尔的理论对城市文化治理的空间谱系进行考察,我们发现城市文化治理的街区、社区和楼道空间的连续谱系不仅在物理意义上紧密相关,政府、社会和市民个体都会在这些空间进行争夺、共享或重新定义,隐藏在其背后的是更加本质的政治、社会和个体的关系。在城市文化治理的空间谱系中,政府主导的街区空间的文化治理和生产过程主要体现的是权力、意识形态等通过文化的手段自上而下地对空间的政治性统治,即空间表征;社群主导的社区空间的文化治理是被群体赋予文化符号和象征意义的治理过程,其与街区空间相比减少了赤裸裸的政治性增加了更多的治理术(governmentalities)[②],即表征空间;居民主导的楼道空间的文化治理是个体感知的空间(perceived space)中的实质性参与活动和生活实践,具有深刻和真实的生活性。[③]

基于上述论述,我们认为城市文化治理的空间谱系研究的重点受到政府、社会和市民等多元治理主体及其文化偏好和实践的影响。城市文化治理的空间谱系研究不仅受到来自政府城市规划部门的部门特性影响,而且受到城市空间使用者,即市民的个体品味、文化偏好和文化生活实践的影响。前者的文化治理实践具体表现为城市规划和空间治理,它决定了承载城市文化的物理空间的分布和内容形态;后者的文化治理实践具体表现为

---

① See Zieleniec, A. J. L., *Space and Social Theory*, Los Angeles Calif., Sage, 2007.

② See Wan X., "Governmentalities in everyday practices: The dynamic of urban neighbourhood governance in China", *Urban Studies*, 2016, 53(11).

③ 参见孙小逸、黄荣贵:《再造可治理的邻里空间:基于空间生产的视角分析》,《公共管理学报》,2014 年第 3 期。

参与并生产具体的城市文化活动、生活方式和城市认同等,它决定了判别城市文化的社会空间的价值属性;正是基于后者,许多学者认为城市文化是城市及其空间的灵魂。①

第二节 向基层下沉:城市文化治理的空间实践

城市文化治理的空间实践与中国城市发展的大脉络息息相关。中国城市文化治理的空间实践是中国城市建设、发展和治理实践的组成部分,前者随后者的发展而发展。城市文化治理本质上是城市治理的组成部分,它与中国的城市化进程紧密相连。改革开放开启了中国大规模高速度的城市化进程,作为"硬件"的城市空间创建,是这个时期的主要任务;作为"软件"的城市文化治理尚未提上议事日程。随着中国各大城市建成空间的不断增长并日臻封顶,21世纪第二个十年间,中国城市治理从新空间开发向既有空间优化方向转型。② 基于此种城市治理空间实践的转型,如何以城市文化提升既有建成空间的品位、声誉甚至市场竞争力,成为城市政府、社会和市民的共同期望,由此,城市文化及其治理应运而生并日渐变成城市治理日程上的重要角色,成为在城市空间这个螺蛳壳里做道场的重要内容。城市文化治理实践从无到有的实践历程,中国的个案并非孤例,美国同样经历了从扩张的城市到美好的城市的发展历程。③

20世纪最后二十年与21世纪最初十年间,中国的城市空间实践以拆旧建新或新城创建的城市开发为主要特征,新城市空间的开发而非既有城市

---

① 参见李菁、段斌:《让文化成为城市的灵魂》,《城市》,2011年第3期。

② 参见宋道雷:《城市力量:中国城市化的政治学考察》,上海人民出版社,2016年,第196~201页。

③ 参见[美]奥姆斯特德:《美国城市的文明化》,王思思译,译林出版社,2013年,第13~18页。

空间的优化是该时期的主要任务。① 在此背景下,城市文化治理基本上从属于以基础设施建设为主体的城市空间开发,或者更严谨地说,城市文化及其治理在此时期内要么不存在,即使存在也不受重视;因为城市 GDP 更受从政府到社会再到市民的关注,城市文化反而成为可有可无的东西,城市文化治理更无从谈起。② 1995 年持续至今的全国文明城市创建是最好的例证,这场持续了 26 年之久的全国性城市治理行动,虽然外表披着城市文化的外衣,内里却是城市物理空间的清洁行动,其实质与城市文化治理无涉。

随着以大拆大建为主要特征的城市开发阶段终结,城市文化治理实践开始在城市空间中显现。21 世纪第二个十年间城市建设用地基本告罄,以大拆大建为主要特征的城市开发“大手术”成为历史,城市建设从开发新城市空间向既有建成空间的优化方向迈进。给既有建成空间动“小手术”的城市微更新,成为城市空间优化的主要手段。③ 城市文化治理伴随城市空间微更新而产生,并与城市空间治理融合,逐渐成为中国各大城市治理的时髦风尚。

在城市空间开发阶段,城市文化治理的空间实践主要集中于大尺度(scale)空间的文化基础设施建设。改革开放的前 30 年,中国的城市空间开发以土地的城市化为主,大尺度空间的开发和创建是这一时期的主要空间实践。严格来讲,以土地批租推动的城市基础设施建设为主的城市硬件建设,④是这一时期的主要任务;作为软件建设的城市文化及其治理,在城市空

---

① 参见施芸卿:《再造城民:旧城改造与都市运动中的国家与个人》,社会科学文献出版社,2015 年,第 24 ~ 25 页。

② 参见张鸿雁:《城市文化资本与文化软实力——特色文化城市研究》,江苏凤凰教育出版社,2019 年。

③ 参见袁瑾:《当代城市微更新的文化复兴与挑战》,《社会科学报》,2019 年 9 月 19 日,第 6 版。

④ 参见徐建刚:《破冰:上海土地批租试点亲历者说》,上海人民出版社,2018 年,第 477 ~ 478 页。

间开发中并无产生与存在的条件。^① 城市文化治理的相关实践即使存在也仅限于城市文化基础设施建设方面,也就是狭义的城市文化空间建设,例如北京国家大剧院、上海大剧院等。

随着城市开发的势微,中国的城市文化治理日益提上日程。城市建设、城市化发展与城市居民生活水平的提高相伴而生。随着城市市民物质生活水平的提高,其诉求已经不再局限于城市基础设施为代表的硬件提升,他们对城市文化生活的需求日益高涨。基于此,城市政府因应城市社会力量觉醒的现实,逐渐从城市管理向城市治理过渡,为城市市民提供更加完善的物质和精神公共产品。政府、社会和市民等多元主体共同参与的城市治理实践,需要城市文化的支撑,由此,城市文化治理成为城市治理的重要内容。^②

城市文化治理的空间实践逐渐从大尺度空间向基层空间下沉。城市文化治理的大尺度空间更多的是想象出来的韦伯意义上的理想型空间,它一般以标志性景观、林荫大道、政府广场和商业广场为表现形式。但随着市民社会力量的觉醒,这些徒具物理空间和象征意义的大剧院、大广场等的城市空间,已经在文化产品供给上处于疲软状态。伴随市民社会而来的城市文化需求,必然在一般市民日常生活的城市基层空间中才能得到满足和展现。随着中国城市化率高达60%,大规模城市空间开发使命逐渐完成,城市市民对城市文化生活需求逐渐高涨,这促使城市基础设施建设逐步让位于既有城市空间的优化更新。^③ 换言之,大尺度城市文化基础设施建设完成后,既有空间的文化治理日渐提上城市发展的议程。继大型文化基础设施建设之后,与城市市民更加贴近的基层城市空间的文化治理,成为城市治理的重要

---

① 参见赵燕菁:《土地财政:历史、逻辑与抉择》,《城市发展研究》,2014年第1期。

② 参见文魁:《城市治理呼唤新的城市文化》,《北京日报》,2018年7月30日,第14版。

③ 参加《迈进"十四五",中国城市"生死线"渐明》,https://mp.weixin.qq.com/s/yjgh6vIsMDfjgLiQ_cwOAw,2020年10月30日。

议题。由此,在关注作为整体的抽象城市文化的同时,多元主体在不断探索城市文化治理得更为基层的空间。城市的街区、社区和楼道,成为政府、社会和市民共同认同的城市文化治理的空间谱系的重要组成部分。①

街区、社区和楼道代表的这些城市文化治理的基层空间,具有与大型城市文化空间不同的特质。第一,范畴广。这些城市文化治理空间不仅包含狭义的文化空间,例如街道下辖的文化活动中心等,而且还包含居民生活和活动的公共空间,例如街角广场、楼组会客厅、睦邻中心等,后者是真正具有文化治理和实践意义的城市基层公共空间。② 第二,尺度小。这些城市文化治理空间一般是在既有的市场化空间中腾挪出来,作为城市市民活动和交往之用,其面积较小,属于小尺度的"微空间"。第三,包容性强。这些城市文化治理空间向所有阶层、性别、年龄、族群等属性的市民开放,不预先设限而排斥任何市民的进入。第四,参与性高。这些城市文化治理空间的最大特征是其可参与性。城市市民可以借助空间载体,以自己的行动或生活体验参与到文化治理的过程中,改造空间的权力和资本属性并赋予其社会属性。

在城市文化治理的空间实践向基层下沉的过程中,其主导性主体也在发生更迭。在城市空间开发阶段,政府是城市大尺度空间的主导者,规划部门是具体执行者,资本力量是参与者,公权力是该阶段城市大型文化空间建设的主体,社会与市民对此基本上没有参与意识和参与渠道。随着城市空间开发向城市空间更新阶段发展,城市文化治理的空间实践逐渐从大尺度空间向基层空间下沉,市民借助线下参与渠道和线上社交媒体,拥有了更多

---

① 参见《中国超大城市基建进入"小时代"》,https://web. shobserver. com/wxShare/html/313163. htm,2020 年 11 月 25 日。

② 参见陈竹、叶珉:《什么是真正的公共空间?——西方城市公共空间理论与空间公共性的判定》,《国际城市规划》,2009 年第 3 期。

的对于城市文化治理在空间中如何开展、呈现与发挥何种功能的发言权。由此,城市文化治理的空间实践在向基层下沉的过程中,治理主体也发生了从以政府为代表的公权力,向以市民为代表的社会力量等多元主体共同参与的方向转型。曹杨新村作为一个工人新村从模范社区到纪念地的70年变迁史,便是最典型的例证。①

第三节　城市文化治理的空间谱系

空间性(spatiality)是城市文化治理的重要面向。② 城市是空间的集合体,它是由处于不同段位的空间链条连缀起来的空间谱系。城市文化治理是多元主体在城市空间谱系中的文化行为的互动,这些多元缤纷的文化互动行为最终因城市空间的连缀,形成城市文化治理的空间链条。由此,城市文化治理的空间谱系指向城市市民的文化记忆、文化体验、社群意识和占据主导地位的公权力及其意识形态之间的互动和策略博弈,及其在城市空间链条中呈现的连续统。③ 从街区到社区再到楼道这些城市文化治理的空间谱系,是城市基层市民生活、休憩和交往的主体空间。城市文化治理在街区、社区和楼道空间中,主要关注以居民为中心的有关文化生活和文化实践的公共议题和事务。从这个意义上讲,它已经超越了狭义的"文化治理",而向城市事务治理转型。从最直观的面向来看,城市文化治理的空间谱系表面上向我们展现了一副以城市文化创意、设计和以其为核心的城市形象塑

---

① 参见杨辰:《从模范社区到纪念地:一个工人新村的变迁史》,同济大学出版社,2019年。

② 参见[美]段义孚:《空间与地方:经验的视角》,王志标译,中国人民大学出版社,2017年,第1～5页。

③ See Savage and Warden, *Urban Sociology*, *Capitalism and Modernity*, Macmillan, 1993, p.123.

造及其过程,其实质则是关注文化外表下的城市空间连续统的治理过程,尤其是多元主体以协商的形式而非政府或资本单一力量主导的等级化或中心化形式实现的城市善治状态及其过程。① 这与场景理论的核心关注点一致,即关注作为文化、意识形态或价值观的外化象征符号与个体行为在街区、社区和楼道空间中的生活体验和社会事实。②

　　街区—社区—楼道构成了城市文化治理的空间谱系的连续光谱。多元主体的城市文化治理行为在不同空间中,发挥各种承载、塑造和服务等功能,但属于同一个连续谱系。在城市文化治理的空间谱系连续光谱的一端——街道,较宏大的静态文化治理景观和动态大规模文化治理活动将重点集中在国家公权力、政党意志、城市政府主导的意识形态和文化话语方面,其主要目的是塑造城市市民对国家、政党和城市的认同。在城市文化治理的空间谱系连续光谱的另一端——楼道,在以多层楼栋或高层楼栋为主的生活化物理空间中展示的楼道文化景观和楼道文化治理活动将重点放在楼道居民的参与行动上,其主要目的是激发自下而上的居民参与行动,改变城市天然的陌生性、匿名性和差异性,实现从陌生人群体到熟悉的邻居的转型。在城市文化治理的空间谱系连续光谱的中间端——社区,一系列较为小型的社区文化景观及以居民为中心组成的社区邻里文化娱乐或治理活动将重点放在增强社群身份认同和对社区原真性(authenticity)③的保持上,其主要目的是实现居民对社群身份的辨识和社区共同体的培育。

---

　　① See Zheng W., *Caught between the State, the Market, and Civil Society: The Divergent Paths of Chinese Non-governmental Organizations (NGOs) Seeking to Make Social Change in China*, City University of New York, ProQuest Dissertations Publishing, 2018.

　　② 参见吴军等:《场景理论与城市公共政策》,《社会科学战线》,2014 年第 1 期。

　　③ 场景理论将"authenticity"作为衡量文化空间的三个主要维度之一,亦有学者将其译为"真实性"。这一维度包含理性、本土、政权、社团和族群五个亚维度。See Clark, Terry, *The Theory of Scenes*, University of Chicago Press, 2013.

(一)政府主导:城市文化治理的街区空间

城市文化治理的街区空间以街道办事处所辖城市公共空间区域为物理范围,它不仅包含市民生活的居住区,还包括企业商场等的市场区域,更包括前两者之外的城市公共区域。在该空间范围内,因为"官僚体制扮演了经济发展实体和垄断强制权力的双重角色"①,所以政府天然成为城市文化治理的主导者。虽然在一些城市 CBD 和 ABC 街区内,城市文化治理的重要行为者是市场代表的资本②,但资本对城市文化治理的干预,最终是在政府规划的物理边界和内容范畴中开展。街区空间的城市文化治理主要围绕以下四个方面的内容展开。

第一,围绕政党、国家和城市的象征性符号、重要话语开展城市文化治理。政府机构在街区空间中通过树立宣传标牌和话语上墙等形式,将国家领导人的话语、社会主义核心价值观、城市精神等景观化,其目的在于塑造市民对政党、国家和城市的认同感。

第二,围绕区域整体形象开展城市文化治理。上海市杨浦区将三区联动、普陀区将同心家园作为本城市区域的整体形象,在各个街区内开展文化宣传和文化治理,其目的在于增强市民的城市区域认同。③

第三,围绕中心工作开展城市文化治理。城市文化治理关注的内容在大多情况下超越文化本身,而关注城市区域范围内的中心工作,其目的不在于狭义的文化治理而在于城市中心议题治理。在上海市将生活垃圾分类治理作为城市中心工作的当下,高境镇在辖区内主要街区干道设置了以生活

---

① 周雪光:《中国国家治理的制度逻辑:一个组织学研究》,生活·读书·新知三联书店,2017 年,第 83 页。

② 参见[美]莎伦·佐金等《全球城市 地方商街:从纽约到上海的日常多样性》,同济大学出版社,2016 年,第 20 页。

③ 2020 年 7 月,作者在上海市杨浦区、普陀区的调研。

垃圾分类知识普及为内容的文化宣传墙、文化展示屏和动态宣传片,以鼓励市民自觉进行生活垃圾分类。①

第四,围绕街区特有历史特质和精神禀赋开展城市文化治理。历史特质和精神禀赋是城市文化治理的核心价值性要素,它们界定了城市治理的文化内核。虹口北外滩街区的文化特质以其历史文化风貌保护区为空间载体,北外滩街道在保定路和昆明路交叉口将本区域的典型文化内核以"时光轴"为名的命名呈现出其文化景观,并在该文化景观上标刻出三重时间。②

从本质上讲,城市街区空间的文化治理只不过是国家和城市政府代表的公权力借助街区,对自身意识形态和话语的建构、呈现和不断复制的过程。公权力主导的意识形态和价值观念在街区空间中一般是通过嵌入文化产品和具体文化实践的方式,以日常文化的"神话修辞术"(mythology)形式实现对市民的规训,使城市市民共同分享着城市文化治理为其带来的自然而然的常识和记忆。③

这些意识形态、文化象征和价值观在城市文化治理过程中以"符号的集合体"呈现。这些符号集合体既可以是静态的,例如中国大多数城市的街区空间中的"社会主义核心价值观""中国梦""新时代"等官方文化宣传标牌;也可以是动态的,例如熙熙攘攘的节庆盛大文化活动、疏导人流的"拉链式人墙"等。④ 通过这些静态和动态的符号集合体,公权力在街区空间赋予城市环境和城市生活特定的以政党、国家和城市叙事为核心的文化意义,以期

---

① 2020 年 8 月,作者在上海市高境镇的调研。

② 三重时间是指钟表代表人工时间,塔身抽象而成的日晷代表绝对时间,三道矮墙指向的蕴含北外滩集体记忆的三座历史建筑代表历史时间。2020 年 9 月 22 日,作者在上海市北外滩街道的调研。

③ See Deborah Stevenson, *Cities and urban cultures*, Open University Press, 2003, p. 10.

④ 参见《上海外滩再现拉链式人墙,又上热搜了》,https://mp. weixin. qq. com/s/CuSAWxSxZZcfyFglPzzbWQ,2020 年 10 月 10 日。

市民超越个体或亚群体认同而形成对政党、国家和城市的认同。从这个意义上讲,城市文化治理在街区空间中是为了巩固和重建已经存在的权力关系,并强化那些掌控城市建设、发展和治理的政治力量的牢不可破的主导地位。①

(二)社群认同:城市文化治理的社区空间

城市文化治理的社区空间以居委会主导的成片居民区为物理范围,与街区相比它的性质比较单一,基本上属于纯粹的居住空间。正是基于此种性质,社区空间的城市文化治理的天然主导者是居民。基于此,塑造社群认同和建构社区共同体自然成为城市文化治理在社区空间的使命。同时,社区空间是支撑建制化的治理体系——三级政府四级管理五级网络——的最基层空间,由此,社区空间的文化治理被中央和各级地方政府视为国家治理的基层基础而备受重视。② 从社区空间拥有的天然社会性和政治性双重属性来讲,其文化治理也自然而然具备社会和政治的双重面向:从其社会属性来讲,社区空间的文化治理注重社群和共同体的建构;从其政治属性来讲,社区空间的文化治理注重国家治理的基层社会基础的夯实,即社会的稳定与和谐。③

社区是城市文化治理活动、景观与居民家庭直接对接的空间。在城市文化治理过程中,社区是促使悬浮的宏大的基于城市整体的文化,落实到基

---

① 参见陈映芳:《城市中国的逻辑》,生活·读书·新知三联书店,2012 年,第18 页。

② 参见宋道雷:《转型中国的社区治理:国家治理的基石》,《复旦学报》(社会科学版),2017 年第 3 期。

③ 参见《"三社联动"推进社区治理创新》,http://news.xinhuanet.com/politics/2015-05/04/c_1115173985.htm,2015 年 5 月 4 日。民政部基层政权和社区建设司司长蒋昆生指出:"社区治理是国家治理的基础环节,社区治理现代化是国家治理现代化的基本前提。"

层的重要空间承载者。城市文化治理不仅可以通过社区承载各种文化治理策略、景观和行为,而且可以使城市文化深入民心从而具备群众基础,还可以培育社群文化和社区共同体意识,使城市真正成为芒福德意义上的文化贮存器。城市文化治理如果脱离社区,便失去最具生命力的空间动力,成为没有市民基础的虚无的文化实践。①

城市文化治理在社区空间关注的核心是共同体的培育。社区空间的城市文化治理注重本土或本社区的差异性和多元性,其核心目的是帮助社区居民识别本社区的独特性(community distinctiveness),建构他们对于社区的地方(place)认同和归属感。② 社区空间的文化治理注重培育社区居民自下而上的参与能力和公民身份,故常被作为应对现代城市建设中居民参与危机的方法而广受赞誉。③ 社区空间的城市文化治理由四个方面的主要内容组成。

第一,开辟社区文化空间。中国的城市虽然基本都建立了以本城市名称命名的文化空间地标,例如博物馆、美术馆、大剧院等,但这些试图覆盖全体市民的文化空间本质上是展示城市形象的象征符号和载体,广大市民的日常文化活动基本集中于基层的社区空间。然而中国早期商品房社区和老公房社区的居民日常文化活动的物理空间基本上付诸阙如,基于此,城市基层政府开展城市文化治理的首要事项便是应居民需求而开辟社区文化空间。由此,基层政府在既有的社区建成空间中,通过置换、腾挪等方式建立

---

① 参见[英]诺南·帕迪森:《城市研究手册》,周振华、郭爱军、王贻志译,格致出版社、上海人民出版社,2009 年,第 248 页。

② 参见[美]马休尼斯、帕里罗:《城市社会学:城市与城市生活》,姚伟、王佳译,中国人民大学出版社,2016 年,第 98 页。

③ See Mossberger, Clarke and John, *The Oxford Handbook of Urban Politics*, Oxford University Press, 2012, pp. 254 – 256.

文化活动中心、文化活动室、文化活动小广场等。[①]

第二,开展社区文化活动。在社区文化活动空间硬件设施建成后,基层政府的相关文化部门和自治部门为解决有空间无人气的问题,牵头开展社区文化活动,为空间配置"软件"。

第三,成立社区文化团队。随着城市基层社会治理在各城市的开展,居民日益成为社区治理的自治主体与社区空间文化治理的主导者。社区文化空间的运营和活动的开展,逐渐从政府过渡到社区居民,由此,社区文化团队组织的成立成为文化治理的重要事项,成为 21 世纪 20 年代中国各大城市社区治理的重要任务。[②] 经过近 20 年的努力,社区文化团队已经成为当下中国城市文化治理的一道风景线。

第四,供给社区文化服务。系统的社区文化服务的供给,成为空间、活动和团队之后的水到渠成的事务。居民文化团队在文化空间中,通过自治的形式组织开展了丰富多样的文化活动,不仅自娱自乐而且为养老院、学校等提供文化服务,使社区治理具备了文化意涵。[③]

城市文化治理在社区层面对社群文化的延伸和建构发挥着至关重要的作用。社群文化被认为是城市文化治理在社区生活中的价值基础,从这个方面讲,城市文化治理的策略和景观围绕社群文化和共同体认同展开,而社群文化和共同体认同被视为赋权居民自下而上建构身份认同的价值基础和重要环节。在这个过程中,城市文化治理可以通过各式各样的文化骨干、文化组织、文化活动和文化服务,激活沉默的社区公共空间,培育基于文化的

---

① 参见宋道雷:《城市治理的空间营造策略》,《中国社会科学报》,2018 年 5 月 2 日,第 7 版。

② 参见唐亚林等:《社区治理的逻辑:城市社区营造的实践创新与理论模式》,复旦大学出版社,2020 年,第 182 页。

③ 参见宋道雷:《共生型国家社会关系:社会治理中的政社互动视角研究》,《马克思主义与现实》,2018 年第 3 期。

社群和共同体认同,使城市文化在社区空间和社群主体两个方面实现延伸、再生和繁荣。

由此可见,社区空间的城市文化治理与街区空间的文化治理具有显著区别。街区空间的文化治理依托街区范围内的广场、林荫道、公共区域等中型公共空间,其承载的文化治理活动是国家重大时间节点的城市或区域规模的大型活动,例如国庆展演活动、城市旅游节活动等,而且其开展主体一般是国家层级或城市层级的政府。社区文化治理一般依托社区活动中心、小广场等小尺度的居民生活空间。[①] 社区文化活动的举行时间相对日常化,对重大时间节点不敏感。社区文化活动的规模均属小型或小众文化活动,例如社区广场舞、重阳节敬老活动等,甚至无法覆盖社区所有人群。从这个方面来讲,社区空间的城市文化治理本质上是基于社区本土居民的文化行为,其目的在于培育社区居民之间的社群文化和共同体感,将陌生人社区转变为熟人社区。[②]

(三)居民参与:城市文化治理的楼道空间

在城市文化治理的调研中,我们发现全国许多城市的文化治理实践已经下沉至与居民最贴近的空间——楼道。城市文化治理的楼道空间是以居民家庭所住楼层为中心的上下辐射所及的整栋楼的空间。它是由居民个体及其家庭为主体构建起来的左邻右舍,共同以自己的参与行动建构的文化治理空间。与街区和社区相比,楼道空间的特征是:"居民门一关是家庭,门一开是社区,楼道是打通城市文化治理'最后一米'的支点"[③],其在城市文化

---

① 参见[美]威廉·怀特:《小城市空间的社会生活》,叶齐茂、倪晓晖译,上海译文出版社,2016 年,第 25 页。

② 参见熊易寒:《社区共同体何以可能:人格化社会交往的消失与重建》,《南京社会科学》,2019 年第 8 期。

③ 2020 年 10 月 30 日,作者对上海市众和社区公益服务中心徐国平的访谈。

治理过程中发挥承上启下的作用，上接社区中承邻里下联家庭，成为当下基层政府和市民共同重视的文化治理空间。

楼道是城市文化治理的空间末梢，是市民自发参与的文化治理行动的终端。[①] 楼道是城市文化治理将悬浮的不贴地气的宏大叙事，拉入鲜活的、生活化的，更重要的是可参与的范畴的空间，同时也是将城市当作充满市民个体意志和行动能力而非政治、经济和社会多种结构性力量角力的竞技场来理解的空间。[②] 楼道空间内的城市文化治理可以避开结构性宏大叙事，聚焦个体、家庭和邻里层面的文化参与行动，而非抽象意义上的文化话语、象征和符号。从这个角度讲，城市文化治理的楼道空间体现得更多的是后结构主义和后现代主义的特征，而非仅仅将结构主义和现代主义作为其至高关注点。[③]

楼道空间的城市文化治理最根本的特征是基于楼道禀赋的居民自治参与行动。与街区和社区空间的城市文化治理行为不同，楼道与居民的私人空间和行为最贴近。由此，楼道文化治理的开展，首先取决于楼道居民的意愿和行动，其次取决于楼道空间的精神或物理禀赋；前者提供了动力，后者提供了条件。许多城市（例如上海、成都、山东等地）已经出现了以居民自发行动建构的特色楼道文化空间，例如书香楼道、绿色生态楼道、孝亲楼道等。这些各具文化特色的楼道空间，不仅从物理上实现了空间的升级，而且从关系上实现了邻里关系的活化，从而有利于实现以文化治理带动居民自治的更高目标。

楼道空间的城市文化治理策略，一般包含三个方面的内容。第一，楼道安全治理。楼道安全是楼道文化治理的第一步。楼道文化治理始于居民自

---

① 参见［美］诺克斯：《城市化》，顾朝林、汤培源译，科学出版社，2009 年，第 351 页。

② 参见马彦银：《楼组自治：唤醒邻里空间》，《文汇报》，2015 年 7 月 8 日，第 8 版。

③ See Malcolm Mile, *Cities and Cultures*, Routledge, 2007, p. 72.

发杜绝楼道中的不安全行为,例如私拉电线、电瓶车充电、消防通道堆物等,这营造了保证居民人身和财产安全的私人空间和邻里空间。第二,楼道美化治理。楼道文化治理的典型策略是提升其审美和文化品位,即楼道空间的净化和人文化。楼道空间的净化是创造卫生干净的物理环境,人文化是创造具有文化氛围的人文环境。第三,楼道公共事务治理。与前两者不同,楼道公共事务治理旨在解决楼道公共议题,例如邻里矛盾、老旧公房装电梯等。楼道空间的文化治理在该层面是通过楼道长及其团队与居民代表协商议事的形式,以居民自治的自愿参与行动的方式,共同解决楼道公共议题的形态呈现的。

从本质上讲,楼道空间的文化治理是不断挖掘楼道文化禀赋,激发居民参与行动的过程。楼道是承载了居民私域的空间,展示的是居民个体的参与文化,其根本目的不仅在于将楼道的陌生人文化进阶为熟悉的邻里文化,更在于将本质上属于想象层面的社群认同文化推向现实层面的参与行动文化。[①]

城市文化治理的空间谱系从街区到社区再到楼道的链条,呈现了一条现代主义向后现代主义转变的城市治理策略。在街区空间中,我们看到城市文化治理现代主义的一面。它注重单中心或等级化的宏大叙事、规模型景观和工具理性。文化治理策略被物化为简单的由现代技术、材料和集体消费、意识形态话语混合而成的城市景观或大型活动;其一方面作为营造国家和政党认同的重要资源和手段,另一方面作为重塑或展现城市形象(政治的或经济的)的象征性符号。在社区空间和楼道空间中,我们看到城市文化治理的后现代主义的一面。它注重社群、本土居民和参与行动等价值性内涵。文化治理策略以更加人性化的方式,在一定程度上摒弃了街道空间对

---

① 参见[美]本尼迪克特·安德森:《想象的共同体:民族主义的起源与散布》,吴叡人译,上海人民出版社,2005年。

于功能性的强调，以更接地气的形式，营造顺其自然的社群认同或培育楼道参与行动。总而言之，在城市文化治理空间谱系的连续光谱上，街道空间以更公共化的策略在自上而下地寻求统治效应，社区和楼道空间以更私域化的策略在自下而上地追求认同效应。城市文化治理的主体性和策略性目标，在不同但又一体的空间谱系中达到了共存。

　　然而城市文化治理的街区、社区和楼道空间虽同属于基层空间，但它们三者的弹性各不相同。街区空间可以承载国家文化、政党文化、城市整体文化、城市区域文化，以及较为本地化的街区文化。城市文化治理在这个空间中可谓是"顶天立地"。它既可以直接上承国家文化和城市文化的主旨，搭建个体市民与抽象的国家、城市之间的文化纽带，又可以使宏观的国家和城市在街区空间中通过文化的表征实现具象化，增强市民个体对国家与城市的认同。从这个意义上讲，街区空间的城市文化治理最具弹性。社区空间的文化治理弹性仅次于街区。社区空间的文化治理举措和载体，一般无法承载作为宏大叙事的国家文化和较抽象的城市文化，其弹性限度止于社区自身的文化禀赋。在很多情况下，街区文化治理的内容和实践也难以穿透物理围墙进入社区空间。然而社区空间的文化治理的最大特点在于，它的辐射范围可以向最基层的楼道、居民家庭，甚至是居民个体延伸。例如有的社区集思广益为居民制作了社区文化衫，这便是社区文化辐射到个体居民的鲜活实践。① 楼道文化治理的弹性最小，但韧性极大。楼道文化治理很难超出邻里所在的物理空间而产生文化辐射效应，然而它一旦成型，便可通过楼道居民之间的邻里文化链和互助行为使楼道文化产生经久不衰的韧性。这种韧性不仅可以向下渗透至常住居民家庭，而且还可以渗透到租客家庭。新福泰楼的楼组互助文化所产生的治理效应便辐射到了租户家庭，发挥了

---

① 2020 年 8 月，作者在山东省济宁市的调研。

使租户自愿捐款给楼组自治金的文化辐射作用。①

　　一言以蔽之，当下中国的城市文化治理依托街区、社区和楼道的连续谱系，正在创造出不断向基层下沉的文化实践。城市文化治理在三类空间中的实践各异：城市文化治理在街区空间更注重意识形态的主导，在社区空间更注重社群文化和共同体的建构，在楼道空间更注重邻里参与行动文化的激发，但三者共同建构了国家、城市、社群和居民个体之间协商合作的文化治理空间谱系，使城市在发挥人类文明贮存器的意义上不断推陈出新。

---

① 2019 年 12 月，作者在上海市静安区的调研。

第九章
党建引领城市基层治理：国家治理现代化的基石

中国的治理时代已经来临。以大历史的眼光来观察中国，我们可以将新中国六十多年的历程分为三大时代的嬗变：从中国共产党建立新中国到"文革"结束是从革命到不断革命的革命时代；[①]从改革开放开始，中国逐步进入从改革到全面深化改革的时代；从 2014 年习近平总书记明确提出推进国家治理体系和治理能力现代化至今，中国迈入治理时代。治理时代赋予中国的不再仅仅是革命时代的动员，改革时代的体制机制转型，而是全面的结构转换、主体塑造、权利义务关系调整、体系与系统的转型等。

第一节　党建引领城市精细化治理

2017 年 3 月 5 日，习近平同志在参加十二届全国人大五次会议上海代表团审议时提出，城市管理应该像绣花一样精细，城市精细化管理必须适应城市发展。[②] 提高城市管理水平，要在科学化、精细化、智能化上下功夫。城

---

① 参见陈永发：《共产革命七十年》，联经出版事业公司，1998 年，第 468 页。

② 参见《习近平：保持锐意创新勇气蓬勃向上朝气 加强深化改革开放措施系统集成》，http://www.gov.cn/xinwen/2016 - 03/05/content_5049638.htm，2016 年 3 月 5 日。

市居民诉求表达需要城市精细化治理,"城市病"问题解决呼唤城市精细化治理,城市功能高效转变亟待城市精细化治理,否则民生需求难以得到满足,城市治理"碎片化"问题日益突出,权责不一、效率低下等现象频发。那么进入"城市中国"时代以后,城市如何实现细分化、精准化、智慧化治理呢?

办好中国的事情,关键在党,使党建引领城市治理靶向精准、便捷高效,是十分有必要的。坚持把加强基层党的建设、巩固党的执政基础作为贯穿社会治理和基层建设的一条红线,以改革创新精神探索加强基层党的建设引领社会治理的路径,这是习近平总书记在参加上海代表团审议时相继作出的重要指示。① 党的十九大报告也指出:"党的基层组织建设是确保党的路线方针政策和决策部署贯彻落实的基础。"2019 年 5 月,中共中央办公厅印发了《关于加强和改进城市基层党的建设工作的意见》,从加强和改进城市基层党建工作的重要性、紧迫性,把街道社区党组织建设得更加坚强有力、增强城市基层党建整体效应、提升党组织领导基层治理工作水平、加强对城市基层党建工作的组织领导等方面进行了阐述,为对不断提升党的城市工作水平,夯实党在城市的执政基础,推进城市治理体系和治理能力现代化指明了方向。②

必须把加强党建引领作为提升基层社会治理能力的根本路径,用党建激活城市治理的"一池春水"。一是要明确引领内容,把握引领尺度,在"一轴多元"的治理结构中,要把握好城市的核心是人,表现出对城市居民主体地位的尊重,城市基层党建的目标是巩固党在城市的执政基础、增进群众福祉,要顶层设计、高位推动,顺应城市工作新形势、改革发展新要求、人民群

---

① 参见《让党建成为城市治理的"绣花针"》,http://dangjian. people. com. cn/n1/ 2018/1215/c117092－30468792. html,2018 年 12 月 15 日。

② 参见《中共中央办公厅印发〈关于加强和改进城市基层党的建设工作的意见〉》,http://www. gov. cn/zhengce/2019－05/08/content_5389836. htm,2019 年 5 月 8 日。

众新期待，层层传递责任、传导压力，实现"精准发力"。① 二是要优化组织建设，提升引领能力，有序抓好队伍建设，持续抓好工作实效，让党建能够全覆盖、无死角地渗透到城市治理的方方面面，切实起到赋权、下沉、增效的实际效果，紧盯城市治理中的"顽瘴痼疾"，瞄准难点痛点堵点发力，积极问需于民、问计于民，结合大调研互动，调动全社会的积极性，实现"精准服务"使群众烦心事、操心事、揪心事能够及时被发现、被重视、被解决，增加群众满意度。三是要进行引领规划，保证系统治理，2015 年的中央城市工作会议提出要注重城市发展与管理的规律性、全局性、系统性，"五个统筹"理念意味着要推动各领域基层党组织融合互动、同频共振，保证区域内党组织能够上下联动、一贯到底，打破各级壁垒，最大限度整合城市治理资源，精准解决城市问题，提高城市精细化治理效率，推动新时代城市持续和健康发展。

第二节　社区治理与国家治理现代化

在中国，城市基层治理的重要单元是社区。社区治理位于国家治理体系的末梢，是国家治理的基石。社区治理意味着社区内部权力结构的重塑、社区治理主体的再生、社区治理过程的重建等多重含义。② 社区治理位于国家治理与社会治理的基层，相比于两者而言，其治理内涵与外延都比较狭窄。从治理内涵上来讲，社区治理面对的空间是交互重叠的，物理空间、族群空间、生活空间、消费空间、交往空间、文化空间等形态③，都是社区治理的重要内涵，这与国家治理、社会治理同等复杂多元相关，只不过其治理空间

---

①　参见《强化党建引领城市基层治理》，https://baijiahao. baidu. com/s? id = 1659557682097289675&wfr = spider&for = pc，2020 年 2 月 26 日。

②　参见《整合协调推进地方治理创新》，http://news. sina. com. cn/c/2015 – 06 – 03/075531908258. shtml? cre = sinapc&mod = g&loc = 33&r = u&rfunc = 8，2015 年 6 月。

③　参见张纯：《城市社区形态与再生》，东南大学出版社，2014 年，第 61～67 页。

聚焦于自然村落、城市小区或行政村、居委会,甚或最为原子化的邻里与家庭。从治理外延上讲,社会治理是国家治理的一个方面,社区治理是社会治理的重要组成部分,社区治理是两者最为基层的体现。① 然而无论就国家治理还是社会治理而言,它们的治理主体、过程与成果,最终都要落脚于社区及其居民。善治的社区和安居乐业的居民,是国家治理与社会治理的最终价值和归宿;只有社区治理巩固了,国家治理与社会治理才能具备稳固的基石,才能稳步提升。

城市社会的来临向人们昭示了社区的重要性。伴随着工业化的城市生活的疏离感弱化了乡村共同体的内聚性与认同感,原子化的个人在茫茫的城市人流中无法找到个体的归宿,由此,行为失范成为社会科学家对城市生活的最大诟病。② 作为对城市异化病的医治良方或"世外桃源",社区与邻里成为社会科学家青睐的实践空间与学术研究对象。社区的重要性便逐渐提上国家的政治议程与学者的研究议程。

从消极意义上讲,社区的重要性在于它能够规避城市陌生人生活的匿名性与疏离感,从而构建具有熟人性质的共同体,这在中外皆然。"作为应对城市扩大和人与人之间可能疏远的方式,社区被认为是个体形成归属感和至少得到部分身份认同的途径。"③城市原子化个体或居民的社会关系与认同感,在作为熟人共同体而存在社区中得以恢复与增强,从而成为喧嚣、匿名、陌生、孤独城市生活中的有生命意义的共同体人。④ 由此,这个共同体

---

① 参见刘建军:《居民自治指导手册》,格致出版社、上海人民出版社,2016 年,第 11 页。
② 参见[美]诺克斯:《城市化》,顾朝林、汤培源译,科学出版社,2009 年,第 445 页。
③ [英]诺南·帕迪森:《城市研究手册》,周振华、郭爱军、王贻志译,格致出版社、上海人民出版社,2009 年,第 248 页。
④ 参见[美]马休尼斯、[美]帕里罗:《城市社会学:城市与城市生活》,姚伟、王佳译,中国人民大学出版社,2016 年,第 98 页。

的重要性就在于它使冷冰冰的城市生活增添了"温度",①亦即"有温度的社区"②。

从积极意义上讲,社区的重要性在于它是养成公民能力(civic capacity),锻炼公民技能(civic skill)的至关重要单元(unit)。③ 这是被美国所强调的社区的积极意义所在,因为囊括邻里的社区是城市最为基层的单元,社区是实践公民权利、表达政治诉求的重要潜在渠道,城市政府、非政府组织、政党,以及其他行为体通常将社区作为动员政治参与,组织政治过程并解决政策问题的单元。④ 在社区层次,公民技能得以有机会发展与训练,这就是社区被认为是民主实践基础的理由所在。⑤ 无论是托克维尔还是达尔,都认为政治参与的小单元有利于培养公民对政体的政治效能感和政治认同感;同理,城市政治精英与居民也无一例外地将社区看作政治参与的最小单元,在其中公民技能得以发展并被实践,由此,许多美国城市研究者将社区视作政治参与的源泉(wellspring)。⑥

从中国的角度来讲,社区的重要性在于它是国家治理最为基层的空间与逻辑。市场化转型后,中国人就从"单位人"转变成"家庭人""社区人"

---

① 参见刘建军:《社区的温度》,城市社区参与治理资源平台:http://www. ccpg. org. cn/bencandy. php? fid = 42&id = 788

② 刘建军:《什么是幸福? 中国研究院工作坊研讨中国式"有温度"的居民社区建设之路》,观察者网:http://www. guancha. cn/society/2016_03_08_353234. shtml.

③ See Clarence Arthur Perry, City Planning for Neighborhood Life, *Social Forces*, Vol. 8, No. 1 (Sep. , 1929), pp. 98 – 100.

④ See Jay Walljasper, *Great Neighborhood Book: A Do It Yourself Guide to Place making*, New Society Publishers, 2007.

⑤ 参见吴晓林、郝丽娜:《"社区复兴运动"以来国外社区治理研究的理论考察》,《政治学研究》,2015 年第 1 期。

⑥ See K Mossberger, SE Clarke, P John, *The Oxford Handbook of Urban Politics*, Oxford University Press, 2012, pp. 254 – 256.

"社会人",后三个名词指向本质意义上的"具有自我利益的独立的个体社会人"。① 从此,人们开始重新回归家庭、回归生活、回归社会,这三个过程汇集为人们回归社区的过程;"尽管有极少一部分人可以通过购买市场资源或调动社会资源来满足自身的需求,但对于百分之九十的人来说,他们是难以冲破地理阻隔而调动更为丰富的社会资源的。区域层面的社区共同体就是他们身心的归宿。因此,大多数人是依靠区域层面的社区共同体来满足其情感需求、交往需求和日常生活需求的"。② 因应这一社会转型,"面对不断增加的社会复杂性,国家将管理任务下放到社区,努力维护社会的可治理性,以'社区建设'的名义,通过重建以地方场所为基础的社区,营造新的空间秩序"③,中国国家治理的主要空间便从单位转向以个体、家庭所在地为主体的社区。社区成为国家治理最为基层的空间,社区治理成为中国国家治理的基础环节与基层逻辑。④

社区治理作为中国国家治理与城市社会治理的重要组成部分,被载入党的报告而彰显其政治意义。党的十八大报告指出:"在城乡社区治理、基层公共事务和公益事业中实行群众自我管理、自我服务、自我教育、自我监督,是人民依法直接行使民主权利的重要方式。"这是"社区治理"一词被第一次写入党的正式文件,这标志着我党对社区内涵和地位的理解、对社区治理在国家治理中的地位的理解都在逐步深化。从理论上来说,"社区治理"一词意味着社区内部权力结构的重塑、社区治理主体的再生、社区治理过程

---

① 根据录音整理的林尚立教授在"2012 杭州'生活与发展'论坛"上的发言,杭州,2012 年 11 月 8 日。同时参见《杭州日报》,2012 年 11 月 9 日,第 8 版。

② 刘建军:《居民自治指导手册》,格致出版社、上海人民出版社,2016 年,第 7 页。

③ 吴缚龙:《退离全能社会:建设中的中国城市化》,载于[美]理查德·T. 勒盖茨、[美]弗雷德里克·斯托特:《城市读本中文版》,张庭伟、田莉译,中国建筑工业出版社,2013 年,第 612 页。

④ 参见《"三社联动"推进社区治理创新》,http://news.xinhuanet.com/politics/2015-05/04/c_1115173985.htm,2015 年 5 月 4 日。

的重建等多重含义。居民自治作为社区治理最为重要的构成要素,必将在中国未来的社区治理中发挥更为重要的作用。社区治理的提出标志着一个新的时代的来临。中国的社会结构经过三十多年的剧烈变动和转型之后,已经在社区内部积累了较为丰富的组织资源、制度资源和文化资源。这些资源的相互组合和相互嵌入,为我们今天探索新型的社区治理形态提供了极为重要的实践基础和理论储备。①

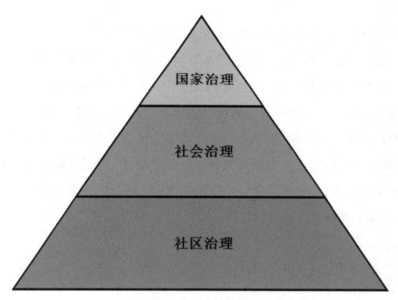

图 9.1　社区治理作为国家治理基石的作用与意义②

在毛泽东时代的中国,相比较于单位制,街居制只是国家的辅助性治理

---

①　参见刘建军:《居民自治指导手册》,格致出版社、上海人民出版社,2016 年,第10 页。

②　感谢复旦大学孙关宏老师对此图提出的宝贵修改意见。原来此图是倒三角形结构,在孙关宏老师的建议下,将其改为正三角形结构,并将社区治理置于三角形的基座部分。这样更能形象地体现社区治理作为国家治理基石的作用与意义。

机制。中国共产党建政后，为巩固国家政权的城市基础，在城市基层社会建立"街道－居委会"体制。但是1949年到1976年中国街居体制所涉及的治理主体与治理范畴都是十分狭窄的，"街居体制建立的一个重要背景，就是面对一盘散沙式的城市社会，要对社会上的闲散人员进行管理和改造，同时厘清城市基层社会的基本状况"①。街居体制的主要管辖对象不是单位人，而是"无单位的人"②。随着单位制在中国的巩固，街居制只是国家治理的补充性体制，而非支撑性体制。③ 国家治理的支撑性主体是单位。④

单位体制向社区体制的转变，要求国家治理的重心下沉到社区，社区治理便由此而生。随着单位中国在改革开放后的势弱，街居制与社区治理所代表的社区中国开始诞生。社区治理是中国从单位国家向社区国家的转变过程中产生的。在市场化驱动的城市的形成过程中，国家政权依然需要巩固自身的机制。⑤ 单位体制的势弱意味着城市人口组织化控制机制逐步失效，国家政权的城市巩固机制开始转向社区机制。⑥ 人们重新回到家庭、生活与社会的过程，促使中国的国家治理开始从以国企单位制度为核心，转向以个体、家庭所在地的社区为核心，于是"社区中国"正式诞生。⑦

---

① 吴志华等：《大都市社区治理研究：以上海为例》，复旦大学出版社，2008年，第2页。

② 郭圣莉：《城市社会重构与新生国家政权建设——1949—1955：上海国家政权建设分析》，天津人民出版社，2006年。

③ 参见张济顺：《远去的都市：1950年代的上海》，社会科学文献出版社，2015年，第19～82页。

④ 参见陈广宇等：《转型中国的城市社区治理研究》，《上海城市规划》，2016年2期。

⑤ 参见林尚立：《社区：中国政治建设的战略性空间》，《毛泽东邓小平理论研究》，2002年第2期。

⑥ 参见陈云松：《从"行政社区"到"公民社区"——由中西比较分析看中国城市社区建设的走向》，《城市发展研究》，2004年第4期。

⑦ 参见刘建军：《社区中国：通过社区巩固 国家治理之基》，《上海大学学报》（社会科学版），2016年第6期。

以中美对比来讲，社区虽然都是两国治理的关注点，但是社区治理在中美国家治理中所处的治理尺度不一样。这形成城市中国①的城区中国治理②与郊区国家的城市美国治理③之别。社区治理对于中美来讲同等重要，从这方面来讲，我们可以称两者都是社区国家；但是中国社区的治理尺度在城区，美国社区的治理尺度在郊区。城区中国在1949年最为典型的表现是单位与街居，④在改革开放之后是社区⑤。改革开放四十几年来，中国处于快速的城市化过程中，大量的居民从农村向城市，从中小城市向大城市集中，在城市化集中逻辑中形成的城市社区，无论在数量上还是在重要性上，都是中国国家与社会治理的重点所在。然而中国的社区治理质量却存在一定的"梯级递减"规律，即社区治理质量从中心城区到一般城区再到郊区城区呈现递减规律。⑥ 由此，社区中国的典型表现形式是城区里的社区中国，社区治理尺度在城市中国集中体现为中心城区的社区。

中国是一个不折不扣的社区国家。在社区治理的中外比较中，我们更容易理解社区治理是中国国家治理的基石的判断。以中美为例，美国社区治理的落脚点在公民个体，中国社区治理的落脚点在国家与社会整体。美国社区治理的最终目的是培育公民个体的参与技能与公民能力，其落脚点

---

① 参见陈映芳：《城市中国的逻辑》，生活·读书·新知三联书店，2012年，第18页。

② 参见李友梅等：《城市社会治理》，社会科学文献出版社，2014年，第20页。

③ 参见［美］杜安伊等：《郊区国家：蔓延的兴起与美国梦的衰落》，苏薇等译，华中科技大学出版社，2008年。

④ 参见田毅鹏等：《"单位社会"的终结——东北老工业基地"典型单位制"背景下的社区重建》，社会科学文献出版社，2005年

⑤ 参见吴缚龙：《退离全能社会：建设中的中国城市化》，载于［美］理查德·T.勒盖茨、［美］弗雷德里克·斯托特：《城市读本中文版》，张庭伟、田莉译，中国建筑工业出版社，2013年，第612页。

⑥ 参见上海社科院社会学研究所李骏研究员于2016年9月28日在上海市委党校的"社区凝聚力"讲座。

在个体的政治能力的提升,公民的社会能力并不是社区治理着重关注的对象。① 民政部基层政权和社区建设司司长蒋昆生提道:"社区治理是国家治理的基础环节,社区治理现代化是国家治理现代化的基本前提。"②中国社区治理的最终目的是奠定国家与社会治理的基石,它同时关注政治性与社会性并将国家性、社会性融于社区之中,撬动与维护的是国家与社会治理的整体系统。这与美国社区治理的个体落脚点是完全不同的。这就是社区在中国从无到有,从社区建设到社区治理转变过程大脉络后面的国家性隐喻。换言之,在美国,社区治理是公民个体政治能力发展的扩大,公民个体政治能力发展是社区治理的缩小,社区是公权力之外的领域,是指向个体的;在中国,社区治理是国家治理与社会治理的缩小,国家治理与社会治理是社区治理的放大,是连接国家与社会的中介领域,是指向合群的,社区治理是中国国家整体存在、发展与治理的基石。

一、社会组织参与社区治理:社区治理专业化

当下中国的社区治理已经走到了"动专业"的阶段,即社会组织依凭自身的专业技能、组织团队、参与式方法与创意参与社区治理,使中国的社区治理实现从依靠"居委会大妈"的个体经验治理向借助社会组织的专业化治理的转变。社会组织参与社区治理,是民政部提出的"三社联动"(社区、社会组织、社工)的重要组成部分。社会组织与社工的参与,打破政府一元主导的局面,形成政府与社会互动的社区治理格局。③ 这就是党的十八届三中

① See K Mossberger, SE Clarke, P John, *The Oxford Handbook of Urban Politics*, Oxford University Press, 2012, pp. 254 – 256.
② 《"三社联动"推进社区治理创新》,http://news. xinhuanet. com/politics/2015 – 05/04/c_1115173985. htm,2015 年 5 月 4 日。
③ 参加周庆智:《当前的中国社区治理与未来转型》,《国家治理》,2016 年第 2 期。

全会关于全面深化改革文件中强调的：中国共产党领导下的社会治理是"政府治理、社会自我调节与居民自治的良性互动"。

正如萨拉蒙所说："私人非营利组织是参加第三方治理体系的最自然的候选人。"①社会组织参与社区治理之所以能够实现专业化，主要是因为社会组织参与的社区治理是遵循专业化原理、要素、路径与机制的。

第一，社会组织参与社区治理原理。社会组织参与社区治理必须遵循规律，这一规律便是社会组织参与社区治理的原理。这些原理包括所有社会组织都必须遵循的普遍性原理：依法参与、专业对口、多元协同、参与治理、服务撬动治理原理等；还有不同类型社会组织所遵循的特殊性原理：结果重要（生产生活服务类社会组织）、过程优先原理（居民自治类、文体活动类社会组织）、过程结果双重（志愿类、公益慈善类社会组织）、缓法重礼（专业调处类、社会事务类社会组织）、先参与后治理原理（生活服务类、公益慈善类、专业调处类、社会事务类社会组织）等。

第二，社会组织参与社区治理的要素。社会组织参与社区治理的要素主要分为四个方面：首先，党建要素，2015年9月中共中央办公厅印发《关于加强社会组织党的建设工作的意见（试行）》，《意见》指出：各级党委（党组）要充分认识加强社会组织党的建设工作的重要意义，将其纳入党建工作总体布局，社会组织可以通过党建，尤其是区域化党建机制与其他社会组织和驻区单位联合，互通有无，有效整合资源；其次，建立社会组织横向连接，增强社会组织参与社区治理的专业力量与资源；再次，主体要素，"三社联动"中的重要一"社"便是社会组织，它是参与社区治理的重要主体，是改革公共服务提供方式的重要载体；最后，资源要素，社会组织参与社区治理的资源包括内生资源和外生资源两大类，内生资源是基础，外生资源是保障。

---

① ［美］莱斯特·M.萨拉蒙：《公共服务中的伙伴：现代福利国家中政府与非营利组织的关系》，田凯译，商务印书馆，2008年，第44页。

第三,社会组织参与社区治理的路径。社会组织参与社区治理,必须遵循一定的路径,这是社会组织能够跨入社区治理的"孔道"。从中观维度讲,社会组织参与社区治理的路径包含以下七个方面:生活服务、公益慈善、文体活动、矛盾专业调处、居民自治、社会事务、党建事务。从微观维度讲,社会组织可以以社区亲子、社区环保、社区公益、社区创意、社区艺术、社区空间微更新、社区为老服务七个领域为支点撬动社区治理。

第四,社会组织参与社区治理的机制。

首先,自下而上的参与机制。社会组织根据自身禀赋,在八大路径七个领域中主动自下而上地参与社区治理。例如北京地球村环境文化中心创办人廖晓义女士在山东省曲阜市书院村实践的"乐和家园"乡村建设项目,就是自下而上进行的。①

其次,自上而下的服务购买机制。政府部门根据社区治理的需求,通过政府购买服务的形式,购买社会组织的服务,②以此促进社会组织参与社区治理。例如上海新途社区健康促进社就通过杨浦区延吉新村街道的政府购买服务项目,开展了以"新建小区前置社区营造操作""协力营造街群邻里友好空间""睦邻中心的发展及推广价值""睦邻中心 2.0 时代"等为主题的社区治理实践。③

再次,双向参与机制。这类机制是自上而下的政府购买服务与自下而上的社会组织主动参与的双向结合。例如北京社区参与行动服务中心不仅

---

① 乐和家园乡建团队在曲阜市以自下而上的方式进行了两个多月的乡村建设实践之后,曲阜市政府才关注到他们,然后与他们展开合作。作者于 2016 年 11 月 25—27 日对书院村"乐和家园"建设的调研,及对廖女士的访谈。

② 参见王海侠等:《社会组织参与城中村社区治理的过程与机制研究——以北京皮村"工友之家"为例》,《城市发展研究》,2015 年第 11 期。

③ 作者 2016 年 3—12 月在上海市延吉街道的调研,以及在 2016 年 9 月 15 日对新途深社工师王伟立先生的访谈。

以自下而上的"直接参与"方式参与社区治理，而且还通过政府购买服务的方式，开展"旧式垃圾通道封堵冲突合作"社区治理实践，在一个月内成功"活化"居民，得到居民支持，高质量完成重庆某企业改制小区的旧式垃圾通道封堵工作，且成功避免了反弹效应。①

最后，"市场化＋社会化"机制。市场化主体——企业，通过市场化技术、专业、资源与组织优势，依托企业力量建立并运营社会组织的机制参与社区治理，实现企业与社会组织的良性结合与互动，从而促进社区治理的专业化。例如熊红霞女士以自己经营旅行社的专业化服务优势，创立四川圆梦助残公益服务中心，建立、培训志愿者团队，专门帮助残疾人走出家门与社区，融入社会，推动无障碍事业的发展。② 同理，社会组织可以与企业合作，利用企业的优势资源，开展社区治理。例如上海新途社区健康促进社就与杭州银行合作，开发了"儿童财商课程"，在社区里开展儿童公益教育。③

二、市场力量参与社区治理：社区治理公益化

社区治理貌似与除了物业服务公司以外的市场主体——企业没有关系。然而除却上述社会组织参与社区治理的"市场化＋社会化"机制有企业参与之外，企业参与的社区治理在深度与广度上远远不止于此。企业与社区的关系不仅仅止于我们所熟知的开发商与楼盘的关系、企业以履行社会责任为契机对社区的帮扶等，其对社区治理的参与更深、更广。从深度上讲，企业可以进社区，作为多元力量中的一支而参与社区治理；企业也可以

---

① 作者在 2016 年 5 月 17—20 日对参与行动中心重庆办公室负责人宋振华先生的访谈。

② 作者在 2016 年 4 月份对四川省圆梦助残公益服务中心理事长熊红霞女士的访谈。

③ 作者于 2016 年 3—12 月在上海市延吉街道的调研。

建社区,作为社区治理最为主体的力量,建立、运行、发展社区并承担提升社区居民生活服务水平的重任。从广度上讲,企业不仅可以进农村社区,而且可以进城市社区,参与社区治理;企业不仅可以建城市社区,还可以建农村社区,成为社区治理的主体。在中国城市化速度迅速推进的时代,企业已经成为社区治理无法忽视的力量,它们以自己的社会责任意识与资源大力参与社区治理,将企业的各项资源下沉到社区,使资本发生"大转型":其追逐利润的本性让位于社会属性,①由此,市场力量参与的社区治理出现了公益化面向。

企业以履行社会责任的契机,从市场的主体转变为社区治理的重要参与力量,进入社区,支持并开展社区治理;资本参与的社区治理在这个维度上表现出公益化的取向。② 这就是企业进社区。汇丰银行(中国)有限公司开展的"汇丰社区伙伴计划",就是企业进社区并参与社区治理的典型案例。汇丰银行(中国)有限公司携手恩派(NPI)公益组织发展中心于2013年12月启动"汇丰社区伙伴计划",通过企业资金撬动政府资金,在重点城市选择试点社区合作配比共建社区基金,动员居民针对共同的社区问题进行提案,支持社区居民组织和专业社会组织发起社区项目,发掘居民领袖,并提供资金资助、监测督导、能力建设、资源链接、信息技术、知识研究等全方位支持,

---

① 参见[英]卡尔·波兰尼:《大转型:我们时代的政治与经济起源》,冯钢、刘阳译,浙江人民出版社,2007年,第79~80页。

② 耐克(体育)中国有限公司总部位于上海新江湾城,其下专门设"公益部"积极参与中国的社会公益事业。在公益部的主导下,耐克(体育)中国有限公司积极参与所属街道辖区内的社区建设,成为新江湾城街道社区委员会下设公益专委会的重要参与主体。这是市场力量参与社区治理,体现资本社会属性的案例。从这个维度上讲,资本并未裹挟社区,而是在回馈社区,体现了社区治理的公益化。来自作者2015年11月至2016年12月在新江湾城街道的调研。

打造政府、企业、社区、社会等多方参与社区治理模式。[①] 截至 2016 年中,汇丰共投入 1800 万元,撬动政府资金 1106 万元,覆盖全国 10 个城市 56 个社区,建立社区基金 22 个,发掘社区提案 779 份,其中获资助提案 373 份,提案内容涉及社区教育、社区环境、社区健康、社区文体、社区安全和社区自治等居民最关心的议题,培育社区协调员 60 余人,直接服务和影响的社区居民达百万人。[②]

根据调研,汇丰银行的汇丰社区伙伴计划撬动的社区治理是非常细微的实践,例如这一计划在上海延吉新村街道的社区治理实践,就以装设居民楼信箱简易实用的存放碎屑纸片的小垃圾筐为支点,激发居民自治活力,撬动社区治理向精致化方向发展。[③] 汇丰社区伙伴计划在深圳开展的"民生大盆菜"项目,在南京市翠竹园社区开展的"社区互助会"项目,广东省开展的支持妇女计划,都是体现公益化的社区治理实践。[④]

进社区的企业只是作为社区治理的一支参与力量,是多元参与主体中的平等一元;而建构社区,承担社区发展、服务提升并实现其可持续化治理重任的企业,已经从多元中的一元,变成主导社区治理的最为重要的主体。这就是企业建社区。从这个角度来讲,企业可以建农村社区,例如浙江杭州的良渚文化村,就是万科集团建造的农村社区;企业可以建城市社区,例如武汉的百步亭社区、深圳的桃源居社区、上海的徐汇苑社区等。这里所谓的企业建社区,并非指开发商开发好楼盘之后便离开的形态,而是指企业不仅开发楼盘,而且在开发出楼盘之后,运行社区、维护社区并发展社

---

①② 汇丰社区伙伴计划项目介绍:http://hccb. npi. org. cn/index. php? m = Alone&a = index&id = 2。

③ 作者于 2016 年 6 月在杨浦区的调研,以及对杨浦区社建办相关工作人员的访谈。

④ 华东理工大学社会工作系、上海高校智库社会工作与社会政策研究院、上海现代公益组织研究与评估中心联合课题组:《多方协同参与社区建设的新模式研究:基于汇丰社区伙伴计划的案例》,2016 年,第 17 页。

区,即开发商成立物业公司,两者合一,成为社区的主要管理、服务与治理主体。

企业建社区与改革开放之前的"企业－单位"一体化是不同的。企业－单位体制下的社区治理属于国家治理范畴,城市社区的生活属性及其由此衍生出来的社会属性、发展属性与治理属性只是后来社区中国的事情。企业建社区迥异于企业－单位体制所产生的社区。企业所建立的社区本身便是社区存在的目的。企业建立社区的目的不是为了更宏大的国家目的与城市目的,即使它所建立的社区是在国家与城市政策的规定下建成的,它的服务与治理落脚点在于生活在社区中的居民,或者严格意义上讲是"业主"。由此,开发商、物业公司与业主委员会,其服务的目的不再指向企业与国家目标而是购房并生活在社区的业主或居民。开发商建立社区、管理社区、服务社区,其本质是为了服务业主或居民,后者的生活属性是前者存在并营利的核心基础。企业建立的社区不再具有国企－单位体制下社区的生产属性,其政治属性与组织属性也在相应变弱;它所发展出来的属性是与社区的本质意义联系在一起的,即生活属性、社群属性,及两者衍生出来的治理属性。虽然,生活属性与社群属性是针对狭小地域范围内的社区共同体内的居民而言,这些属性并不天然具有政治属性;但是在当下街居制框架下的国家－社会视野内的社区,其治理属性凸显。社区治理虽然不是企业建立社区之初便随之而生的议题,但是在社区中国的国家治理视野下,社区治理反而与社会治理、城市治理紧密相连,成为国家治理的基石。社区治理牢固则社会治理的基层基础得以夯实,那么城市治理则牢固,国家治理则牢固。

企业建社区是当下中国社区治理的重要方面,形成非同一般的社区治理形态。企业建社区模式下的社区,一般都是高档商品房社区。以我们调研的上海徐汇苑社区为例,开发商共开发三期项目,现拥有五栋居民楼,一栋写字大厦,现在二手房价已经上涨到8万元/平方米,是上海著名的国际社区,获得"全国物业管理示范住宅小区""上海市文明小区""上海市绿色住宅""上海市优秀住宅金奖"等国家级、市级荣誉。在徐汇苑社区的管理中,开发商成立物业公司,不仅开发楼盘建立本社区,而且负责管理社区事务,并为社区居民提供高价格的市场化物业商品,其社区硬件建设豪华,达到五星级宾馆的水准;其地下车库停车位每月收费达到 2000 元/车位,为业主提供高级详致的车辆服务;其社区保安是由退伍军人组成,由开发商雇佣,平时作为社区保安保障社区公共安全,紧急时作为消防员,处理社区紧急灾害;开发商为社区配备消防车、紧急救护车,以应社区居民不时之需……从整体的社区服务来看,开发商已经以市场化形式,替代了政府的一般化公共产品供给,社区居民从开发商那里以高价格购买超出政府公共服务许多水准的社区产品。可以说,开发商就是社区的"政府"。

但是企业建社区的模式也存在一定的局限。这一局限最为突出的表现是:企业提供的市场化社区产品不仅替代了政府的公共物品,也替代了社区居民的参与式治理。这就导致企业建立的虽然是高档社区,但是这类社区中的邻里情感却是冷漠的,社区中甚至会存在大量十几年来无法解决的"低素质"行为,例如宠物随地大小便、楼道乱堆物、楼道随意停放自行车、楼栋外壁随意改造等问题。[①] 这折射出企业建社区模式存在三大方面局限:强服务弱治理、高供给低参与、严管理弱主体;换言之,企业建社区模式以开发商的强市场化行为替代政府公共产品供给的同时,也导致了社区治理的弱参与。这与政府主导的一般社区治理中的弱参与不同,它是由市场化产品的高供给行为导致的。所以企业建社区模式如何在既保证市场化物业商品高价格高质量供给的同时,提高社区治理的居民参与度,将硬件建设与软件建

设同步,是企业建社区模式未来发展所需要解决的重要课题。①

三、居民与社区治理:社区治理参与化

在社区治理中,居民是最为重要的参与主体与受益主体,如果没有居民的参与,社区治理是没有主体意义的,这便是社区治理参与化。② 社区治理参与化最为典型的体现便是居民自治,即"以社区公共议题和居民需求为基础,居民通过民主协商的方式共同参与社区公共事务,以居民公约为基础,借助议事会等制度载体,以完善社区治理体系,实现社区公益的行动、过程与结构"③。

居民自治的重要制度平台是包含居委会在内的"三驾马车"。居委会、业委会、物业公司是社区治理的"三驾马车",如何处理三者在社区治理中的关系,是决定居民自治能否顺利展开、社区治理结构能否完善的重要标志。④从居民自治角度来透视社区治理,我们可知处理好"三驾马车"之间的关系关乎社区治理的成败。⑤ 处理三者之间关系的途径包括"通过社区居民会议制订规则、通过党组织进行调节和规制、通过三种组织的交叉任职提高信息共享度和信息沟通度等"⑥。然而除了就三者关系谈三者之外,还需要关注"业主自治与物业管理、业主自治与居民自治、业主自治与公民社会建设、业

---

① 根据笔者在 2015 年 11—12 月的调研,浙江省良渚文化村也存在这些局限,只不过它公共产品的供给不是高价格的,而是高质量的。

② 参见周庆智:《论中国社区治理:从威权式治理到参与式治理的转型》,《学习与探索》,2016 年第 6 期。

③ 刘建军:《居民自治指导手册》,格致出版社、上海人民出版社,2016 年,第 15 页。

④ 参见李友梅:《城市基层社会的深层权力秩序》,《江苏社会科学》,2003 年第 6 期。

⑤ 参见陈鹏:《城市社区治理:基本模式及其治理绩效——以四个商品房社区为例》,《社会学研究》,2016 年第 3 期。

⑥ 刘建军:《居民自治指导手册》,格致出版社、上海人民出版社,2016 年,第 121 页。

主自治与政府管理、业主自治与基层党组织建设等方面的问题,这对于社区治理架构和居民自治形式有着重要影响"①。

"三驾马车"的制度架构中,业主委员会的良性运行与功能发挥是当下中国社区治理面临的核心挑战。我们经过调研发现,绝大多数社区中的业主委员会都出现过运行困境,因为业主委员会的委员们往往以自身小集体利益为重,而忽视甚至侵害小区业主的整体利益,从而导致集体辞职或被告上法庭的窘境。在现有制度架构下,许多地方的社区治理正在探索解决之道,例如选举具有奉献精神与良好个人品德的业主任业委会主任,加强居委会对业主委员会选举与运行的干预性指导,使居委会与业委会成员的交叉任职等。然而一揽子的解决方案,还需要房管部门的顶层制度设计与法律规范制定。

"三驾马车"是社区治理参与化的制度维度,楼组自治是居民自治主导的参与式社区治理的空间维度。楼组是居民走出家门,优化社区治理第一步的首位社区公共空间。它最有可能成为维系现代邻里关系的粘合剂,成为基层社区治理最微观的单元。② 楼组是社区治理体系中最微观、最基础的空间,它承担了社区治理的神经末梢职能。楼组既可以向内延伸,也可以向外延伸:向内它直达每个居民的家庭,向外它直达作为共同体的社区。楼组是居民自治与社区治理的首位支点,它以构建邻里共同体、情感共同体、家庭化共同体为目标;楼组空间以关联产权为基础,它的物理距离最短,社会距离最亲近,居民交往密度最高,楼组是集物理距离、社会距离、家庭亲情三者为一体的邻里空间。在这个小小的螺蛳壳里可以形成最具生命力的邻里链条(neighborhood chain),并产生强大的邻里效应(neighbor-

---

① 陈文:《社区业主自治研究:基层群众自治制度建设的理论分析》,中国社会出版社,2011 年,第 117 页。

② 参见马彦银:《楼组自治:唤醒邻里空间》,《文汇报》,2015 年 7 月 8 日,第 8 版。

hood effect）。①

　　然而楼组自治不是自发形成的,需要有形的组织与制度保障。楼组议事会、楼组自治公约、街道推动楼组自治的提升机制等,都是展示居民楼组自治水平的重要载体。但是在这些有形载体的后面,还有看不见摸不着的楼组自治理念,这就是支撑楼组自治的"看不见的手"——精神禀赋。楼组自治的关键在于挖掘楼组的精神禀赋。精神禀赋是楼组建设的灵魂,不同社区不同楼组具有不同的精神禀赋。有的楼组以"互助"为精神禀赋,有的楼组以"慈善公益"为精神禀赋,有的楼组以"健康自管"为精神禀赋,有的楼组以"家庭化"为精神禀赋。精神禀赋不同,楼组自治形态便不同。

　　楼组自治的分类包含市区楼组与城乡接合部楼组两类。根据我们的调查,在中心城区能够进行楼组自治建设,并达成较好自治效果的楼组规模一般在20—30户左右。如果是高层商品房住宅区,还需要根据楼层进行楼组的重新划分;如果是合用房住宅区,楼组的划分就需要根据其物理距离与社会距离,以"块"的形式进行楼组建设,我们称之为"块状楼组"。在城乡接合部,尤其是大居,由于物理距离与社会距离都比较大,楼组的划分就需要根据其特点重新进行分配。这就出现了不同楼组的联合体——"楼组块区"。例如上海市嘉定工业区就做出了"大楼组"的探索。嘉定工业园区居民区规模比较大,一般在2000—3000户;同时,自然的单元楼组户数少、资源有限,基于此,楼组自治的单元就自然落脚到大社区和小楼组之间的中间地带,那就是若干单元楼组合在一起的"楼组块区"。每个楼组块区的规模在150户左右,它有效克服了社区规模过大、单元楼过小所带来的治理困境。以"大楼组"为代表的居民自治,是对大型居住区进行有效治理的重要探索,是对城乡接合部社区治理的重要贡献,是社区治理

---

① 参见[美]诺克斯:《城市化》,顾朝林、汤培源译,科学出版社,2009年,第351页。

参与化的重要实践形态。

第三节 社区治理的模式与阶段

一、社区治理的模式

从改革开放开始,尤其从 20 世纪 90 年代中后期至今的三十多年时间内,社区体制在中国得到了比较显著的发展。从此社区治理替代单位治理,成为国家治理的基层逻辑。虽然社区在中国的发展时间还比较短暂,也不可能形成统一的模式,但是不同城市根据自身城市属性探索了各具特色的社区治理模式。近年来尤其以青岛、上海、沈阳、江汉、百步亭与成都社区治理模式最为突出。①

表9.1 社会治理模式

模式	百步亭模式	青岛模式	上海模式	沈阳模式	江汉模式	成都模式
治理	企业主导的区域化治理	中层治理	自治办 + 居委治理	居委治理	居委治理	院落治理

---

① See Yuan Ren, Globalization and grassroots practices: Community development in contemporary urban China, in Fulong Wu, *Globalization and the Chinese City*, Routledge, 2006, pp. 292 - 309. 同时可以参见任远、章志刚:《中国城市社区发展典型实践模式的比较分析》,《社会科学研究》,2003 年第 6 期;刘建军:《居民自治指导手册》,格致出版社、上海人民出版社,2016 年,第 32 ~ 60 页。

模式	百步亭模式	青岛模式	上海模式	沈阳模式	江汉模式	成都模式
划分	整个新建小区作为社区，不设街道办事处	由 1176 个居委会调整为 521 个社区，位于街道与居委会之间，平均规模是 1340 户	2014 年上海市委"一号课题"落地，2001 年的街道(社区)模式向街道与居委所在社区分离转变，社区规模为 2000 多户	2011 个居委会调整为 1295 个社区，社区规模为 1000 到 1500 户	248 个居委会调整为 112 个社区，位于街道与居委会中间	计划经济时代遗留的单位化自然住宅院落，规模较小，居民熟悉度高
核心特征	不设街道派出机构，社区直接在区政府下自治管理	以社区服务为龙头，提升社区功能，推进社区发展	街道与社区分离，街道成立自治办，社区以居委会为载体开展治理	通过组织建设推进社区民主自治的体制完善	转变政府职能，明确政府、社区功能	居民协商议事制度、社区公共服务和社会管理基金、社区自组织嵌套
组织体系	社区党委、社区居民代表大会、社区行政中心与社区服务中心	市、区、街、居四级社区服务体系，包括社区服务管理、服务求助和设施服务三个方面	街道自治办主管社区自治工作，居委会是社区治理的主体性制度平台	决策层:社区成员代表大会，议事层:社区协商议事委员会，执行层:社区居民委员会，领导层:社区党组织、各类协会	决策层:社区成员代表大会，议事层:社区协商议事委员会，执行层:社区居民委员会，核心层:社区党组织	社区居民为主体，建立院落居民议事会、院落自治小组(院落管委会和业委会)，参与并管理社区公共事务

模式	百步亭模式	青岛模式	上海模式	沈阳模式	江汉模式	成都模式
资源运作	社区委员会、物业管理和业主委员会,三位一体的自治管理	政府投入,促进社区服务专业化,提倡驻社区单位资源共享、共驻、共建	街道设立自治办,依托居委会、居民自治组织、社区领袖、驻区单位、社会组织等开展社区治理	政府补贴,政党整合,驻区单位支持,建立资源整合平台	区街政府部门必须提供权力和必要的经费支持	成都市从政策设计层面实现"院落自治"全覆盖,确保配套措施、治理资源、规章制度
推进方式	政府、市场推进	政府推进、社会参与	党委领导下政府主导的居民自治与共治	政府推进、民主自治	政府推进	政府支持、院落组织、居民参与

资料来源:中国社工网,Yuan Ren, Globalization and grassroots practices: Community development in contemporary urban China, in Fulong Wu, *Globalization and the Chinese City*, Routledge, 2006, pp. 292－309. 同时参见任远、章志刚:《中国城市社区发展典型实践模式的比较分析》,《社会科学研究》,2003 年第 6 期;刘建军:《居民自治指导手册》,格致出版社、上海人民出版社,2016 年,第 32~60 页。作者自行收集的资料与数据。

这些典型的社区治理模式,基本上是因应单位体制松解后国家治理与城市治理的需求而生。从社区治理模式成形时间来看,它们大多集中于中国城市化发展水平从 1995 年的 29.04% 到 2000 年的 36.22% 这一时间段。这时城市化的迅速发展,逐渐使中国摆脱低城市化现象,[1]自由劳动力涌入城市直接挑战着以封闭/隔离为特色的单位体制为主导的国家治理的有效

① See Li Zhang, *China's Limited Urbanization: Under Socialism and Beyond*, Nova Science Inc., 2003, p. 3.

性。由此,社区治理模式的探索,成为国家治理的首要任务。在六种社区治理典型模式中,除百步亭社区以外,其他五个社区都是依托带有行政性质的街道、单位、居委会重新调整而成。由此可见,市场化、城市化浪潮冲击下的城市依据多元社会需求,开始调整依托单位形成的城市治理体系,形成以社区治理为基层逻辑的国家、城市治理体系。这无论对于工业化较高的城市——沈阳,还是商业化较高的城市——上海,甚或是处于两者之间的城市——青岛、武汉、成都来讲,都无一例外。

在各种社区治理模式的核心特征中仍然有政府或者政党的显现,但是这个时期的公权力要素不同于单位中国的治理;在治理的时代,它已经成为参与社区治理主体中的一元。这体现在政府与社区的职能得到相对分离,其服务性加强,行政性减弱,强调社区自治、社区服务与社区功能,以期实现社区的自我治理。在社区中城市的社会性与生活性已经占据主体地位,这些典型特征明显体现了社区治理区别于单位治理的特质,社区治理开始成为主导国家治理的基层逻辑。

虽然社区治理已经成为当下中国国家治理、社会治理与城市治理的重要支撑机制,政府治理、社会自我调节和居民自治在社区治理过程中已经开始互动,但是它仍然受到公权力要素的重要影响。[①] 首先,从治理主体上看,政府是社区治理的主导性力量。在六种模式中,社区的建立、推进与进一步发展,都是由政府发起并推进。虽然百步亭模式是由百步亭集团建立的整个小区为单个社区,没有设置街道办事处,但是它也离不开政府的推进,只不过是政府与市场化力量协作共进而已。就青岛模式来讲,社区治理的推

---

① 罗思东的研究表明:社区治理虽然已经建立起来,但是实际上并未真正运行,作为国家权力建制化设置的街居体制依然忙碌。参见罗思东:《城市弱势社区的组织化参与——构架社区权力的路径分析》,载于何艳玲:《变迁中的中国城市治理》,格致出版社,2013 年,第 237 页。

进与发展过程中,虽然加入了社会化力量,但是仍然离不开政府的作用。其次,从资源运行上看,社区自身的资源基础虽然薄弱,但是社区治理却离不开社区居民与自治组织。六种社区模式的运作离不开六种资源力量的支撑:①政府的行政性资源,②驻社区单位的体制性资源,③政党的组织性资源,④物业公司的商业化资源,⑤社区的自治资源,⑥社会组织的专业资源。这六种资源成为支撑社区治理的基础性资源,并形成一个整合性平台,社区居民作为主要的参与者虽然力量薄弱,却是不可或缺。最后,从组织体系上看,社区甚至还被作为国家准行政性配置的一个环节。在沈阳、江汉、百步亭、成都模式中,社区的自治体系是社区自主运行的主要环节与力量,但是政党、政府在其中仍然是领导角色与支持力量。社区治理虽然已经替代单位体制成为国家治理的基层逻辑,但是建立政党领导下的社区自治与共治治理体系的前景仍然是前路漫漫。①

二、社区治理的阶段

当下中国的社区治理模式各有不同,但是中国三十多年的社区治理实践经历的阶段却大体相似。根据中国各大城市社区治理的现实实践,通过实际调研,我们可以将中国的社区治理分为四个阶段。

第一,基础设施建设配备阶段,我们形象地称之为动"物"的阶段。这个阶段主要是为社区治理的重要参与主体——居委会配备工作用房,为居民开展活动配备物理空间,以及为居民服务供给提供公共场所,这是社区治理的硬指标。对于老旧小区来讲,并未事先配备此类公共空间,所以主要是做增量配给:通过与物业、业委协商腾挪空房或重新规划房间功能供公共之

①　参见石发勇:《准公民社区——国家、关系网络与城市基层治理》,社会科学文献出版社,2013 年,第 236 ~ 245 页。

用,或以市场化租赁配备公共空间。对于新建商品房小区而言,政府以法律形式规定:小区楼盘规划之初,就必须配备居委会公共用房。

第二,社区居民参与社区治理阶段,我们形象地称之为动"人"的阶段。社区治理的主体是居民,没有居民的主体性参与也就没有真正的社区治理。[①] 由此,社区治理在具备了物质硬指标后,还要具备软指标。动员居民参与社区治理,首先需要将社区的党员动员出来,以"党员双报到"制度,激励或要求党员积极参与社区治理事务,发挥先进带动后进的效应。其次是将社区中的居民领袖或社区能人调动起来,使之成为社区治理的骨干力量。再次是组建居民志愿者团队,使之成为居委会的外围力量,形成"居委会 + 居民团队"的社区治理参与队伍。[②] 最后,动员一般居民走出家庭,参与社区公共事务。在居委会、社区领袖与社区团队的活化下,社区治理便实现了参与化。

第三,动员资源参与社区治理阶段,我们形象地称之为动"钱"阶段。在有了公共空间与人力资源之后,社区治理就到了动用经费、资金、基金、自治金等资源的阶段。一旦到了动钱的阶段,中国的社区治理与居民自治可能会进入一个全新的阶段,"当社区中的很多硬件设施(如电梯),都已经到了更换的时间。但其费用又是维修基金难以承担的,于是,社区治理到了'动钱'的阶段。一旦到了'动钱'阶段,无论在议题还是制度上,社区治理到了真正经受考验的时候。在很多社区,出现了众筹资金、居民出资的自治金等新鲜事务"。"动钱阶段的社区治理和居民自治对制度化水平、公开化、民主化的要求愈来愈高。近年来,在深圳、上海、广州、重庆、天津的很多社区,已经出现了居民自发集资形成的自治金以及社区公益基金会,社区治理和居

---

① 参见李友梅:《社区治理:公民社会的微观基础》,《社会》,2007 年第 2 期。
② 参见罗峰等:《社会的力量:城市社区治理中的志愿组织》,上海人民出版社,2016 年,第 39 页。

民自治与社区基金的结合,是一个极为重要的发展方向。"①

第四,社会组织参与社区治理阶段,我们形象地称之为动"专业"阶段。以上海为例,城市化的迅速推进使社区中的许多问题已经不是仅仅依靠政府、居委会、居民等主体就可以解决的了,因为这些主体只能提供一般化的公共物品,不能做到社区治理"精准化"。社区遇到越来越多的专业化治理难题,例如社区灾后重建过程中的儿童心理康复、社区矫正、社区精神障碍群体的看护等,这些社区难题的治理需要的是具有专业化业务素质的社会组织。② 社会组织凭借自身的专业化优势,可以为社区治理提供精准化的专业服务,解决政府想解决却不能解决,居民想解决却无力解决,市场不想解决的专业化治理难题。社区组织参与社区治理的风潮由此而生,从而推动中国的社区治理向专业化方向迈进。

总而言之,以社区治理的主体标准划分,以上四个阶段可以分为两个大阶段,即政府主导的社区治理与政府、社会、居民,甚至市场等多元主体互动的社区治理阶段。中国的社区治理开始走向多元主体共同参与的真正的"治理"阶段。

---

① 刘建军:《居民自治指导手册》,格致出版社、上海人民出版社,2016 年,第 108、151 页。

② 参见潘修华、龚颖杰:《社会组织参与城市社区治理探析》,《浙江师范大学学报》(社会科学版),2014 年第 4 期。

第十章

人民城市及其治理:"人民城市人民建,人民城市为人民"

　　城市建设与发展是当今世界各国关注的重要议题。城市建设和发展的质量,决定了一个国家建设和发展的成败,影响着一个国家在国际上竞争力的强弱。中国共产党在城市诞生,自始便在城市中谋生存和发展,并开展了一系列城市工作,尤其在 1949 年后,城市成为中国共产党的工作重心,并一直将城市建设和发展作为党的重要工作来抓,持续至今。[①] 可以说,中国共产党与城市息息相关,不可分割。党的十八大以来,习近平总书记一直高度关注中国的高速城镇化实践带动的城市建设和发展,明确提出"人民城市人民建,人民城市为人民"的理论判断,形成一系列关于人民城市的重要论述。全面认识和研究习近平关于人民城市的重要论述的理论渊源,研究其基本内容,把握其当代价值,对于我们明确城市的价值属性,科学解决城市发展中的问题,进一步推进城市建设和健康发展,具有重要的理论意义和实践意义。

---

　　① 参见宋道雷:《城市力量:中国城市化的政治学考察》,上海人民出版社,2016 年。

第一节　人民城市重要理念

一、人民至上：人民城市建设的价值理念

城市的核心是人，城市是人民的城市。人民城市理论脱胎于马克思主义城市理论，这赋予其科学性；人民城市理论受益于中国共产党人城市治理的经验，根植于中国特色社会主义城市治理的实践，这赋予其实践性；人民城市理论内含于习近平新时代中国特色社会主义思想的体系，这赋予其时代性。总的来看，人民城市理论不是无本之木，其不仅是共产党人城市治理思想的最新成果，也是共产党人新时代开展城市治理的根本准则，具有深刻的理论逻辑、历史逻辑和实践逻辑。人民城市理论作为新时代中国共产党治理城市的最新理论成果，也是中国特色社会主义城市建设事业的根本指南。人民城市为人民，人民城市理论回答了社会主义城市建设到底是为了谁的问题，为中国特色社会城市发展道路指明了核心内涵与价值旨归所在。

作为贯穿于中国特色社会主义制度的构建、完善和发展全过程的重要理念，人民至上的特性随着时代发展在中国特色社会主义中不断被强调，被中国共产党灵活运用到城市工作中，由此才出现了"人民城市"的新概念。人民城市理念所构想的城市相对微观，这是由于中国共产党在历史上与城市的关系发生过多次重要转变：从包围城市、解放城市到接管城市、建设城市再到管理城市、治理城市，每一次应对城市问题的时候，中国共产党面对的都是一个个具体的城市，不仅要考虑城市的区位和功能，更要考虑城市的规划和服务，要回答好"城市属于谁"的根本问题。早在 1948 年，毛泽东在《再克洛阳后给洛阳前线指挥部的电报》中提道："城市已经属于人民，一切

应该以城市由人民自己负责管理的精神为出发点"①,始终关照与尊重人民,把人民满意作为治理城市的标准所在,这展现了中国共产党人关于城市治理的初心与理想。

而党的十八大所提出的"人民对美好生活的向往就是我们的奋斗目标",是人民至上这一城市建设理念在新时代的体现。2015 年 12 月,中央城市工作会议对做好城市会议要把握的理念进行了强调,即顺应城市工作新形势、改革发展新要求、人民群众新期待,坚持以人民为中心的发展思想,坚持人民城市为人民。②"人民城市"这一新的城市发展理念第一次出现在了国家政策文本中,可以说是以人民为中心的中国之治在城市维度的表达。③2017 年 2 月,在对北京城市规划建设和冬奥会筹办工作进行考察时,习近平总书记提出城市规划建设做得好不好,最终要用人民群众的满意度来衡量。④ 在党的十九大报告中,更是围绕人民对美好生活的向往和期盼,关切到了人民日常生活的方方面面,"人民"的具体内涵得以充实。2019 年 11 月习近平总书记在视察上海时作出"人民城市人民建,人民城市为人民"的重要论述,⑤这一论述是对人民城市理念的进一步升华,是中国共产党对于在中央城市工作会议上所提出的"走出一条中国特色城市发展道路"的再度阐述。

可以说,人民城市理念是以习近平同志为核心的党中央把城市发展的普遍理想与中国特色城市发展道路结合起来的重要理论成果与实践成果,

---

① 《毛泽东选集》(第四卷),人民出版社,1991 年。

② 参见《中央城市工作会议举行 习近平李克强作重要讲话》,http://www. gov. cn/xinwen/2015 – 12/22/content_5026592. htm,2015 年 12 月 22 日。

③ 参见宋道雷:《人民城市理念及其治理策略》,《南京社会科学》,2021 年第 6 期。

④ 参见《习近平在北京考察:抓好城市规划建设 筹办好冬奥会》,http://politics. people. com. cn/n1/2017/0224/c1001 – 29106814. html,2017 年 2 月 24 日。

⑤ 参见《习近平:人民城市人民建,人民城市为人民》,http://www. gov. cn/xinwen/2019 – 11/03/content_5448082. htm,2019 年 11 月 3 日。

它已然成为在新时代创造社会主义新奇迹的一把钥匙，中国共产党用这一理念打通了城市建设与社会主义制度之间的内在联系，为破解城市建设中的一系列痛点、难点、堵点提供了良方。从价值层面来说，其充分关照现实生活中的人民的生活逻辑，以人民的"美好生活"为目标，尊重城市生活空间中的多元性与多样性，高度重视人民的参与，致力于打造人人有责、人人参与、人人共享的社会，为人民提供更好的生产质量、生活质量与生态质量，增进城市生活的获得感与幸福感。[①] 从方法论层面来看，人民城市也意味着要在城市治理的模式、方法与手段进行优化升级，人民至上被贯穿在城市制度、体制、机制更新的全过程中，成为城市发展的内在力量，并以党的领导为保障，有效推动城市治理手段、模式、理念的更迭，保障人民城市是治理科学化、精细化、智能化的城市。

二、城市治理是国家治理的重要组成部分

城市作为人类对象化活动的产物，其形成与构建是主体客体化的过程，而且兼具自然空间与社会空间的特性。当然，这个"自然空间"指的是人为创造的城市基础设施、城市建筑，而非先在的，它服务于人类的生产与交往活动，以"物的形态"存在；而"社会空间"则指向一种形成于人们实践活动中的抽象的交往关系。城市既是马克思主义研究"现实问题"的起点，也是其形成历史唯物主义方法并运用于资本主义社会批判的主阵地。

随着规模浩大的城市化进程，城市问题在历史交替中走向了时代的舞台，虽然其发轫于西方，但它已经超越了民族国家的界限在全世界范围内日益凸显出来。作为社会空间中的重要聚合形态，几千年以来，城市都处在不

---

① 参见何雪松、侯秋宇：《人民城市的价值关怀与治理的限度》，《南京社会科学》，2021 年第 1 期。

断进行扩张、分化与裂变之中,城市意识、城市文明、城市生产与生活方式等得以形成和确立,城市也成为考察现代社会的一大关键场域。正如马克思、恩格斯二人在《德意志意识形态》中指出:"城市的建造是一大进步"①,城市承载着美好生活的理想,其治理的好坏关系到民生福祉,关系社会和谐稳定,关系党和国家的长治久安。随着城市化进程的加速,城市问题的日益复杂化也对城市治理提出了更高的要求,推进城市治理体系建设和治理能力现代化也日趋迫切。

国家治理的水平,也直接反映和体现在城市治理的水平上。俞可平教授认为,国家治理体系包括规范行政行为、市场行为和社会行为的一系列制度和程序,政府治理、市场治理和社会治理是现代国家治理体系中三个最重要的次级体系。② 在政府治理中,有三个不同的层级,即国家治理、地方治理和基层治理,作为各种要素高度密集的社会空间,城市及其治理也是这其中的重要一环。新中国成立 70 多年来,我国经历了世界历史上规模最大、速度最快的城镇化进程,尤其是在改革开放以后,中国的城市化率平均每年提升 1 个百分点。目前我国城市规模不断扩大,大中小城市发展齐头并进;城市经济持续发展,综合实力显著增强;城市面貌焕然一新,物质文明和精神文明建设互促共进;新型城市蓬勃发展,城市群格局基本形成。③ 在这样的背景下,必须重视城市中国,把城市治理纳入国家治理的议程中来,城市治理到位,社会才能稳定、经济才能发展。

以习近平同志为核心的党中央对包含特大城市在内的我国市域社会治

---

① 《马克思恩格斯全集》(第 25 卷),人民出版社,1956 年。

② 参见《衡量国家治理体系现代化的基本标准——关于推进"国家治理体系和治理能力的现代化"的思考》,http://theory. people. com. cn/n/2013/1209/c49150 – 23782669. html,2013 年 12 月 9 日。

③ 参见《国家统计局发布报告显示——70 年来我国城镇化率大幅提升》,http://www. gov. cn/shuju/2019 – 08/16/content_5421576. htm,2019 年 8 月 16 日。

理问题的高度重视,习近平总书记指出,"推进国家治理体系和治理能力现代化,必须抓好城市治理体系和治理能力现代化",党的十九届四中全会也作出了"推进市域社会治理现代化"的重大战略部署,提出要在建党一百周年时"各方面制度更加成熟更加定型上取得明显成效"的目标要求,党的十九届五中全会进一步提出"加强和创新市域社会治理,推进市域社会治理现代化"。①

在国家治理体系中处于中观层级的城市扮演着承上启下的重要角色,能够起到以城带乡的积极作用。城市治理涉及多个管理维度与要素,务必要在城市治理中把握好三个着力点:首先是要坚持以人民为中心,贯彻以人民为中心的发展理念,集中力量做好民生工作,为人民群众办实事、做好事、解难事,使社会治理的成效更多、更好、更公平地惠及城市居民;其次是要强化系统思维,在这项综合性的系统工程中,要准确理解城市治理的内涵与外延所在,下好国家治理的先手棋,把治理主体、治理目标和治理机制有机统一起来;最后就是要把握好技术赋能,在信息化时代,尤其要用先进的理念、方法与举措推动城市治理,让技术服务于城市发展与城市治理。正如习近平总书记所指出的,"要着力完善城市治理体系和城乡基层治理体系,树立'全周期管理'意识,努力探索超大城市现代化治理新路子",一定要把城市作为一个生命有机体系统,要敬畏城市、善待城市,②才能把握好城市治理的良方,才能保证其治理体系的效能得以发挥,治理能力稳步提升,更好地服务于经济持续健康发展与社会稳定运行。

---

① 《推进市域社会治理现代化的四个着力点》,https://m. gmw. cn/baijia/2021 – 01/12/34536932. html,2021 年 1 月 12 日。

② 参见《树立"全周期管理"意识 着力完善城市治理体系》,https://theory. gmw. cn/2020 – 05/20/content_33843682. htm,2020 年 5 月 20 日。

三、"三共":共建共治共享的治理格局

伟大的时代需要伟大的理论,长期以来,对经济建设的偏重导致了政治建设的失衡,因而中国共产党及时在政治体制和行政管理体制改革上锐意进取,共建共治共享的治理制度的确立是新时代党对社会治理认识上的全面深化与实践上的崭新谋划,是不断增强人民群众获得感、幸福感、安全感的重要保证。

党的十四届三中全会针对中国经济体制改革所将要进入的攻坚阶段,提出了加强政府的社会管理职能,以更好面对新形势,迎接新任务;党的十六届三中全会进一步提出,为全面建设小康社会,要完善好政府的社会管理和公共服务职能;党的十六届四中全会对于社会管理做出了更高的要求,提出要在体制创新上发力,建立健全党委领导、政府负责、社会协同、公众参与的社会管理格局;面对步入深水区的改革开放与经济新常态,更是提出,党的十八大提出要加快形成党委领导、政府负责、社会协同、公众参与、法治保障的社会管理体制。①

而"治理"第一次取代"管理"出现在中央政策文件中,是党的十八届三中全会所通过的《中共中央关于全面深化改革若干重大问题的决定》才有的变化,该决定中提出要"创新社会治理体制",并改进社会治理方式,坚持系统治理、坚持依法治理、坚持综合治理、坚持源头治理,②在概念更迭的背后,我们要看到理念与时俱进的意义何在,正如习近平总书记所指出的,"治理

---

① 参见《深入学习贯彻党的十九届四中全会精神 加强和创新基层社会治理》,ht-tp://theory. people. com. cn/n1/2019/1217/c40531 – 31508869. html,2019 年 12 月 17 日。

② 参见《十八届三中全会〈决定〉解读:改进社会治理方式》,http://www. gov. cn/jrzg/2014 – 02/17/content_2606543. htm,2014 年 2 月 17 日。

和管理一字之差,体现的是系统治理、依法治理、源头治理、综合施策"。这是党和政府面对日益突出的社会矛盾所进行的治国理念的及时调整。而后,党的十九大报告从统筹推进"五位一体"总体布局、协调推进"四个全面"战略布局的高度,也明确提出要建立"共建共治共享"的社会治理格局,党的十九届五中全会则将表述从"治理格局"上升到了"治理制度",《中共中央关于制定国民经济和社会发展第十四个五年规划和二〇三五年远景目标的建议》也再次对"完善共建共治共享的社会治理制度"进行了重申,"三共"的内在意涵由此得到升华,成为我国社会治理实践的重要指南。

共建共治共享的治理制度体现了静态维稳思想与动态协调能力的有机结合,其从主体、路径、目标三个维度对社会治理的主体与关系进行了有序梳理,我国社会治理制度的内在逻辑和要素构成也得以厘清,社会治理理念逐步科学化、结构越发合理化、方式愈加精细化,社会治理制度的优势也得以彰显。① 共建体现的是在社会建设中的共同参与,回答了社会治理依靠谁的问题;共治体现的是社会治理的共同参与,回答了社会治理如何开展的问题;共享体现的是治理成果的共同享有,回答了社会治理为了谁的问题。

一方面,其所强调的是在社会主义建设中企事业单位、社会组织、人民群众等多个主体的积极参与,这种多元协同的理念能够有效调整治理主体的价值与行为选择,在角色功能更加明确的前提下,社会公共利益才能实现最大化。在一个国家步入成熟的社会阶段以后,应该思考更高水平的发展,此时的治理绝不能仅靠党和政府,还需要在这二者把控方向、发挥总揽全局、协调各方的领导核心作用的前提下,加强社会力量对自身角色定位和职能职责的认知,将其积极性和主动性调动起来,在平衡权责的过程中,让社会各方的力量如同毛细血管般渗入教育、医疗、卫生等多个领域中,打

---

① 参见《思想纵横:社会治理须坚持共建共治共享》,https://baijiahao.baidu.com/s？id＝1677947669396503970&wfr＝spider&for＝pc,2020 年 9 月 16 日。

造人人参与、人人出力、人人尽责的氛围,为社会发展输送血液,提供源源不竭的动力。这需要处理好四对关系,一是基层党组织与多元治理主体之间的关系;二是传统治理方式与现代治理技术之间的关系;三是顶层设计与基层创新之间的关系;四是处理好常态基层治理与突发危机治理之间的关系。

另一方面,其也强调在成果上惠及广大人民群众。当前,在城乡之间、地域之间、群体之间仍然有着较大的鸿沟,如何让人民群众共同享有治理成果,实现幼有所育、学有所教、劳有所得、病有所医、老有所养、住有所居、弱有所扶,需要构建起实现共享的体制机制:一是需要有足够的决心,有应对常态化、长期性挑战坚定不移的勇气,满足人民群众日益增长的美好生活需要绝非易事;二是要有底线思维与底线意识,完善兜底保障制度,加大对弱势群体的关注力度;三是要有提前思考、提前谋划的意识,才能防范应对重大风险,提高治理效能、降低治理成本,满足人民群众更高层次的需求。

四、三治融合:德治、法治、自治

虽然城市和乡村之间存在着某种区分和对立,但乡村治理的现代化也是国家治理体系和治理能力现代化中的关键一环,乡村发展质量的高度、速度的快慢也一定程度上对城乡关系与城市发展有着影响。"三治"即德治、法治、自治,其源于浙江桐乡成功的"三治"试验。这场开始于2013年的实践是自觉自为创新的成果,桐乡市为实现更高质量、更高水平的社会治理,出台了《关于推进社会管理"德治、法治、自治"建设的实施意见》,在乡村不遗余力地推进法治建设,以法治保一方和谐;着重发挥乡土文化的引领作用,以德治求一方安定;并注重培育农民的主人翁意识,以自治化解大小矛盾，最终形成"大事一起干、好坏有人判、事事有人帮"的"三治融合"乡村治理体系，①实现德治、法治和自治的有机协同。

　　"三治融合"也逐渐从先行先试的桐乡经验、个案示范逐渐进入国家政策视野中，其整体安排与实施路径也愈发清晰、逐渐成熟。党的十九大将"健全自治、法治、德治相结合的乡村治理体系"确定为乡村振兴战略的设计目标，②2018 年的中央"一号文件"《关于实施乡村振兴战略的意见》提出要坚持自治为基，加强农村群众性自治组织建设，要坚持法治为本，树立依法治理理念，还要提升德治水平，对"构建乡村治理新体系"作出了总体部署。③中共中央、国务院印发的《乡村振兴战略规划(2018—2022)》提出要"坚持自治为基、法治为本、德治为先，健全和创新村党组织领导的充满活力的村民自治机制，强化法律权威地位，以德治滋养法治、涵养自治，让德治贯穿乡村治理全过程"，为"三治融合"确定了具体的施工图。④ 2019 年，中央"一号文件"《关于坚持农业农村优先发展做好"三农"工作的若干意见》则进一步强调要增强乡村治理能力，建立健全党组织领导的自治、法治、德治相结合的领导体制和工作机制，发挥群众参与治理主体作用。2021 年，《中共中央国务院关于加强基层治理体系和治理能力现代化建设的意见》印发，其中要求"力争用 5 年左右时间，建立起党组织统一领导、政府依法履责、

---

　　①　参见王文彬：《自觉、规则与文化：构建"三治融合"的乡村治理体》，《社会主义研究》，2019 年第 1 期。

　　②　参见《健全自治法治德治相结合的乡村治理体系》，https://news. gmw. cn/2019 - 02/26/content_32561969. htm，2019 年 2 月 26 日。

　　③　参见《中共中央国务院关于实施乡村振兴战略的意见》，http://www. gov. cn/zhengce/2018 - 02/04/content_5263807. htm，2018 年 2 月 24 日。

　　④　参见《中共中央国务院印发〈乡村振兴战略规划（2018—2022 年）〉》，http://www. gov. cn/xinwen/2018 - 09/26/content_5325534. htm，2018 年 9 月 26 日。

各类组织积极协同、群众广泛参与,自治、法治、德治相结合的基层治理体系"①。

从这一系列部署中,可以看出"三治"内部应当是相互贯穿、相互包含、相互联系、相互促进的,需要坚持整体论与开放的观点来看待三者之间的关系:自治是指治理主体在合适的治理结构中依靠治理规则进行乡村治理,而法治依靠法律文本和典范对乡村进行治理,是一种有形的规则,被称为乡村的"硬治理",德治体现为乡村社会存在的无形规则,往往以村规民约的形式存在,是乡村的"软治理",只有三者融合,才能保障德治有效、法治有序、自治有力。② 在具体的实践过程中,"三治融合"的提出有助于改变传统乡村社会治理结构的失衡,它表现为治理中心的下移,能够通过自我革新与治理转型让内部具备更好的规则与体系,形成村民真正认可、愿意遵循的行为准则,并通过内生秩序的稳定形成治理动能,带动乡村社会的大变革,让治理更强有力且有序,在多元化、体系化、专业化的治理中实现治理的体系化。它可以说是将社会主义制度的优越性和乡村治理的乡土性相结合的重要产物,在平衡三者关系的过程中,回答了"谁来治理""依何治理"及"如何治理"三个问题,为解决城乡发展的不平衡与不充分矛盾提供了思路与借鉴,为基层治理打造了自主探索的广阔空间,具有很强的现实意蕴,是基层社会治理制度的成功探索与创新。

---

① 《浙江桐乡:"自治法治德治融合"促基层善治》,http://www. mca. gov. cn/article/xw/mtbd/202111/20211100037654. shtml,2021 年 11 月 4 日。

② 参见侯宏伟、马培衢:《"自治、法治、德治"三治融合体系下治理主体嵌入型共治机制的构建》,《华南师范大学学报》(社会科学版),2018 年第 6 期。

第二节　人民城市与国家治理现代化:中国之治的城市维度

在现代社会,城市是国家治理的战略空间和要素,城市治理成为国家治理体系和治理能力现代化的重要组成部分。然而这并不代表城市及其治理是完美无缺的。正是城市及其治理存在缺憾,使其成为国家治理现代化的重要组成内容和改进部分,并逐步成为推动国家治理现代化的重要因素。我们现在所熟悉的城市、城市生活及其治理形态,并非一开始便如此。城市成为国家治理现代化的战略空间和要素,经历了一个较长的发展历程。长期以来,城市的双重性——"城市意味着进步、现代性和未来,其森然耸现的体状却常常是令人恐惧的危险与未知的象征"①,使其一般被认为是与乡村相异的力量。基于此,理论家往往是在与乡村的对比中得出什么是城市,"城市生活从一开始就被人们拿来与乡村生活相比较,比较的结果是,城市在每一个方面都被视为理想化的乡村的对立面"②。或者说,正因为乡村的存在,才反衬出城市的存在,乡村而非城市才是一个国家的战略承载体。英国贵族和美国上层人士用脚投票,向我们彰示乡村而非城市才是国家精英向往的所在。③ 进入工业时代后,城市规划学家在对城市进行规划设想时,用了对乡村无比向往的名词"田园城市",因为"从一开始,工业城市就被讥讽为是需要忍受和适应其肮脏与疏离的地方"④。恩格斯研究的英国工人阶级状况,更是淋漓尽致地为我们展现了一幅城市糟糕的治理状态和城市阶

①④　[澳]德波拉·史蒂文森:《城市与城市文化》,李东凯译,北京大学出版社,2015 年,第 5 页。

②　同上,第 37 页。

③　See Charles N. Glaab and A. Theodore Brown, *A History of Urban America*, Macmillan, 1967.

层艰难的生存状况。① 喧嚣、匿名、陌生、孤独的城市生活,成为人们对原子
化个体生活状态的常态化描述,这种描述至今仍深刻烙在当下世人的脑海
中。② 批判而非赞美,是工业时代人们对工业化城市的基本观点。

　　到19世纪末20世纪初,人们对城市的观点才发生转变,这也直接导致
城市替代乡村成为承担国家战略任务的空间和要素。在学术界,以英国霍
华德为首的学者开始擘画城市的可居性,在理论上为城市治理与城市生活
方式提供论证。③ 继其而起的美国芝加哥学派,更是开创了城市研究的主
流,从此,城市至少从理论上成为适宜人类居住和生活,并推动国家发展的
战略空间。④ 在媒体界,以斯蒂芬斯为代表的记者推动了轰轰烈烈的“扒粪
运动”,这加速了美国整治城市腐败的步伐,开启了城市进步时代,为良性化
城市治理提供了助推器。⑤ 工业化发展带来了技术上改善城市阶层生活及
城市治理状况的可能。在技术和治理界,城市供水系统、污水处理系统、电
车等公共交通系统,以及职业警力的组建,为城市善治提供了硬件与软件。⑥
城市各主体的共同努力,不仅使城市从危机走向胜利,而且成为我们现代人
所熟悉的宜居的生活空间和国家治理所依托的战略空间。⑦

---

① 参见[德]恩格斯:《英国工人阶级状况》,人民出版社,1956年。

② 参见[美]约翰·马休尼斯、[美]文森特·帕里罗:《城市社会学:城市与城市生
活》,姚伟、王佳译,中国人民大学出版社,2016年,第98页。

③ 参见[英]埃比尼泽·霍华德:《明日的田园城市》,金经元译,商务印书馆,
2000年。

④ 参见[美]帕克等:《城市社会学:芝加哥学派城市研究》,宋俊岭、郑也夫译,商务
印书馆,2012年。

⑤ 参见[美]林肯·斯蒂芬斯:《城市的耻辱》,邢锡范译,中国人民大学出版社,
2015年。

⑥ 参见[美]丹尼斯·R.贾德、[美]托德·斯旺斯特罗姆:《美国的城市政治》,于
杰译,上海社会科学院出版社,2017年,第36~40页。

⑦ 参见[美]爱德华·格莱泽:《城市的胜利:城市如何让我们变得更加富有、智慧、
绿色、健康和幸福》,刘润泉译,上海社会科学院出版社,2012年。

城市虽然是国家治理的战略空间,但是这并不代表城市所推动的国家治理能够达到善治。城市是推动国家治理现代化的重要力量,这一观点虽然在理念上被人们所认同,但是现实中的城市及其治理远未达到国家治理现代化的要求。第一,城市发展的南北差距。城市在发达国家与发展中国家都是推动国家治理现代化的战略空间,但是城市发展存在巨大的南北差距。发达国家的城市化已持续上百年的时间,其城市化率已经达到75%,城市治理水平已经比较成熟;与此相比,发展中国家的城市发展并不成熟,"贫穷以前主要集中在传统农业社会的乡村中,现在几乎都已经转移到城市之中",城市远未达到国家治理所要求的条件。① 第二,城市空间排斥。无论是发达国家还是发展中国家,城市空间与族群或阶层结合,对特定的族群或弱势群体产生隔离,形成空间排斥现象,严重影响城市稳定和常态化治理。② 第三,城市贫困。城市贫困不仅是工业化城市,也是后工业化城市的一项顽疾,它与不断分化的城市社会空间以及日益消失的传统工作岗位连接起来,成为城市治理的严重危机。③

城市中所有的问题与人民息息相关。如果城市发展及其治理忽视了人的发展,那么,这种城市不仅自身的治理成问题,更无法达到推动国家治理现代化的目的。在城市发展与治理过程中,当资本及对物的占有成为最被关注的东西以及其他一切事务开展的前提,城市与人的关系便开始疏离,最终造成资本、空间而非人的城市化。这种状况愈演愈烈,波及具体的城

① 参见[美]马休尼斯、帕里罗:《城市社会学:城市与城市生活》,姚伟、王佳译,中国人民大学出版社,2016年,第167页。
② 参见[英]布里奇、沃森:《城市概论》,袁胜育等译,漓江出版社,2015年,第618页。
③ 参见[美]威廉·威尔逊:《当工作消失时:城市新穷人的世界》,成伯清、王佳鹏译,上海人民出版社,2016年,第31页。

市市民,便会产生家的异化和人的流离失所;①波及具体的城市,便会产生城市的失治和动荡不安;②前者会直接动摇国家治理的根本,后者会直接影响国家治理现代化的推进;两者最终导致人的失所,城市的失治和国家的失序。

习近平总书记关于人民城市重要论述是治疗上述问题的药方,是以人民为中心的中国之治在城市维度的表达。第一,习近平总书记明确提出"人民城市人民建,人民城市为人民"的理论判断。习近平总书记于 2019 年 11 月 2 日在上海杨浦滨江实地考察时,明确提出"人民城市人民建,人民城市为人民",他说:"人民城市人民建,人民城市为人民,扩大公共空间,以人民为中心,让老百姓有地方活动,好的城市,宜居的城市,就要有这个特点。"③习近平总书记结合上海杨浦滨江的建设、治理和发展,基于中国城市人口极大发展,以及大多数中国人已经生活、居住和工作在城市,并且将有更多的中国人口持续向城市移居的现实,首次明确阐发人民城市理念,并将其浓缩为"人民城市人民建,人民城市为人民"。

第二,习近平总书记提出的人民城市理念,从本源上强调城市治理和城市发展要坚持人民至上,这是中国之治以人民为中心的理念在城市维度的体现。城市治理的逻辑决定了任何以单一主体和机制为导向的发展,都会造成城市治理的失衡。④ 城市治理坚持人民至上的理念,这与国家治理所秉持的人民中心理念是一致的。只有在城市发展和国家发展的过程中,让人

---

① 参见[美]马修·德斯蒙德:《扫地出门:美国城市的贫穷与暴利》,胡㝵、郑焕升译,广西师范大学出版社,2018 年。
② 参见[英]顾汝德:《失治之城:挣扎求存的香港》,香港天窗出版社,2019 年。
③ 《人民城市人民建,人民城市为人民》,https://baijiahao.baidu.com/s? id =1649154906836479639&wfr = spider&for = pc,2019 年 11 月 3 日。
④ 参见林尚立:《重构中国城市治理体系:现代城市发展与城市治理对话》,《南京社会科学》,2013 年第 6 期。

民有获得感和幸福感，才能避免资本及其对物的占有所导致的城市失序，才能助推国家治理在城市空间有序展开。人民是城市和国家的核心主体，没有人民也就没有城市和国家，人民的生存和发展决定了城市和国家的治理方式和发展形态。从这个意义上讲，人民城市是对资本主导的城市发展和国家治理的反正，是对城市治理和发展的政治性的强调，①是对当下依赖城市发展推动的国家治理现代化的终极目的的重申，具有重要的理论意义与实践意义。

第三，习近平总书记人民城市重要论述的关键，是将城市及其治理与国家治理现代化紧密联系在一起。人民城市及其治理不仅关乎城市治理本身，而且关乎国家治理现代化。习近平总书记将人民城市与国家治理现代化紧密联系起来，强调人民城市是推动国家治理现代化的战略空间和重要要素。他于 2018 年底在上海考察时便指出，"城市治理是国家治理体系和治理能力现代化的重要内容"。这一论断将城市治理与国家治理现代化结合起来，明确提出城市治理是国家治理现代化的重要组成内容，不能仅局限于城市及其治理本身来看城市治理，而应将城市治理提升到国家治理现代化的高度来看待。时隔两年，习近平总书记在浙江考察时重申这一理论判断，他指出，"推进国家治理体系和治理能力现代化，必须抓好城市治理体系和治理能力现代化"。这一论断明确指出城市治理现代化是国家治理现代化的重要支点和必要条件。在改革开放 40 周年之际，习近平总书记指出深圳要努力创建社会主义现代化强国的城市范例。这更是将城市的建设、治理和发展与国家命运、民族复兴紧密联系在一起，强调人民城市和优良的城市治理是中国建成社会主义现代化强国的重要组成部分。城市兴则国家兴，城市强则国家强，城市治理体系和治理能力不仅关乎自身，更关乎国家

---

① 参见刘士林：《人民城市：理论渊源和当代发展》，《南京社会科学》，2020 年第 8 期。

治理体系与治理能力现代化。

第四，人民城市及其治理与国家治理现代化的理念是共通的，即以人民为中心。增进人民福祉、促进人的全面发展是我们党立党为公、执政为民的本质要求。人民城市是共产党人以人民为中心理念在城市空间的集中体现。习近平总书记指出："推进城市治理，根本目的是提升人民群众获得感、幸福感、安全感。"①这一论断强调了城市是人民的城市，城市治理的根本目的是满足人民的需求，赢得人民的认可。从根本上说，人民城市是以人民为中心的理念在城市空间的体现和落实，这与中国共产党的初心使命以及国家治理现代化的目标是共通的。"中国共产党人的初心和使命，就是为中国人民谋幸福，为中华民族谋复兴"②，始终坚持人民至上，立党为公，执政为民。国家治理体系和治理能力现代化，从制度方面来讲，就是坚持以人民为中心，不断"健全为人民执政、靠人民执政各项制度"，"巩固党执政的阶级基础，厚植党执政的群众基础，通过完善制度保证人民在国家治理中的主体地位"。③ 人民城市及其治理和国家治理现代化，两者并行不悖，是在坚持以人民为中心的基础上，不断以城市为依托和保障，提高人民生活水平，增进人民福祉。人民城市对国家治理现代化至关重要，中国共产党要以人民城市为战略空间推动人民国家的建设，以人民城市治理为动力助推人民国家的治理现代化。

---

① 《努力提高城市治理水平》，https://m. gmw. cn/baijia/2020 – 12/04/34429005. html,2020 年 12 月 4 日。

② 《决胜全面建成小康社会 夺取新时代中国特色社会主义伟大胜利——在中国共产党第十九次全国代表大会上的报告》，http://www. qstheory. cn/2017 – 07/01/c_1124694838. htm,2017 年 7 月 1 日。

③ 《中共中央关于坚持和完善中国特色社会主义制度推进国家治理体系和治理能力现代化若干重大问题的决定》，http://www. gov. cn/zhengce/2019 – 11/05/content_5449023. htm,2019 年 11 月 5 日。

第三节　人民城市治理:国家治理的城市实践

中国正在逐步向城市国家的道路上转型。根据国家统计局统计,截至2020年底,中国城镇常住人口90199万人,占总人口比重的63.89%。① 中国的城镇化率突破60%,城镇人口以绝对优势超过农村人口,中国成为名副其实的城市国家和城市社会。城市化率的提高既给中国带来了机遇,同时也带来了挑战。中共中央把握住中国向城市国家和城市社会迈进的大趋势,在时隔37年后的2015年,召开第四次中央城市工作会议。会议指出:我国城市发展已经进入新的发展时期,做好城市工作,要顺应城市工作新形势、改革发展新要求、人民群众新期待,坚持以人民为中心的发展思想,坚持人民城市为人民。② 在该文件中,中央首次使用"人民城市"的表述,并且强调"让人民群众在城市生活得更方便、更舒心、更美好"③。这是中国共产党以人民为中心的理念在城市建设、治理和发展方面的集中体现。

习近平总书记关于人民城市重要论述,使人民城市理念成为"习近平新时代中国特色社会主义思想在城市建设与治理领域的最新成果,是对马克思主义城市理论与学说中国化的继承与发展"④。人民城市重要理念一改以往对城市及其治理的功能主义定位,从城市的价值属性着眼,厘清城市建设、治理和发展背后的最终目的是依靠人民为了人民。功能主义的城市界

---

① 参见《第七次全国人口普查主要数据情况》,http://www.stats.gov.cn/tjsj/zxfb/202105/t20210510_1817176.html,2021年5月10日。

② 参见《中央城市工作会议在北京举行 习近平李克强作重要讲话》,http://www.xinhuanet.com//politics/2015-12/22/c_1117544928.htm,2015年12月22日。

③ 《中央城市工作会议在北京举行 习近平李克强作重要讲话》,http://www.xinhuanet.com//politics/2015-12/22/c_1117544928.htm,2015年12月22日。

④ 《"人民城市"是上海的城市性质和底色》,https://export.shobserver.com/baijiahao/html/306368.html,2020年11月2日。

定是从工具主义的视角界定城市,这往往会引起城市发展成果的独占化而非普惠化。人民城市理念认为城市建设、治理和发展,不仅需要从功能上着眼,而且要从价值方面规范,城市功能提升带来的发展成果要具有普惠性。基于此,人民城市从价值属性上强调城市的人民性,指出城市由人民共建,城市由人民共治,城市发展成果由人民共享。从本质上讲,人民城市不同于资本主导的城市或其他类型的城市,人民城市坚持以人民为中心,强调人民是城市物质文明的建设者,人民是城市精神文明的建构者,人民是城市制度文明的建立者;城市为人民所共有、城市为人民所共享、城市为人民所共治。① 从本质上讲,人民城市强调城市建设依靠人民,城市治理的参与力量来自人民,城市发展为了人民。总之,人民城市是人民至上理念在城市空间的体现和贯彻,是以人民为中心的国家治理现代化实践在城市维度的体现。

基于此,人民城市治理成为国家治理现代化在城市空间中顺利推进的重要命题。当下中国的人民城市治理,其目标不仅是高速提升的城市化率,而是使高速发展的城市化带来的成果为人民所共享,使普惠型城市治理机制推广到所有社会领域和社会阶层,这是人的城市化和人民城市治理的本质要求。②在全球城市化迅猛推进的当下,国家间的竞争在一定程度上就是城市间的竞争,中国正在"建设二十多个超级城市群,每个城市群都有望成为电子、建筑、能源、金融、电信等其他行业的供应链枢纽。中国在这些行业开展全球化竞争,中国在这些行业价值链中的地位越高,在全球拔河比赛中所向披靡的可能性就越大"③。城市间的竞争决定于城市治理的质量,城市

---

① 参见《上海举办"上善论坛"首发"上善共识"》,http://sh. people. com. cn/n2/2020/0907/c134768 - 34277189. html,2020 年 9 月 7 日。

② 参见《中国如何避免城市化陷阱》,http://njruxin. com/rwft/5555. html,2020 年 7 月 31 日。

③ [美]帕拉格·康纳:《超级版图:全球供应链、超级城市与新商业文明的崛起》,崔传刚、周大昕译,中信出版社,2016 年,第 2 页。

治理的质量决定于其治理是否依靠人民，是否为了人民。归根结底一句话，在城市化率已经超过 60% 的中国，人民城市治理不仅决定了中国城市自身治理的质量和方向，更决定了国家治理现代化的空间和方向，发挥着至关重要的作用。

第一，人民城市治理始终坚持党的领导。

首先，党建引领。党组织是人民城市的政治领导核心，是保证党的路线方针政策得到贯彻和执行的组织化力量。党组织团结凝聚人民群众围绕城市中心工作开展城市治理，引导和组织其他主体有序参与城市治理，确保人民城市建设、治理和发展的正确政治方向，对人民城市的治理发挥引领性作用。

其次，组织保障。中国共产党有 461 万个基层组织①，数量最多，覆盖面最广，是人民城市治理重要的组织化行为体，它们以市、区、街道和社区四级联动体系，为人民城市治理提供组织保障，将党的组织优势转化为人民城市的治理效能。

再次，整合资源。党组织以区域化党建机制与党建联建机制，将散落在城市其他行业、部门、单位中的资源整合起来，为人民城市治理提供资源保障。

最后，建构合力。党组织在人民城市治理过程中发挥统揽全局、协调各方的领导核心作用，可以有效防止政府部门条线分割现象，形成治理合力。

第二，人民城市治理始终坚持以人民为中心的价值取向。习近平总书记指出，人民对美好生活的向往，就是我们的奋斗目标。以人民为中心的价值取向，在城市领域同样适用。

首先，城市属于人民。人民是国家的主人，也是城市的主人。从这个意

---

① 参见《中国共产党党员总数超 9000 万》，https://baijiahao.baidu.com/s? id = 1637800755834586562&wfr = spider&for = pc，2019 年 7 月 1 日。

义上我们可以说，人民就是城市，城市就是人民。① 中国共产党建立政权后，通过手工业和资本主义工商业的社会主义改造，完成了生产资料的人民所有制，从根本上奠定了人民城市的经济基础，使消费城市转型为生产城市，使人民真正成为城市的主人。②

其次，城市治理依靠人民。城市是人民的城市，人民是城市的主人，城市治理自然依靠人民。中国共产党在解放战争后期接管城市之际便明确指出："城市已经属于人民，一切应该以城市由人民自己负责管理的精神为出发点。"③这是城市治理依靠人民的最早表述。在城市化迅速发展的当下，城市治理需要充分发挥人民的主体性，调动人民的积极性，鼓励人民参与城市治理的各个环节，实现城市共治。

最后，城市发展为了人民。人民城市的性质决定了它是公平的城市和可持续发展的城市。人民城市与其他性质城市的本质区别是：城市发展成果最终由人民共享。城市是资本主导的，其治理依靠资本，那么城市发展的成果最终由资本主导进行分配，这种城市发展是不公平的，也是不可持续的。城市是人民的城市，城市治理依靠人民，这决定了城市发展的最终目的是为了人民，城市发展成果由人民共享。

第三，人民城市治理始终坚持社会主义方向。

首先，社会主义是人民城市的意识形态底色。社会主义方向，是人民城市与其他性质的城市，尤其是与资本主义性质的城市不同的关键所在。人民城市属于人民，其建设和治理依靠人民，其发展成果由人民共享，这就决定了人民城市及其治理必须坚持社会主义方向，只有如此，人民城市才能走

---

① 参见《在党史学习教育动员大会上的讲话》，https://baijiahao. baidu. com/s？id=1695732799395567210&wfr=spider&for=pc，2021 年 2 月 20 日。

② 参见《把消费城市变成生产城市》，《人民日报》，1949 年 3 月 17 日，第 1 版。

③ 《1948 年 4 月 8 日再克洛阳后给洛阳前线指挥部的电报》，http://www. cctv. com/special/756/1/49886. html，2002 年 9 月 15 日。

上善治之路。

其次，社会主义保证了城市的人民属性。社会主义与资本主义不同，它将广大劳动人民作为城市治理的主人，将公平正义作为城市发展的价值基础，将人的全面发展作为城市发展的终极目的。这从根本上保证了城市的人民属性，也就是"人民城市人民建，人民城市为人民"。

再次，人民城市的发展形态是社会主义现代化城市。人民城市建设、治理和发展的未来形态是社会主义现代化城市，这种形态的人民城市有三种典型类型。一类是以雄安新区为代表的承载非首都功能的，新时代高质量发展的社会主义现代化城市样板；[①]一类是以深圳为代表的，朝着建设中国特色社会主义先行示范区方向前行的，社会主义现代化强国的城市范例；[②]一类是以上海为代表的，不断提升治理能力和治理水平的，社会主义现代化国际大都市。[③]

第四，人民城市治理始终坚持共建共治共享的治理格局。

首先，建构多元一体的治理体系。人民城市治理体系和治理能力的提升，必须进一步完善"党委领导、政府负责、民主协商、社会协同、公众参与、法治保障、科技支撑的社会治理体系，建设人人有责、人人尽责、人人享有的

---

① 参见《中共中央国务院关于支持河北雄安新区全面深化改革和扩大开放的指导意见》，https://baijiahao. baidu. com/s？ id＝1623542374887558335&wfr＝spider&for＝pc，2019 年 1 月 24 日。

② 参见《中共中央国务院关于支持深圳建设中国特色社会主义先行示范区的意见》，https://baijiahao. baidu. com/s？ id＝1642198512121978100&wfr＝spider&for＝pc，2019 年 8 月 18 日。

③ 参见《习近平在上海考察时强调 深入学习贯彻党的十九届四中全会精神 提高社会主义现代化国际大都市治理能力和水平》，https://baijiahao. baidu. com/s？ id＝1649178941915832855&wfr＝spider&for＝pc，2019 年 11 月 3 日。

社会治理共同体"①。

其次,夯实城市基层治理基础。社区是人民城市治理的基层空间,社区治理的质量决定了人民城市大厦地基的稳固程度。人民城市治理需要进一步加强"基层政权治理能力建设,健全党组织领导的自治、法治、德治相结合的基层治理体系",发挥巩固党的执政基础,维护国家政权安全的重要作用。②

最后,城市常态化治理与应急治理相结合。新冠肺炎疫情的冲击,使城市治理必须坚持常态化治理与应急治理的结合,以制度化的平时和战时双重治理机制保证人民城市的良性运转。

习近平总书记提出的人民城市理念,是中国共产党人坚持以人民为中心的价值观在城市维度的体现。人民城市及其治理承载着国家治理现代化,承接着城市治理的典型示范,联系着人民对美好生活的向往,是新时代国家治理、城市治理和实现人民对美好生活追求的重要推动力量。人民城市一方面需要不断提升自身的治理体系和治理能力现代化水平,另一方面要以自身的治理现代化不断推动国家治理体系和治理能力现代化。如何建设、发展和治理人民城市,在人民城市中实现人民对美好生活追求的目标,并使之成为支撑中国国家治理体系与治理能力现代化的重要力量,这是中国的当务之急。之所以这么说,是因为这是中国历朝历代的先贤志士所未遇到过的命题。中国是五千年的文明古国,这个古老国家的绝大多数岁月,是在农业文明中度过并取得辉煌的,是在城市文明中逐步向实现中华民族伟大复兴的征途上迈进的。中国共产党领导中国人民在历史上从未遇到过

---

① 《中共中央关于坚持和完善中国特色社会主义制度推进国家治理体系和治理能力现代化若干重大问题的决定》,http://www. gov. cn/zhengce/2019 - 11/05/content_5449023. htm,2019 年 11 月 5 日。

② 参见《中共中央政治局召开会议》,https://baijiahao. baidu. com/s? id = 1690117729821601996&wfr = spider&for = pc,2021 年 1 月 28 日。

的城市时代背景下展开现代国家建设，引导乡土中国向城市中国转型。如何在城乡统筹的大背景下，在城市中国的结构中推进人民城市建设和治理，推进国家治理体系和治理能力现代化，实现中华民族伟大复兴的目标，这是一项摆在全国人民面前的亟须研究的重要课题。

参考文献

一、中文著作

1.《马克思恩格斯全集》(第 2 卷),人民出版社,1957 年。

2.《马克思恩格斯全集》(第 3 卷),人民出版社,1973 年。

3.《马克思恩格斯全集》(第 19 卷),人民出版社 1963 年。

4.《马克思恩格斯全集》(第 21 卷),人民出版社,1956 年。

5.《马克思恩格斯全集》(第 25 卷),人民出版社,1965 年。

6.《马克思恩格斯全集》(第 28 卷),人民出版社,1960 年。

7.《马克思恩格斯选集》(第二卷),人民出版社,1972 年。

8.《马克思恩格斯选集》(第四卷),人民出版社,1972 年。

9.《马克思恩格斯选集》(第十八卷),人民出版社,1995 年。

10.《列宁全集》(第 19 卷),人民出版社,1959 年。

11.《列宁选集》(第一卷),人民出版社,1995 年。

12.《毛泽东文集》(第一卷),人民出版社,1993 年。

13.《毛泽东文集》(第四卷),人民出版社,1996 年。

14.《毛泽东文集》(第六卷),人民出版社,1999 年。

15.《毛泽东文选》(第三卷),人民出版社,1996 年。

16.《邓小平文选》(第二卷),人民出版社,1994 年。

17. 习近平:《决胜全面建成小康社会 夺取新时代中国特色社会主义伟大胜利》,人民出版社,2017 年。

18. 习近平:《习近平谈治国理政》(第三卷),外文出版社,2020 年。

19. 曹洪涛、储传亨:《当代中国的城市建设》,中国社会科学出版社,1990 年。

20. 曾文经:《中国的社会主义工业化》,人民出版社,1951 年。

21. 陈佳贵、黄群慧等:《工业化蓝皮书:中国工业化进程报告——1995—2005 年中国省域工业化水平评价与研究》,社会科学文献出版社,2007 年。

22. 陈文:《社区业主自治研究:基层群众自治制度建设的理论分析》,中国社会出版社,2011 年。

23. 陈亚联等:《道路:中国特色革命道路的开辟》,江西高校出版社,2009 年。

24. 陈映芳:《城市中国的逻辑》,生活·读书·新知三联书店,2012 年。

25. 陈永发:《共产革命七十年》,台湾联经出版事业公司,1998 年。

26. 第十三届全国人民代表大会:《中华人民共和国国民经济和社会发展第十四个五年规划和 2035 年远景目标纲要》,人民出版社,2021 年。

27. 樊纲等:《城市化:一系列公共政策的集合》,中国经济出版社,2009 年。

28. 樊卫国:《激活与生长——上海现代经济兴起之若干分(1870—1941)》,上海人民出版社,2002 年。

29. 付磊:《转型中的大都市空间结构及其演化:上海城市空间结构演变的研究》,中国建筑工业出版社,2012 年。

30. 顾朝林等:《中国城市地理》,商务印书馆,1999 年。

31. 郭圣莉:《城市社会重构与新生国家政权建设 1949—1955:上海国家政权建设分析》,天津人民出版社,2006 年。

32. 国家统计局:《中国统计年鉴 1992》,中国统计出版社,1993 年。

33. 何艳玲:《变迁中的中国城市治理》,格致出版社,2013 年。

34. 何一民:《革新与再造:新中国建立初期城市发展与社会转型》(上),四川大学出版社,2012 年。

35. 胡必亮、郑红亮:《中国的乡镇企业与乡村发展》,山西经济出版社,1996 年。

36. 胡焕庸等:《中国人口地理》(上册),华东师范大学出版社,1984 年。

37. 黄亚生、李华芳:《真实中国:中国模式与城市化变革的反思》,中信出版社,2013 年。

38. 江西省文化厅文物处:《秋收起义在江西》,文物出版社,1993 年。

39. 李剑农:《中国近百年政治史》,复旦大学出版社,2002 年。

40. 李路路、李汉林:《中国的单位组织》,浙江人民出版社,2000 年。

41. 李友梅等:《城市社会治理》,社会科学文献出版社,2014 年。

42. 林尚立:《当代中国政治:基础与发展》,中国大百科全书出版社,2017 年。

43. 刘建军:《单位中国:社会调控体系重构中的个人、组织与国家》,天津人民出版社, 2000 年。

44. 刘建军:《居民自治指导手册》,格致出版社、上海人民出版社,2016 年。

45. 刘统:《火种:寻找中国复兴之路》,上海人民出版社,2020 年。

46. 卢汉超:《霓虹灯外——20 世纪初日常生活中的上海》,上海古籍出版社,2004 年。

47. 鲁林、陈德金:《红色记忆:中国共产党历史口述实录》,济南出版社,2002 年。

48. 陆大道:《中国工业布局的理论与实践》,科学出版社,1990 年。

49. 陆铭:《空间的力量:地理、政治与城市发展》,格致出版社,2013 年。

50. 罗峰等:《社会的力量:城市社区治理中的志愿组织》,上海人民出版社,2016 年。

51. 罗荣渠:《现代化新论:世界与中国的现代化进程》,北京大学出版社,1993 年。

52. 马洪、孙尚清:《现代中国经济大事典》,中国财政经济出版社,1993 年。

53. 马连儒、袁钟秀:《王若飞传》,贵州人民出版社,1996 年。

54. 牛凤瑞、潘家华等:《城市蓝皮书——中国城市发展报告 NO.1》,社会科学文献出版社,2007 年。

55. 潘小娟、张辰龙主编:《当代西方政治学新词典》,吉林人民出版社,2001 年。

56. 瞿秋白:《瞿秋白选集》,人民出版社,1985 年。

57. 施芸卿:《再造城民:旧城改造与都市运动中的国家与个人》,社会科学文献出版社,2015 年。

58. 石发勇:《准公民社区——国家、关系网络与城市基层治理》,社会科学文献出版社,2013 年。

59. 唐亚林等:《社区治理的逻辑:城市社区营造的实践创新与理论模式》,复旦大学出版社,2020 年。

60. 田毅鹏等:《"单位社会"的终结——东北老工业基地"典型单位制"背景下的社区重建》,社会科学文献出版社,2005年。

61. 王东:《共和国不会忘记:新民主主义社会的历史和启示》,东方出版中心,2011年。

62. 王丰:《分割与分层:改革时期中国城市的不平等》,浙江人民出版社,2013年。

63. 王继荣:《"卡夫丁峡谷"理论与东方社会道路问题再研究:兼论当代社会主义的历史命运与中国特色社会主义》,中国社会科学出版社,2004年。

64. 吴敬琏:《当代中国经济改革》,上海远东出版社,2004年。

65. 吴志华等:《大都市社区治理研究:以上海为例》,复旦大学出版社,2008年。

66. 谢春涛:《中国共产党读本》,中国青年出版社,2014年。

67. 熊月之:《光明的摇篮》,上海人民出版社,2021年。

68. 徐建刚:《破冰:上海土地批租试点亲历者说》,上海人民出版社,2018年。

69. 徐小群:《民国时期的国家与社会:自由职业团体在上海的兴起1912—1937》,新星出版社,2007年。

70. 许纪霖、陈达凯:《中国现代化史第一卷:1800—1949》,学林出版社,2006年。

71. 杨辰:《从模范社区到纪念地:一个工人新村的变迁史》,同济大学出版社,2019年。

72. 叶文心:《上海繁华:都会经济伦理与近代中国》,台湾时报文化出版企业股份有限公司,2010年。

73. 易承志:《城市化、国家建设与当代中国农民工民权问题研究》,中央编译出版社,2013年。

74. 袁雁:《全球化视角下的城市空间研究——以上海郊区为例》,中国建筑工业出版社,2008年。

75. 张纯:《城市社区形态与再生》,东南大学出版社,2014年。

76. 张鸿雁:《城市文化资本与文化软实力——特色文化城市研究》,江苏凤凰教育出版社,2019年。

77. 张济顺:《远去的都市:1950年代的上海》,社会科学文献出版社,2015年。

78. 张军:《市场、政府治理与中国的经济转型》,格致出版社,2014年。

79. 张木生:《改造我们的历史文化观——我读李零》,军事科学出版社,2011年。

80. 张玉法：《民国初年的政党》，岳麓书社，2004 年。

81. 张仲礼：《东南沿海城市与中国近代化》，上海人民出版社，1996 年。

82. 赵德馨：《中华人民共和国经济史（1967—1984）》，河南人民出版社，1989 年。

83. 中共中央党史研究室：《中共产党历史》（第一卷），中共党史出版社，2002 年。

84. 中共中央党史研究室：《中国共产党的九十年》，中共党史出版社、党建读物出版社，2016 年。

85. 中共中央党史研究室：《中国共产党历史》（第二卷上册），中共党史出版社，2011 年。

86. 中共中央党校党史教研室：《中国共产党史稿：第一分册》，人民出版社，1981 年。

87. 中共中央文献编辑委员会：《朱德选集》，人民出版社，1983 年。

88. 中共中央文献研究室等：《建党以来重要文献选编》（第二卷），中央文献出版社，2011 年。

89. 中共中央文献研究室编：《毛泽东传》，中央文献出版社，2003 年。

90. 中国城市规划学会：《五十年回眸——新中国的城市规划》，商务印书馆，1999 年。

91. 中华全国妇女联合会妇女运动史研究室编：《中国妇女运动历史资料》，人民出版社，1986 年。

92. 中央文献研究室：《建国以来重要文献选编》（第六册），中央文献出版社，1993 年。

93. 中央文献研究室编：《建国以来重要文献选编》（第二册），中央文献出版社，1992 年。

94. 周雪光：《中国国家治理的制度逻辑：一个组织学研究》，生活·读书·新知三联书店，2017 年。

95. 周振华：《现代经济增长中的结构效应》，上海人民出版社，1995 年。

96. 朱文轶：《进城：1949》，广西师范大学出版社，2010 年。

97. 祝彦：《大革命后的陈独秀（1927—1942）》，青岛出版社，2020 年。

98. 邹谠：《二十世纪中国革命》，牛津大学出版社，2002 年

99. 邹谠：《中国革命再阐释》，牛津大学出版社，2002 年。

二、中译文著作

1. ［英］埃比尼泽·霍华德：《明日的田园城市》，金经元译，商务印书馆，2000 年。

2. ［美］艾格妮丝·史沫特莱：《伟大的道路——朱德的生平和时代》，梅念译，生活·读

书·新知三联书店,1979 年。

3. [美]艾伦·哈丁、泰尔加·布劳克兰德:《城市理论:对 21 世纪权力、城市和城市主义的批判性介绍》,王岩译,社会科学文献出版社,2016 年。

4. [美]爱德华·格莱泽:《城市的胜利:城市如何让我们变得更加富有、智慧、绿色、健康和幸福》,刘润泉译,上海社会科学院出版社,2012 年。

5. [美]保罗·霍恩伯格、林恩·霍伦·利斯:《都市欧洲的形成 1000—1994 年》,阮岳湘译,商务印书馆,2009 年。

6. [美]贝拉:《德川宗教:现代日本的文化渊源》,王小山、戴茸译,生活·读书·新知三联书店,1998 年。

7. [美]本尼迪克特·安德森:《想象的共同体:民族主义的起源与散布》,吴叡人译,上海人民出版社,2005 年。

8. [美]布赖恩·贝利:《比较城市化——20 世纪不同的道路》,顾朝林等译,商务印书馆,2010 年。

9. [英]布里奇、沃森:《城市概论》,陈剑峰、袁胜育译,漓江出版社,2015 年。

10. [美]戴安娜·克兰:《文化生产:媒体与都市艺术》,赵国新译,译林出版社,2012 年。

11. [美]丹尼斯·R.贾德、托德·斯旺斯特罗姆:《美国的城市政治》,于杰译,上海社会科学院出版社,2017 年。

12. [澳]德波拉·史蒂文森:《城市与城市文化》,李东航译,北京大学出版社,2015 年。

13. [美]杜安伊等:《郊区国家:蔓延的兴起与美国梦的衰落》,苏薇、左进译,华中科技大学出版社,2008 年。

14. [美]范芝芬:《流动中国:迁移、国家和家庭》,邱幼云、黄河译,社会科学文献出版社,2013 年。

15. [法]费尔南·布罗代尔:《菲利普二世时代的地中海和地中海世界》,唐家龙等译,商务印书馆,1996 年。

16. [德]弗里德里希·尼采:《历史的用途与滥用》,陈涛、周辉荣译,上海人民出版社,2005 年。

17. [美]汉克·萨维奇、保罗·康特:《国际市场中的城市:北美和西欧城市发展的政治经济学》,叶林译,格致出版社,2013年。

18. [美]吉尔伯特·罗兹曼:《中国的现代化》,国家社会科学基金"比较现代化"课题组译,江苏人民出版社,2010年。

19. [美]简·雅各布斯:《美国大城市的死与生》,金衡山译,译林出版社,2005年。

20. [英]卡尔·波兰尼:《大转型:我们时代的政治与经济起源》,冯钢、刘阳译,浙江人民出版社,2007年。

21. [美]莱斯特·M.萨拉蒙:《公共服务中的伙伴:现代福利国家中政府与非营利组织的关系》,田凯译,商务印书馆,2008年。

22. [美]理查德·T.勒盖茨、弗雷德里克·斯托特:《城市读本(中文版)》,张庭伟、田莉译,中国建筑工业出版社,2013年。

23. [美]理查德·拉克曼:《不由自主的资产阶级:近代早期欧洲的精英斗争与经济转型》,郦菁、维舟、徐丹译,复旦大学出版社,2013年。

24. [法]列斐伏尔:《空间政治》,李春译,上海人民出版社,2015年。

25. [美]林肯·斯蒂芬斯:《城市的耻辱》,邢锡范译,中国人民大学出版社,2015年。

26. [美]刘易斯·芒福德:《城市发展史:起源、演变和前景》,宋俊岭、倪文彦译,中国建筑工业出版社,2005年。

27. [美]刘易斯·芒福德:《城市文化》,宋俊岭、李翔宁、周鸣浩译,中国建筑工业出版社,2009年。

28. [美]马休尼斯、帕里罗:《城市社会学:城市与城市生活》,姚伟等译,中国人民大学出版社,2016年。

29. [美]马修·德斯蒙德:《扫地出门:美国城市的贫穷与暴利》,胡䜣谆、郑焕升译,广西师范大学出版社,2018年。

30. [法]迈克尔·斯托珀尔:《城市发展的逻辑:经济、制度、社会互动与政治的视角》,李丹莉、马春媛译,中信出版集团,2020年。

31. [美]诺克斯:《城市化》,顾朝林等译,科学出版社,2009年。

32. [美]诺南·帕迪森:《城市研究手册》,郭爱军等译,格致出版社、上海人民出版社,2009年。

33. ［美］帕克等:《城市社会学:芝加哥学派城市研究》,宋俊岭、郑也夫译,商务印书馆,
     2012 年。

34. ［美］帕拉·格康纳:《超级版图:全球供应链、超级城市与新商业文明的崛起》,崔传
     刚、周大昕译,中信出版社,2016 年。

35. ［法］潘鸣啸:《失落的一代:中国的上山下乡运动(1968—1980)》,欧阳因译,中国大
     百科全书出版社,2010 年。

36. ［美］乔尔·科特金:《全球城市史》,王旭译,社会科学文献出版社,2010 年。

37. ［美］威廉·怀特:《小城市空间的社会生活》,叶齐茂、倪晓晖译,上海译文出版社,
     2016 年。

38. ［美］威廉·威尔逊:《当工作消失时:城市新穷人的世界》,成伯清、王佳鹏译,上海人
     民出版社,2016 年。

三、期刊文章

1. 陈金永:《试析社会主义国家城市化的特点》,《中国人口科学》,1990 年第 6 期。

2. 陈鹏:《城市社区治理:基本模式及其治理绩效——以四个商品房社区为例》,《社会学
   研究》,2016 年第 3 期。

3. 陈云松:《从"行政社区"到"公民社区"——由中西比较分析看中国城市社区建设的
   走向》,《城市发展研究》,2004 年第 4 期。

4. 陈志柔:《当代中国农村制度转型的地方差异》,《"中央"研究院周报》,2005 年第
   1032 期。

5. 陈竹、叶珉:《什么是真正的公共空间?——西方城市公共空间理论与空间公共性的
   判定》,《国际城市规划》,2009 年第 3 期。

6. 仇立平:《城市文化:特大城市社会治理的基础》,《青年学报》,2020 年第 1 期。

7. 樊纲:《两种改革成本与两种改革方式》,《经济研究》,1993 年第 1 期。

8. 葛兆光:《有关中国城市的文化史研究》,《探索与争鸣》,2017 年第 9 期。

9. 韩琦:《拉丁美洲的城市发展和城市化问题》,《拉丁美洲研究》,1999 年第 2 期。

10. 何雪松、侯秋宇:《人民城市的价值关怀与治理的限度》,《南京社会科学》,2021 年第
    1 期。

11. 侯宏伟、马培衢：《"自治、法治、德治"三治融合体系下治理主体嵌入型共治机制的构建》，《华南师范大学学报（社会科学版）》，2018 年第 6 期。

12. 胡岩：《新民主主义再认识》，《当代世界社会主义问题》，2001 年第 1 期。

13. 贾秀梅：《近十年新民主主义社会理论若干热点问题研究综述》，《山西农业大学学报（社会科学版）》，2008 年第 4 期。

14. 姜新立：《后社会主义中国发展转型论》，《东亚季刊》，1999 年第 2 期。

15. 蒋积伟：《关于毛泽东"新民主主义社会论"几个问题的研究》，《江汉大学学报（人文科学版）》，2008 年第 3 期。

16. 李东泉、周一星：《中国现代城市规划的一次试验——1935 年〈青岛市施行都市计划案〉的背景、内容与评析》，《城市发展研究》，2006 年第 3 期。

17. 李汉林：《中国单位现象与城市社区的整合机制》，《社会学研究》，1993 年第 5 期。

18. 李菁、段斌：《让文化成为城市的灵魂》，《城市》，2011 年第 3 期。

19. 李坤：《第二次国内革命战争时期党的白区工作概况》，《历史教学》，1982 年第 5 期。

20. 李力行：《中国的城市化水平：现状、挑战和应对》，《浙江社会科学》，2010 年第 12 期。

21. 李良玉：《建国前后接管城市的政策》，《江苏大学学报（社会科学版）》，2002 年第 3 期。

22. 李晓宇：《民国知识阶层视野中的〈新民主主义论〉》，《毛泽东思想研究》，2007 年第 4 期。

23. 李扬：《蒋介石与〈中国之命运〉》，《开放时代》，2008 年第 6 期。

24. 李友梅：《城市基层社会的深层权力秩序》，《江苏社会科学》，2003 年第 6 期。

25. 李友梅：《社区治理：公民社会的微观基础》，《社会》，2007 年第 2 期。

26. 林尚立：《社区：中国政治建设的战略性空间》，《毛泽东邓小平理论研究》，2002 年第 2 期。

27. 林尚立：《政党、政党制度与现代国家——对中国政党制度的理论反思》，《中国延安干部学院学报》，2009 年第 5 期。

28. 林尚立：《重构中国城市治理体系：现代城市发展与城市治理对话》，《南京社会科学》,2013 年第 6 期。

29. 林毅夫、蔡昉、李周:《论中国经济改革的渐进式道路》,《经济研究》,1993 年第 9 期。

30. 林玉国:《战后拉丁美洲的城市化进程》,《拉丁美洲研究》,1987 年第 2 期。

31. 刘辉:《近二十年来新民主主义社会论研究述评》,《教学与研究》,2002 年第 5 期。

32. 刘建军:《权力、仪式与差异:人类学视野中的单位政治》,《中国社会科学辑刊》,2010 年第 33 期。

33. 刘建军:《社区中国:通过社区巩固国家治理之基》,《上海大学学报(社会科学版)》,2016 年第 6 期。

34. 刘景、刘吉发:《建党初期马克思主义传播路径疏厘》,《新闻知识》,2011 年第 3 期。

35. 刘少奇:《关于白区的党和群众工作》,《历史研究》,1981 年第 4 期。

36. 刘石吉:《小城镇经济与资本主义萌芽:综论近年来大陆学界有关明清市镇的研究》,《人文及社会科学辑刊》,1988 年第 1 卷第 1 期。

37. 刘士林:《人民城市:理论渊源和当代发展》,《南京社会科学》,2020 年第 8 期。

38. 刘佐:《新中国税收制度的建立和巩固》,《财政史研究(第四辑)》,2012 年 6 月 24 日。

39. 陆大道:《京津冀城市群功能定位及协同发展》,《地理科学进展》,2015 年第 3 期。

40. 路风:《单位:一种特殊的社会组织形式》,《中国社会科学》,1989 年第 1 期。

41. 吕晓东:《城市文化治理:让文化成为城市发展的灵魂》,《青年学报》,2017 年第 4 期.

42. 马彦银:《楼组自治:唤醒邻里空间》,《文汇报》,2015 年 7 月 8 日,第 8 版。

43. 毛丹:《村落变迁中的单位化:尝试农村研究的一种范式》,《浙江社会科学》,2000 年第 4 期。

44. 潘修华、龚颖杰:《社会组织参与城市社区治理探析》,《浙江师范大学学报(社会科学版)》,2014 年第 4 期。

45. 庞松:《周恩来关于向社会主义过渡的思想》,《中共党史研究》,1998 年第 1 期。

46. 彭秀涛:《中国现代新兴工业城市规划的历史研究——以苏联援助的 156 项重点工程为中心》,武汉理工大学,2006 年。

47. 任远,章志刚:《中国城市社区发展典型实践模式的比较分析》,《社会科学研究》,

2003 年第 6 期。

48. 申晓云:《国民政府西北开发时期城市化建设步骤述论》,《民国档案》,2007 年第 1 期。

49. 盛洪:《从计划均衡到市场均衡》,《管理世界》,1991 年第 6 期。

50. 宋道雷:《城市治理的空间营造策略》,《中国社会科学报》,2018 年 5 月 2 日,第 7 版。

51. 宋道雷:《共生型国家社会关系:社会治理中的政社互动视角研究》,《马克思主义与现实》,2018 年第 3 期。

52. 宋道雷:《国家治理的城市维度》,《求索》,2017 年第 4 期。

53. 宋道雷:《人民城市理念及其治理策略》,《南京社会科学》,2021 年第 6 期。

54. 宋道雷:《转型中国的社区治理:国家治理的基石》,《复旦学报(社会科学版)》,2017 年第 3 期。

55. 孙小逸、黄荣贵:《再造可治理的邻里空间:基于空间生产的视角分析》,《公共管理学报》,2014 年第 3 期。

56. 汪宇明:《中国的城市化与城市地区的行政区划体制创新》,《城市规划》,2002 年第 6 期。

57. 王德利、方创琳等:《基于城市化质量的中国城市化发展速度判定分析》,《地理科学》,2010 年第 5 期。

58. 王海侠等:《社会组织参与城中村社区治理的过程与机制研究——以北京皮村"工友之家"为例》,《城市发展研究》,2015 年第 11 期。

59. 王建都:《关于由新民主主义向社会主义转变研究综述》,《高校社科信息》,2002 年第 6 期。

60. 王敬川:《刘少奇"巩固新民主主义制度"思想研究综述》,《党史研究与教学》,2000 年第 6 期。

61. 王文彬:《自觉、规则与文化:构建"三治融合"的乡村治理体》,《社会主义研究》,2019 年第 1 期。

62. 王延中:《论中国工业技术的现代化问题》,《中国工业经济》,2004 年第 5 期。

63. 王子琪、付昭伟:《弹性、活性、粘性:再论城市文化空间的治理》,《中国行政管理》,

2020 年第 8 期。

64. 文魁：《城市治理呼唤新的城市文化》，《北京日报》，2018 年 7 月 30 日，第 14 版。

65. 吴汉全、李娜：《近十年来〈新民主主义论〉研究综述》，《党的文献》，2009 年第 2 期。

66. 吴宏亮：《马克思主义中国化的经典之作——毛泽东〈新民主主义论〉的历史启示》，《马克思主义与现实（双月刊）》，2008 年第 4 期。

67. 吴军等：《场景理论与城市公共政策》，《社会科学战线》，2014 年第 1 期。

68. 吴晓林、郝丽娜：《"社区复兴运动"以来国外社区治理研究的理论考察》，《政治学研究》，2015 年第 1 期。

69. 熊易寒：《社区共同体何以可能：人格化社会交往的消失与重建》，《南京社会科学》，2019 年第 8 期。

70. 杨奎松：《毛泽东为什么放弃新民主主义——关于俄国模式的影响问题》，《近代史研究》，1997 年第 4 期。

71. 于礼：《公共管理视域下城市文化治理的问题及对策》，《经营与管理》，2019 年第 5 期。

72. 袁瑾：《当代城市微更新的文化复兴与挑战》，《社会科学报》，2019 年 9 月 19 日，第 6 版。

73. 张冬冬、宋道雷：《近代中国国家建设的逻辑与国民党的自我溃败》，《中国浦东干部学院学报》，2013 年第 6 期。

74. 张欢：《张木生：再举新民主主义大旗》，《南方人物周刊》，2011 年 10 月 31 日。

75. 张静：《阶级政治与单位政治：城市社会的利益组织化结构和社会参与》，《开放时代》，2003 年第 2 期。

76. 张蔚文、孙思琪：《坚定不移地推进以人为核心的新型城镇化》，《清研智库系列研究报告》，2020 年第 6 期。

77. 张秀云：《关于新民主主义社会理论研究综述》，《学术界》，2002 年第 3 期。

78. 赵燕菁：《土地财政：历史、逻辑与抉择》，《城市发展研究》，2014 年第 1 期。

79. 赵曜：《马克思主义中国化的第一个理论成果——纪念〈新民主主义论〉发表 70 周年》，《科学社会主义》，2010 年第 4 期。

80. 郑行:《我国行政区划的沿革与面临的问题》,《中国社会科学院院报》,2007 年 10 月 11 日,第 3 版。

81. 郑永年:《西方误读中国的根源》,《环球时报》,2021 年 1 月 11 日。

82. 郑永年:《中国国有企业的命运》,《联合早报网》,2013 年 7 月 16 日。

83. 郑永年:《中国如何避免城市化陷阱?》,《联合早报网》,2013 年 8 月 6 日。

84. 周庆智:《当前的中国社区治理与未来转型》,《国家治理》,2016 年第 2 期。

85. 周蜀秦:《中国城市化六十年:过程、特征与展望》,《中国名城》,2009 年第 10 期。

86. 周振华:《增长轴心转移:中国进入城市化推动型经济增长阶段》,《经济研究》,1995 年第 1 期。

87. 朱天飚:《工业发展战略的比较政治经济分析》,《国家行政学院学报》,2012 年第 1 期。

88. 邹诗鹏:《空间转向与激进社会理论的复兴》,《天津社会科学》,2013 年第 3 期。

四、其他文献

1. 《"人民城市"是上海的城市性质和底色》,https://export. shobserver. com/baijiahao/html/306368. html,2020 年 11 月 2 日。

2. 《"十三五"期间深圳地区生产总值年均增长 7.1%》,https://m. gmw. cn/baijia/2021 – 02/03/1302089683. html,2021 年 2 月 3 日。

3. 《1948 年 4 月 8 日再克洛阳后给洛阳前线指挥部的电报》,http://www. cctv. com/special/756/1/49886. html,2002 年 9 月 15 日。

4. 《2035 城市发展新格局(上)》,https://www. gsm. pku. edu. cn/thought_leadership/info/1007/247

5. 《概念辨析:城市化、城镇化与新型城镇化》,http://www. cssn. cn/xk/xk_tp/201405/t20140530_1192371. shtml,2014 年 5 月 30 日。

6. 《国家统计局发布报告显示——70 年来我国城镇化率大幅提升》,http://www. gov. cn/shuju/2019 – 08/16/content_5421576. htm,2019 年 8 月 16 日。

7. 《国家信息化发展评价报告（2016）》发布》,https://www. sohu. com/a/119469038_500643,2016 年 11 月 21 日。

8.《国务院新闻办就第七次全国人口普查主要数据结果举行发布会》,http://www.gov.cn/xinwen/2021 – 05/11/content_5605842. htm,2021 年 5 月 11 日。

9.《衡量国家治理体系现代化的基本标准——关于推进"国家治理体系和治理能力的现代化"的思考》,http://theory. people. com. cn/n/2013/1209/c49150 – 23782669. html,2013 年 12 月 9 日。

10.《健全自治法治德治相结合的乡村治理体系》,https://news. gmw. cn/2019 – 02/26/content_32561969. htm,2019 年 2 月 26 日。

11.《京津冀区域发展指数稳步提升》,http://www. gov. cn/xinwen/2018 – 08/03/content_5311404. htm,2018 年 8 月 3 日。

12.《经济社会发展统计图表:第七次全国人口普查超大、特大城市人口基本情况》,http://www. qstheory. cn/dukan/qs/2021 – 09/16/c _ 1127863567. htm, 2021 年 9 月 16 日。

13.《抗日民族战争与抗日民族统一战线发展的新阶段——一九三八年十月十二日至十四日在中共扩大的六中全会的报告》,http://www. ce. cn/xwzx/gnsz/szyw/200705/22/t20070522_11449970_2. shtml,2007 年 5 月 22 日。

14.《迈进"十四五",中国城市"生死线"渐明》,https://mp. weixin. qq. com/s/yjgh6vIsMDfjgLiQ_cwOAw,2020 年 10 月 30 日。

15.《努力提高城市治理水平》,https://m. gmw. cn/baijia/2020 – 12/04/34429005. html,2020 年 12 月 4 日。

16.《强化党建引领城市基层治理》, https://baijiahao. baidu. com/s? id = 1659557682097289675&wfr = spider&for = pc,2020 年 2 月 26 日。

17.《让党建成为城市治理的"绣花针"》,http://dangjian. people. com. cn/n1/2018/1215/c117092 – 30468792. html,2018 年 12 月 15 日。

18.《人民城市人民建,人民城市为人民》,https://baijiahao. baidu. com/s? id = 1649154906836479639&wfr = spider&for = pc,2019 年 11 月 3 日。

19.《上海举办"上善论坛"首发"上善共识"》,http://sh. people. com. cn/n2/2020/0907/c134768 – 34277189. html,2020 年 9 月 7 日。

20.《上海市城市总体规划（2017—2035 年）文本》,https://www.shanghai.gov.cn/news-hanghai/xxgkfj/2035002.pdf,2018 年 1 月 4 日。

21.《上海外滩再现拉链式人墙,又上热搜了》,https://mp.weixin.qq.com/s/CuSAWx-SxZZcfyFglPzzbWQ,2020 年 10 月 10 日。

22.《上海要成为国内大循环中心节点和国内国际双循环战略链接》,http://www.scio.gov.cn/xwfbh/xwbfbh/wqfbh/44687/45333/zy45337/Document/1702615/1702615.htm,2021 年 4 月 22 日。

23.《深入学习贯彻党的十九届四中全会精神 加强和创新基层社会治理》,http://theory.people.com.cn/n1/2019/1217/c40531 – 31508869.html,2019 年 12 月 17 日。

24.《深圳经济特区建立 40 周年庆祝大会隆重举行 习近平发表重要讲话》,http://www.gov.cn/xinwen/2020 – 10/14/content_5551298.htm,2020 年 10 月 14 日。

25.《十八届三中全会〈决定〉解读:改进社会治理方式》,http://www.gov.cn/jrzg/2014 – 02/17/content_2606543.htm,2014 年 2 月 17 日。

26.《时隔 37 年中央缘何重启城市工作会议?》,http://www.gov.cn/zhengce/2015 – 12/23/content_5026897.htm,2015 年 12 月 23 日。

27.《思想纵横:社会治理须坚持共建共治共享》,https://baijiahao.baidu.com/s? id = 1677947669396503970&wfr = spider&for = pc,2020 年 9 月 16 日。

28.《推进市域社会治理现代化的四个着力点》,https://m.gmw.cn/baijia/2021 – 01/12/34536932.html,2021 年 1 月 12 日。

29.《我国连续 11 年成为世界最大制造业国家》,https://baijiahao.baidu.com/s? id = 1693078599316013209&wfr = spider&for = pc,2021 年 3 月 2 日。

30.《我国农业科技进步贡献率达到 59.2%》,https://baijiahao.baidu.com/s? id = 1655263442383270662&wfr = spider&for = pc,2020 年 1 月 9 日。

31.《习近平:保持锐意创新勇气蓬勃向上朝气 加强深化改革开放措施系统集成》,http://www.gov.cn/xinwen/2016 – 03/05/content_5049638.htm,2016 年 3 月 5 日。

32.《习近平:践行新发展理念深化改革开放 加快建设现代化国际大都市》,http://www.xinhuanet.com//politics/2017lh/2017 – 03/05/c_1120572151.htm,2017 年 3 月 5 日。

33. 《习近平:人民城市人民建,人民城市为人民》,http://www.gov.cn/xinwen/2019－11/03/content_5448082.htm,2019 年 11 月 3 日。

34. 《习近平:提高社会主义现代化国际大都市治理能力和水平》,https://baijiahao.baidu.com/s? id＝1649182817142775303&wfr＝spider&for＝pc,2019 年 11 月 3 日。

35. 《习近平对深入推进新型城镇化建设作出重要指示》,《人民网》,http://jhsjk.people.cn/article/28144604,2016 年 2 月 4 日。

36. 《习近平明确中国城市工作总体思路:尊重、顺应城市发展规律》,《人民网》,http://cpc.people.com.cn/xuexi/n1/2015/1223/c385474－27966984.html,2015 年 12 月 23 日。

37. 《习近平在北京考察:抓好城市规划建设 筹办好冬奥会》,http://politics.people.com.cn/n1/2017/0224/c1001－29106814.html,2017 年 2 月 24 日。

38. 《习近平在河北调研指导党的群众路线教育实践活动》,http://www.gov.cn/ldhd/2013－07/12/content_2446501.htm,2013 年 7 月 12 日。

39. 《习近平在上海考察时强调 深入学习贯彻党的十九届四中全会精神 提高社会主义现代化国际大都市治理能力和水平》,https://baijiahao.baidu.com/s? id＝1649178941915832855&wfr＝spider&for＝pc,2019 年 11 月 3 日。

40. 《雄安画卷徐徐铺展"未来之城"蓄势待发——雄安新区设立三周年巡礼》,http://www.gov.cn/xinwen/2020－03/31/content_5497671.htm,2020 年 3 月 31 日。

41. 《在党史学习教育动员大会上的讲话》,https://baijiahao.baidu.com/s? id＝1695732799395567210&wfr＝spider&for＝pc,2021 年 2 月 20 日。

42. 《早期共产党人创办的首所工人学校成立一百周年,纪念馆正筹建》,https://baijiahao.baidu.com/s? id＝1680536368899893740&wfr＝spider&for＝pc,2020 年 10 月 14 日。

43. 《长三角议事厅|中国城市群战略变迁逻辑》,https://baijiahao.baidu.com/s? id＝1701440938251558222&wfr＝spider&for＝pc,2021 年 6 月 2 日。

44. 《浙江桐乡:"自治法治德治融合"促基层善治》,http://www.mca.gov.cn/article/xw/mtbd/202111/20211100037654.shtml,2021 年 11 月 4 日。

45.《中共第七届历次中央全会》，http://cpc. people. com. cn/GB/64162/64168/64559/4527011. html,2021 年 10 月 26 日。

46.《中共深圳市委关于制定深圳市国民经济和社会发展第十四个五年规划和二○三五年远景目标的建议》，http://www. sz. gov. cn/cn/xxgk/zfxxgj/zwdt/content/post_8386242. html,2020 年 12 月 31 日。

47.《中共中央、国务院关于当前城市工作若干问题的指示》，http://data. people. com. cn/pd/zywx/detail. html? id = a55b500ad23242b09c211bdbf78c32bf,1962 年 10 月 6 日。

48.《中共中央办公厅印发〈关于加强和改进城市基层党的建设工作的意见〉》，http://www. gov. cn/zhengce/2019 – 05/08/content_5389836. htm,2019 年 5 月 8 日。

49.《中共中央关于坚持和完善中国特色社会主义制度推进国家治理体系和治理能力现代化若干重大问题的决定》，http://www. gov. cn/zhengce/2019 – 11/05/content_5449023. htm,2019 年 11 月 5 日。

50.《中共中央国务院关于进一步加强城市规划建设管理工作的若干意见》http://www. gov. cn/zhengce/2016 – 02/21/content_5044367. htm,2016 年 2 月 21 日。

51.《中共中央国务院关于实施乡村振兴战略的意见》，http://www. gov. cn/zhengce/2018 – 02/04/content_5263807. htm,2018 年 2 月 24 日。

52.《中共中央国务院关于支持河北雄安新区全面深化改革和扩大开放的指导意见》，https://baijiahao. baidu. com/s? id = 1623542374887558335&wfr = spider&for = pc,2019 年 1 月 24 日。

53.《中共中央国务院关于支持深圳建设中国特色社会主义先行示范区的意见》，https://baijiahao. baidu. com/s? id = 1642198512121978100&wfr = spider&for = pc,2019 年 8 月 18 日。

54.《中共中央国务院印发〈粤港澳大湾区发展规划纲要〉》http://www. gov. cn/gongbao/content/2019/content_5370836. htm,2019 年 2 月 18 日。

55.《中共中央政治局召开会议》，https://baijiahao. baidu. com/s? id = 1690117729821601996&wfr = spider&for = pc,2021 年 1 月 28 日。

56.《中国（河北）自由贸易试验区条例》，https://m. gmw. cn/baijia/2020 – 10/19/

1301689431. html,2020 年 10 月 19 日。

57. 《中国超大城市基建进入"小时代"》,https://web. shobserver. com/wxShare/html/313163. htm,2020 年 11 月 25 日。

58. 《中国共产党党员总数超 9000 万》,https://baijiahao. baidu. com/s? id = 1637800755834586562&wfr = spider&for = pc,2019 年 7 月 1 日。

59. 《中国共产党历史上召开的历次城市工作会议》,http://dangshi. people. com. cn/n1/2016/0801/c85037 - 28600430. html,2016 年 8 月 1 日。

60. 《中国如何避免城市化陷阱》,http://njruxin. com/rwft/5555. html,2020 年 7 月 31 日。

61. 《中央城市工作会议在北京举行 习近平李克强作重要讲话》,《人民日报》,2015 年 12 月 23 日,第 1 版。

62. 《中央城市工作会议在北京举行 习近平李克强作重要讲话》,http://www. xinhuanet. com//politics/2015 - 12/22/c_1117544928. htm,2015 年 12 月 22 日。

63. 《中央城镇化工作会议举行》,http://www. gov. cn/ldhd/2013 - 12/14/content_2547880. htm,2013 年 12 月 14 日。

64. 《住房和城乡建设部关于在实施城市更新行动中防止大拆大建问题的通知》,http://www. gov. cn/zhengce/zhengceku/2021 - 08/31/content_5634560. htm,2021 年 8 月 31 日。

五、外文文献

1. Aprodicio A. Laquian, *The City in Nation - Building*:*Politics and Administration in Metropolitan Manila*,*School of Public Administration*, University of the Philippines, 1966.

2. Charles N. ,Glaab and A. Theodore Brown, *A History of Urban America*,Macmillan, 1967.

3. Clark, Terry, *The Theory of Scenes*,University of Chicago Press, 2013.

4. Richard T. LeGates, Frederic Stout（eds. ）, *The City Reader*, 5th Edition, Routledge, 2011.

5. Deborah Davis, *Urban Spaces in Contemporary China*:*The Potential for Autonomy and Community in Post - Mao China*, Cambridge University Press, 1995.

6. Deborah Stevenson, *Cities and Urban Cultures*, Open University Press, 2003.

7. Henri Lefebvre, *The Production of Space*, Blackwell Press, 1991.

8. Jay Walljasper, *Great Neighborhood Book*: *A Do It Yourself Guide to Place making*, New Society Publishers, 2007.

9. K Mossberger, SE Clarke, P John, *The Oxford Handbook of Urban Politics*, Oxford University Press, 2012.

10. Lardy, Nicholas R, *Agriculture in China's Modern Economic Development*, Cambridge University Press, 1983.

11. Le Gales, *European Cities*: *Social conflicts and Governance*, Oxford University Press, 2002.

12. Malcolm Mile, *Cities and Cultures*, Routledge, 2007.

13. Martin King Whyte, William L. Parish, *Urban Life in Contemporary China*, the University of Chicago Press, 1984.

14. Mossberger, Clarke and John, *The Oxford Handbook of Urban Politics*, Oxford University Press, 2012.

15. Nicolas Whybrow, *Art and the City*, I. B. Tauris & Co Ltd, 2011.

16. Ostrom, E., *Governing the Commons*: *The Evolution on Institutions of Collective Action*, Cambridge University Press, 1990.

17. Peter B. Evans, *Embedded Autonomy*: *States and Industrial Transformation*, Princeton University Press, 1995.

18. Savage and Warden, *Urban Sociology*, Capitalism and Modernity, Macmillan, 1993.

19. Victor Nee, *Social Inequality in Reforming State Socialism*: *between Redistribution and Markets in China*, American Sociological Review, 1991.

后　记

　　十年前选修历史系姜义华先生的课时,姜先生在课堂上提出的一个问题及其答案,至今令我印象深刻。即使这个问题和答案,已经过去了十年,但仍然深刻地烙在我的脑海中。以至于今天,我上课的时候也会拿老先生同样的问题来问我的学生,并将老先生的答案告诉他们。

　　读博士的时候,我选修了历史系姜义华先生的"中华人民共和国史专题研究"课程。第一节课老先生便提出一个问题:"中国共产党怎样才能走向成熟?"当时,在座的学生给出的答案五花八门,有的说治理国家,有的说发展经济,有的说壮大社会,有的说繁荣文化,等等,不一而足。但是我们的答案与老先生的答案都不一样。老先生说:中国共产党学会管理城市,就意味着它真正走向成熟。该答案虽然是一家之言,却令我有"脑洞大开"之感。其实不用仔细思考,我们便会发现这个答案给出的是那么巧妙并颇有其道理:中国共产党虽然在农村壮大,以农村包围城市的战略取得革命成功,但是却诞生于城市,并在 1949 年西柏坡会议时确立党的工作重心由乡村转移到城市。该工作重心一直持续到今天,延续了七十余年而不坠。姜义华先生虽然是一名历史学家,但是其对中国现实的感知是异常敏锐的。十年前,也就是 2011 年我读博士选修姜义华先生课程的时候,中国的城市化率是51.3%,中国的城镇人口首次超过农村人口。这个具有五千年文明的古老的农业国家,首次从农业国家向城市国家的方向大踏步迈进。老先生正是

313

在这个意义上指出,城市中国为执政党提出新的要求——管理城市,用现在的学术语言讲——治理城市。这成为摆在执政党面前的重要任务。时至该书的创作时间,即 2021 年,中国共产党成立 100 周年之际,中国的城市化率已经超过十年前的 51.3%,达到 63%,中国名副其实地成为一个城市中国。老先生提出的命题,及其理论和实践意义,更是凸显出来。从这个方面来讲,我们不得不佩服老先生的睿智。

如何治理城市,使城市中国运行良好,达到善治,并成为支撑中国国家治理体系与治理能力现代化的重要力量,这是一个"天大"的任务。之所以说是"天大"的任务,是因为这是中国历朝历代的先贤志士所未遇到过的任务。中国是五千年的文明古国,这个古老国家的绝大多数岁月,是在农业文明中度过并取得辉煌的,其也是在农业文明向工业化所推动的城市文明中衰落,并逐步再次向实现民族复兴的征途上迈进的。中国共产党领导中国人民在历史上从未遇到过的时代背景下展开现代国家建设,引导这个乡土中国向城市中国转型。如何在城市中国而非乡土中国的结构中,实现城市善治,推进国家治理体系和治理能力现代化,实现中华民族伟大复兴的目标,这是摆在中国共产党面前的重要任务。

巫仁恕先生认为城市与中国近现代国家的发展与转型息息相关。他说:"在中国近现代历史的演变历程中,城市无疑扮演了重要的角色。首先,从明清以来,尤其是到十九世纪中叶以后,城市的数量逐渐增多,规模也逐渐扩大,如此快速的城市化现象标志着一种新时代的到来。这种情况与中国农村长期趋近停滞的发展,形成了强烈对比,更凸显城市在近代中国历史上的重要性。此外,在思想方面近代的城市是新观念发展的温床,同时也是新事物的试验场,更是国家税收财源的重要基石。由是,在探讨中国近代历史的发展与变迁时,不但无法规避城市的重要性,而且从城市史的角度,是可以提供历史变迁更多、更重要的线索。"①从这个意义上讲,中国共产党虽然是在舶来的马克思主义意识形态指导下成立的政党,但是它也是中国近现代史的一部分,或者说是一支非常重要的力量。中国共产党的成立、生存、发展及其壮大,每一个过程都与中国近现代史相关,当然也与中国的城市产生了不可分割的关系。正如巫仁恕先生所认为的城市与中国近现代史的关系一样,中国共产党与城市的关系也是紧密相连的。

由此,在中国共产党建党 100 周年之际,在中国的城市化高达 63% 之际,我们编写的是一本关于中国共产党和城市发展国家治理现代化的书。本书的核心主题是关注中国共产党百年来如何以城市为载体推动现代国家建设,并以城市为重要支点推动国家治理体系和治理能力现代化,实现民族伟大复兴,进而依托城市在国际舞台上与其他民族国家展开竞争与合作的。我们将百年作为时间尺度,对"政党、城市与国家"这一主题进行大历史式(macro – history)的梳理和研究,探讨中国共产党是如何在城市中建立,以农村包围城市的战略取得革命胜利,逐步接管城市、建设城市和发展城市,并进一步在新时代探索如何治理城市,贯彻和落实"人民城市"的重要理念,最终以城市为载体推动国家治理体系和治理能力现代化。

本书是学院立项的项目成果。全书由宋道雷制定总体写作框架和要目,各章撰写工作如下:第一章、第二章、第五章、第六章、第八章、第九章:宋道雷;第三章:徐行;第四章:林焱;第七章:谭金欣;第十章:王婕妤;钱思恩对全书注释进行了规范化订正;宋道雷负责全书统稿工作。感谢院领导和同事对本书写作的支持。感谢郝诗楠教授的智力支持。在该书的撰写过程中,我们在严守学术规范的前提下,博采众家,参阅、引用了学界同人的大量学术研究成果,特向学界同仁致以最高的谢意。作为一个精诚合作的学术

---

①　巫仁恕等:《从城市看中国的现代性》,中央研究院近代史研究所,2010 年,第 1 页。

研究团队，我们认真扎实地推进此议题的研究，但囿于自身学识，书中内容和观点肯定存在不足之处，尚有许多方面亟待改进。姑作抛砖之作，就教大方之家。任何有益建议，我们将衷心地欢迎。

宋道雷

2021 年 12 月于复旦大学光华楼